아가서에서 밝혀진 그리스도인의 정체성

왕의 신부

THE KING'S BRIDE

아가서에서 밝혀진 그리스도인의 정체성

왕의 신부

2017년 6월 15일 · 제1판 1쇄 발행
2021년 11월 2일 · 제1판 3쇄 발행

지은이 | 윤석호
펴낸이 | 이요섭
펴낸데 | 요단출판사
07238 서울특별시 영등포구 국회대로 76길 10
기 획 | (02)2643-9155
영 업 | (02)2643-7290~1 Fax (02)2643-1877
등 록 | 1973. 8. 23. 제13-10호

기 획 | 박찬익
편 집 | 이인애
디 자 인 | 권기용
제 작 | 이인애
영 업 | 정준용 김승훈 이대성

값 13,000원
ISBN 978-89-350-1661-7 03230

아가서에서 밝혀진 그리스도인의 정체성

왕의 신부

THE KING'S BRIDE

요단

추천사

"바쁘게 살기로 이분만 한 사람이 또 있을까?

어느 날 분명히 저희 사무실을 찾아오셨는데 며칠 뒤에 전화해 보면 중국에서 전화를 받고 또 어느 날은 인도에서 전화를 받고 그야말로 지구촌이 좁다하고 뛰어다니는 분이 바로 윤석호 목사님이십니다. 그야말로 선교에 대한 열정 하나 만큼은 타의 추종을 불허하시는 분입니다. 한국에서 목회뿐만 아니라 중국의 유대인들을 위한 구제사역과 알리야 사역, 그리고 그들의 영적 각성과 신학적 체계를 갖추기 위한 신학교 운영, 인도에서의 성경 대학교 운영만 해도 눈코 뜰 새 없이 바쁠 텐데 어느 새 또 이렇게 귀한 책을 집필하셨습니다.

이스라엘 선교전문 방송 브래드 TV를 운영하다 보니 안면식도 없는 분으로부터 이스라엘과 마지막 때와 관련된 많은 책과 논문, 기타 자료들을 많이 전해 받게 됩니다. 놀랍게도 그 중에 아가서와 관련된 책과 자료들도 꽤 많이 포함되어 있어 나름대로 아가서에 대해서는 어느 정도 눈동냥을 많이 해 오던 차였습니다.

그런데 이번에 윤석호 목사님이 집필하신 「왕의 신부」는 기존의 아가서 관련 책과는 다른 관점과 차원으로 알기 쉽게 풀어놓고 있었습니다. 평소에도 어렵고 복잡한 성경이야기를 구수한 숭늉처럼 입맛 당기게 풀어 포만감을 느낄 수 있도록 설명해 주시는 지식의 풍성함이 있었는데 이번 원고에서 그 빛을 발하셨습니다.

신랑 예수를 기다리며 살아가는 마지막 때의 신부와 같은 우리가 어떤 자세로 어떻게 등불을 밝히며 살아가야 하는지를 분명하고 확신에 차면서 차분하게 설명하고 있습니다.

바쁜 가운데에서도 옥고를 빚으신 윤석호 목사님의 책이 마지막 시대를 살아가는 많은 크리스천들에게 귀한 정보와 가이드가 될 것임을 확신하며 여러분들께 적극 권해 드립니다."

– 김종철 감독

브래드 TV(이스라엘선교 전문방송)

'춤추며 살아가는 신부의 정체성!'

'춤추며 사는 신부'는 평소에 윤석호 목사님께서 늘 입에 담고 했던 말 중의 한 대목이다. 술람미 여인이 솔로몬을 만나 여러 차례 어려움도 있었지만 극복하고 결실을 이룰 수 있었던 것은 그 내면에 춤을 출 수 있는 저력이 있었기 때문이다. 그 힘이 무엇이었을까? 그것은

'사랑'이었다.

사모함이 충만하여 주변 사람들의 시선도 아랑곳 하지 않고 오로지 한길만을 향하여 나아갔던 술람미 여인과 솔로몬의 관계를 왕을 위한 정체성 · 하나님의 거룩한 열정과 사랑 · End Time 마지막 세대 · 사랑병에 걸린 신부의 눈에 비친 예수님 4단계로 나누어서 잘 분석한 본서는 평소에 저자인 윤석호 목사님의 신앙관이기도 하다.

저자는 선교사로서 인도와 동남아에서 뜨겁게 복음을 전하면서 '아가서'를 강해하여 신부된 성도들이 신랑 되신 예수님 때문에 성령의 춤을 추게 하는 분이기도 하다. 또한 어렵고 힘든 낯선 이국의 볼모지에서도 지치지 않고 힘 있게 복음을 전하면서 선교하고 있는 목사님이시기도 하다.

작금에 있어 기독인들의 신앙이 해이해지며 정체성을 잃어가고 있는 시점에서 본서의 출간을 진심으로 기쁘게 생각한다. 본서는 평신도는 물론이거니와 신학생, 목회자 분들까지도 모두 책장에 비치해 두고 읽고 읽어야 할 책이라 믿는다. 이 책을 읽는 모든 분들이 한 페이지 한 페이지를 넘길 때마다 큰 위로와 힘을 얻고 주님의 사랑이 깨달으며 기쁨으로 충만하여 춤을 추며 살게 될 것이라 확신하고 기대하면서 기쁨으로 추천한다."

– 손선영 목사

예수교 대한 감리회 감독

Jesus Grace Bible University, Punjab India **이사장**

숭고한 사랑의 결집판인 술람미 여인의 사랑고백은 우리의 믿음이 약해질 때마다 찾아가는 영적인 믿음의 고향이다. 나의 신랑 때문에 나를 향해 욕하고 손가락질할 때나, 세상 사람들이 나를 게달의 장막처럼 검다거 욕할지라도 신랑은 나를 솔로몬의 휘장보다 더 아름답게 보시기에 감사할 뿐이다.

예루살렘 여인들아! 너희들처럼 화려한 족보도 없고 내 어미의 아들로부터 버림받고 업심여김받아 내 포도밭 한 평 없는 곳에서 뜨거운 햇볕에 그을려 얼굴도 검어졌고 어여뻐야 할 처녀의 손이 비록 험하게 되었을지라도 천하를 호령하는 만군의 여호와로부터 사랑받는 천하제일의 아름다운 신부임을 잊지 말거라.

사랑아! 사랑아! 내 사랑아! 내가 받는 사랑은 세상이 주는 사랑과 비교할 수 없는 경이로운 사랑이구나.

세상 사람들이 바라보는 사랑은 깊이와 넓이를 가늠할 수 있는 시각적인 사랑이지만 술람미 여인이 받는 그 사랑은 느낌을 헤아릴 수도 없고 표현도 할 수 없는 숭고한 사랑의 최고의 결정체로구나.

들 노루와 들 사슴들아! 우리 이 아름다운 밤에 함께하는 나의 신랑 나의 사랑 앞에 조금의 바스락거림도 용납할 수 없구나. 너의 작은 바스락거림에도 우리의 사랑이 방해되어 나의 신랑이 나를 버리고 떠나가면 나는 더 이상 누구를 의지하며 누구를 바라보란 말인가.

이 혼탁한 세상에서 믿음 지키는 것은 나의 형제들도 흘기는 눈으로 바라보지만 그래도 내가 실망하지 않음은 나의 사랑을 받아주는 그 위대하신 나의 신랑이 나를 사랑해줌을 잊지 말거라.

그렇다. 그 숭고한 사랑에 빠져 세상 사람들이 눈 여겨 보지 않는 지구촌을 넘나들며 게달의 양 무리들을 찾아 떠나는 윤석호 박사님의 선교보고는 믿음의 동지들에게 도전과 용기와 부러움으로 가득 찬 부러움의 대상이다.

성령의바람선교단(WHM)을 설립하여 시크교도의 본산지인 북인도 펀자브 지역에 예수은혜성경대학을 설립하여 제자들을 양성하는가 하면 유일하게 중국 회교도들의 거점인 중국 신장지역 위구르족을 위한 신학교와 언제 떠나와 정착한지도 모르는 중국 속의 유대인들을 찾아가 카이펑 유대인교회를 설립하여 활발한 선교사역을 진행하는 믿음의 동지가 오랫동안 연구해온 구약성경 아가서 속의 술람미 여인의 사랑 고백에 매료되어 저술한 「왕의 신부」가 우리 곁으로 다가와 술람미 여인의 애틋한 사랑을 통해 우리의 믿음을 점검하게 한다.

이 책을 읽다 보면 우리는 신부의 모습으로 단장할 수밖에 없다. 어떻게 그 거룩하신 분의 신부가 되었는지 도무지 알 수 없어서 우리의 영혼은 기뻐 뛰며 주체할 수 없이 찬송을 부른다.

하늘이여 들으라. 땅이여 귀를 기울이라! 내가 그의 신부로다. 그 거룩하신 분의 신부로다. 그분은 샤론의 수선화요 골짜기의 백합화로다.

네 기름이 향기로워 아름답고 네 이름이 쏟은 향기름 같으므로 처녀들이 너를 사랑하는구나!

– 김승학 박사

떨기나무 1, 2 저자

엑소아크선교회 이사장

(부설 출애굽 및 노아방주 연구소 소장)

전 사우디아라비아 왕실 한방 주치의(16년)

오래 전부터 저자인 윤석호 선교사를 옆에서 지켜보며, 지칠줄 모르는 열정으로 여러 나라들을 순회하며 기쁨으로 춤추며 선교 사역하는 비결이 궁금했었습니다. 그런데 이 책을 통해 그 비결을 파악할 수 있었습니다.

저자는 이 책에서 신부의 정체성 · 신부의 영성 · 신부의 여정을 강조하고 있습니다.

우리는 하나님의 연인, 예수님의 신부라는 정체성을 가지고 기뻐 춤추며 일하는 존재입니다. 하나님은 우리가 먼저 연인의 정체성, 신부의 정체성을 확고히 한 후 그 정체성에 따라 일하기를 원하십니다. 우리는 먼저 신부가 되어야 합니다. 우리는 먼저 연인이 되어야 하고 그런 다음 영적 전쟁을 수행하여야 합니다. 우리는 하나님의 연인이라는 정체성을 가지고 일하는 존재이지, 일꾼의 정체성을 가지고 하나님을 사랑하려고 몸부림치는 존재가 아님을 알아야 합니다. 우리는 먼저 예수님의 연인이 되어야 하고, 먼저 예수님의 신부가 되어야 합니다. 그리고 난 다음 영적 전쟁을 수행하여야 합니다. "땅 끝까지 천국복음을 전파하라!"는 지상 대 명령은 우리 아버지 하나님의 가슴으로부터 나온 것으로, 하나님의 아들과 동역하도록 임명받은 신부에게 주신 말씀입니다. 지상 대명령을 종종 일꾼의 틀로 바라보거나 커다란 희생의 명령으로 바라보는 경우가 있습니다. 하지만 마지막 시대의 복음 전도는 신랑 하나님과 동역하는 연인의 흘러넘치는 사랑으로 성취될 것입니다. 우리는 그것을 희생이 아니라 특권으로 여길 것입니다. 우리는 추수의 주님을 너무나 열정적으로 사모한 나머지 사랑 병에 걸린 마음으로 추수의 들판에서 기쁨으로 일하게 될 것입니다. 지상 대 명령은 희생적인 노력이라는 일의 틀에서 사랑 병에 걸린 신부의 헌신행위라는 사랑의 틀로 옮겨갈 것입니다.

저자는 복음의 황무지 북인도 땅 시크교의 본산지인 펀잡 주에 4년제 신학교 Jesus Grace Bible University를 설립하여 섬기고 있으며, 차량으로 몇 시간 달려가도 교회가 없는 힌두교의 메카인 UP(우뜨라부라데시)주에 말씀과 성령사역을 통한 전도 집회로 교회들을 세워가고 있습니다. 그뿐 아니라 중국 허난성 카이펑 유대인들을 전도하여 유대인교회를 세우고 섬기며, 그 유대인들을 이스라엘로 이주시키는 알리야 사역을 감당하고 있습니다. 그 사역팀들은 중국 서부 란쪼우와 우루무치에 목회자 교육 프로그램을 만들어 순회하며 교육시키고 있으며, 이집트 알렉산드리아에 선교사를 파송하여 모슬렘 선교에도 전력을 다하고 있습니다.

저는 이 책을 통하여 한국교회의 수많은 성도와 지도자들이 '신부의 정체성과 영성'을 회복하여, 기뻐 춤추면서, 목회하고, 선교하며, 전도하는 삶을 살아가는데 크나큰 동기부여를 할 것이라 확신하며 이에 큰 기쁨으로 추천합니다.

– 신신묵 목사

사단법인 기독교지도자협의회 대표회장

들어가는 말

구약의 작은 책, 아가서

성경에서 가장 많이 오해하고 천대받던 아가서는 그야말로 성경의 진리를 담아 예수님의 품성을 깨닫게 하는 보물 창고로 손색이 없습니다. 나는 아가서에 심취되어 술람미 여인의 여정을 확인하면서, 나의 연약한 모습 그대로를 받아 품어주시는 예수님의 사랑을 더욱 깨닫게 되었습니다.

아가서는 빛나고 강력한 메시지를 담고 있습니다. 그야말로 마지막 시대를 살아가는 우리들에게 놀랍고 위대한 신앙원리를 보여주고 있습니다. 이제 아가서는 현대 그리스도인들에게 새로운 차원의 신앙세계를 활짝 열어 줄 것입니다.

내가 알고 있는 책 가운데서 아가서만큼 예수님에 관한 나의 사고를 철저히 바꾸어 놓은 책은 없습니다. 이 아가서는 요한계시록과 더불어 마지막 때에 교회와 성도가 갖추어야 할 신부 겸 전사로서의 마음과 자세를 밝히 보여줍니다. 신부와 전사는 준비된 우리의 모습입니다. 예수님으로 인해 우리의 심장은 기뻐 뛸 것입니다. 이 기쁨으로 충만하여 우리는 열방 가운데로 달려가며 더욱 하나님의 동역자로 세워질 것입니다.

아가서에 매료되어 아가서와 관련된 국내외 많은 책들과 강의, 동영상들을 확인했습니다. 마이클 비클(Mike Bickle) 목사님의 「하나님을 연인으로 사랑하는 즐거움」, 「아가서」, 브라이언 시몬즈(Brian Simmons) 선교사님의 「왕의 신부」, 라이언 와이어트(Ryan Wyatt) 목사님의 아가서 강의, 최사라 선교사님의 아가서 강의, 최근에 출판된 강문호 목사님의 「마지막 때, 마지막 신부」 등 그분들이 먼저 파신 우물의 깊은 곳에 두레박을 내려 나의 많은 부족함을 채웠습니다. 이 책에서도 그분들의 일부 표현들을 함께 사용하였음을 밝혀둡니다.

하나님은 당신과 연인이 되시길 원하십니다. 그리고 함께 호흡하면서 선한 목적을 이루고자 하십니다. 하나님은 선한 목적의 모든 과정을 당신과 함께 진행하고자 하십니다. 사랑하는 연인은 일방적이지 않습니다. 상대의 상황과 능력을 살피고 배려합니다. 하나님은 이처럼 당신을 누구보다 사랑하시는 분이십니다.

'연인', '신부'라는 단어는 우리의 핵심 정체성입니다.

우리는 하나님의 연인, 예수님의 신부라는 정체성을 가지고 기뻐 춤추며 살아가야 할 존재입니다. 하나님은 우리가 먼저 연인의 정체성,

신부의 정체성을 확고히 한 후 그 정체성에 따라 움직이기를 원하십니다. 우리는 먼저 연인과 신부가 되어야 합니다. 그런 다음 영적 전쟁을 수행하여야 합니다.

"나의 사랑하는 자야, 이제 본격적으로 시작해 보자꾸나, 지금까지는 너의 훈련이었고 연습이었단다."

어느 날 강력하게 나를 이끄시는 그분의 음성을 듣는 순간 나는 엄청난 놀라움으로 흥분되고 설레어 '아가서' 술람미 여인의 여정을 뒤따르게 되었습니다. 그것은 기쁨이었습니다.

"내가 사모하는 그분이 기뻐하시고 함께 하시면 내가 유향의 작은 산으로, 몰약의 산으로 가겠습니다."

나는 이런 각오로 움직이고 뛰었습니다. 부르심에 힘입어 2004년부터 7년 동안 밤낮을 가리지 않고 외국인들이 있는 곳이라면 어디든지 달려갔습니다. 압구정동을 출발하여 성수동으로, 또 김포, 안산, 의정부, 포천, 파주로 달려가서 이 땅에서 나그네 된 다양한 국적의 사람들을 만났습니다. 인도, 방글라데시, 몽골, 중국, 러시아와 중앙아시아의 여러 국가들, 또한 아프리카의 여러 나라 형제자매들을 섬겼습니다. 이것은 광림교회(담임: 김정석 목사)의 전폭적인 지원이 있었기에 가능했습니다.

'광림외국인제자훈련센터'는 외국인 노동자 및 유학생에게 복음을 전하기 위해 7개 언어권으로 구분하여 300여 명의 외국인들 대상으로 설립되었습니다. 나는 창립 센터장으로, 순회선교사로 섬기는 동안 특별히 김선도 감독님의 부인이신 박관순 사모님의 깊은 배려와 지원으로 이방 나그네들에게 예수님의 천국 복음을 나눌 수 있었습니다. 그러는 동안 주님께서는 또다시 내가 서 있는 곳에서 일어나 새로운 '성령의 바람'(Wind of the Holy Spirit)을 타고 그 수많은 제자들이 돌아간 그들의 고국 땅, 열방으로 달려가 '하나님 나라의 비밀 열쇠인 예수 그리스도의 십자가와 부활'을 전하도록 다시금 불러주셨습니다.

그리고 또 다른 7년의 시간 동안, 한 여름에는 영상 45도를 넘나드는 인도 땅, 힌두교 메카인 UP(우뜨라 뿌르데시) 주에 여러 교회와 시크교의 본산지인 펀잡 주에 4년제 성경대학교(Jesus Grace Bible University)를 세우게 하셨습니다. 계속하여 겨울에는 영하 35도를 밑도는 중국 흑룡강성 사역과 중국 허난성 카이펑 유대인교회를 세워 그들의 알리야 사역(유대인들이 이스라엘로 돌아가는)을 지원하고 있습니다. 그리고 숲 향기가 가득한 서울 양재 시민의 숲 바로 옆에 선교감리교회를 개척하여 국내외 영혼구령에 특심으로 달려가고 있습니다. 그런데 주님은 또 다시 말씀으로 들려주셨습니다.

“나의 사랑 나의 어여쁜 자야 일어나 함께 가자. 이제 다시 본격적으로 시작해 보자꾸나.”

어떤 분들이 “그렇게 뛰어가다 보면 쉽게 탈진(burnout)하지 않느냐?”고 물어볼 때가 있습니다. 사실 사역 도중에 탈진하는 분들이 있습니다. 저도 마찬가지입니다. 내 능력을 의지하고 일을 한다면 쉽게 기운이 다 빠지게 됩니다. 그러나 나는 신랑 예수님의 기뻐하심에 동참하는 것이기에 일이 아니고 즐거움 그 자체로 여기고 있습니다. 정말 기뻐 춤추며 성령의 바람을 타고 복음의 변방 선교지로 달려가는 신부의 즐거운 여정입니다. 그렇기 때문에 힘껏 달릴 수가 있습니다.

아가서를 통한 기도는 우리의 삶 속에서 엄청난 동기부여와 능력으로 나타납니다. 그분이 누구이며 그분 안에서 우리가 누구인지를 붙잡게 되면 삶과 사역 그리고 우리와 다른 사람들의 관계도 혁명적으로 변화될 것입니다. 우리가 사랑하는 하나님이신 예수 그리스도의 위엄과 아름다움, 감미로운 애정, 깜짝 놀랄만한 신비와 광채를 만나게 되면 우리의 감정적인 작용은 문자 그대로 변화됩니다.

이 책에서 사용되는 왕, 신랑, 또는 그분이라는 표현은 단지 예수님께만 적용되어 사용됩니다.

아가서를 통한 기도문

우리는 아가서를 통하여 성령님의 기름부으심이 넘치는 능력 있는 기도를 드릴 수 있습니다.

"네가 내 마음을 빼앗았구나" – 4:9

"예수님 감사합니다. 제가 당신의 마음을 빼앗아버렸습니다."

"예수님, 제가 어떻게 당신의 마음을 사로잡은 것인지 더욱 보여주십시오."

"네 사랑이 어찌 그리 아름다운지 네 사랑은 포도주보다 더 진하고" – 10절

"예수님, 당신에 대한 저의 사랑을 이 세상의 포도주(영광이나 즐거움)보다 더 귀하게 여겨주시니 감사합니다."

"예수님, 당신을 향한 저의 사랑이 이 세상 포도주보다 진하다는 진리를 더욱 보여주십시오."

"나의 사랑, 내 어여쁜 자야 일어나서 함께 가자" – 2:10

"예수님, 당신과 동역하기 위하여 안전하고 익숙한 곳을 떠나 대가를 지불하는 순종의 산으로 가겠습니다."

"주님, 당신을 만나기를 원합니다. 안전한 곳을 떠나 대가를 지불하는 순종의 산으로 갈 수 있도록 힘을 주세요."

"주님, 제 삶에서 사역 준비는 철저히, 사역 훈련은 가혹히, 영적 전

투는 치열히 그리고 무대 뒤로 조용히 사라지게 하소서."

"내 신부는 잠근 동산이요 덮은 우물이요 봉한 샘이로구나" – 4:12

"예수님, 저의 마음은 모든 타협에 대해 닫혀있습니다. 저는 온전히 주님의 것입니다."

"예수님, 당신을 위해 모든 타협에 저항하는 마음으로 살아가도록 힘을 주십시오."

"내가 비록 검으나 아름다우니 게달의 장막 같을지라도 솔로몬의 휘장과도 같구나" – 1:5

사도 요한은 그를 향한 주님의 불타는 사랑을 통해 자신의 정체성을 규정지었고, 자신을 그리스도께서 사랑하시는 자라고 규정지었습니다.

"베드로가 돌이켜 예수께서 사랑하시는 그 제자가 따르는 것을 보니 그는 만찬석에서 예수의 품에 의지하여" – 요 21:20

요한은 이렇게 말하고 있습니다.

"나는 다른 제자들이 왜 그렇게 수치심과 실패감 속에서 나뒹구는지 모르겠습니다. 다만 나는 내가 하나님이 사랑하시는 자임을 압니다."

"주님, 내가 넘어졌다는 것을 압니다. 하지만 난 예수님이 사랑하시는 자입니다. 나는 하나님이 나를 사랑하신다는 것을 잘 압니다."

요한을 본받아, 아가서의 술람미 여인을 본받아, 나는 이 구절을 기쁘게 사용합니다.

"예수님, 당신이 즐거워하시는 자가 여기 있습니다. 제가 또 주님 앞에 왔습니다. 당신이 총애하시는 자가 여기 있습니다."

우리가 주님의 보좌 앞으로 나아갈 때마다 나의 온갖 죄는 회개를 통해 그분의 보혈로 덮임 받고 용서를 받습니다. 그리고 자기 비난과 자기 학대라는 감정의 구덩이 속으로 빠져들지 않고, 요한처럼 그 많은 결점에도 불구하고 주님께서 우리를 사랑하심을 깨달을 때, 우리는 엄청난 능력과 자유를 발견할 수 있습니다.

"나는 죄인임에도 불구하고 하나님이 좋아하시는 자이다."
"그렇다 나는 하나님이 좋아하시는 자이다. 맞다. 나는 하나님이 즐거워하는 자이다."
"저는 사랑 받는 자이고 사랑하는 존재입니다. 그러므로 저는 형통한 사람입니다."

"내 사랑 너는 어여쁘고 어여쁘다 너울 속에 있는 네 눈이 비둘기 같고" – 아 4:1

"주님, 다윗 왕처럼 전 생애를 통틀어 한 가지, 즉 당신의 아름다움을 앙망하게 하소서. One thing의 삶을 살게 해 주시옵소서."

"내가 여호와께 바라는 한 가지 일 그것을 구하리니 곧 내가 내 평생에 여호와의 집에 살면서 여호와의 아름다움을 바라보며 그의 성전에서 사모하는 그것이라" – 시 27:4

왕과 시골 처녀의 사랑 이야기

한 왕이 온 나라의 민심을 살피기 위해 암행을 나갔습니다. 어느 시골 마을에서 아주 예쁜 처녀를 보았습니다. 왕은 그 처녀를 아내로 삼고 싶었습니다. 그래서 신하에게 말했습니다. "그 처녀를 데리고 오라. 결혼하고 싶다." 신하가 한마디로 반대하였습니다. "폐하! 그것은 안 됩니다. 왕의 신분으로 천민과 결혼하면 안 됩니다." "그러면 내가 시골로 내려가서 그녀와 결혼하여 거기서 살겠다." 신하가 또 말했습니다. "폐하! 그것은 말도 안 됩니다. 왕의 신분으로 어떻게 시골에 내려가서 살 수 있겠습니까?" 궁으로 돌아온 왕은 시간이 지날수록 그 처녀가 너무 그리웠습니다. 그래서 결단을 내렸습니다. 스스로 왕의 신분을 포기하고 시골에 내려가 처녀와 결혼하여 살았다고 합니다.

이 이야기는 키에르케고르(Kierkegaard)가 하나님의 사랑을 전하려고 쓴 글입니다. 바로 예수님 이야기입니다. 왕이 시골로 내려가 시골 처녀와 결혼한 이야기가 바로 아가서입니다. 하나님이 세상을 사랑하여 육신을 입고 이 땅에 오셔서 우리와 결혼한 이야기입니다.

아가서는 하나님과의 입맞춤, 말씀에의 입맞춤으로 시작하여, "마라나타"(아멘. 주 예수여 오시옵소서!)로 끝마치는 요한계시록과 연결됩니다.

왕을 위한 정체성

"Remember Who You Are!" (네가 누구인지를 기억하라!)

디즈니 영화사에서 어린이들을 위해 만든 「라이언 킹」이라는 유명한 애니메이션 영화가 있습니다.

동물의 왕국을 다스리는 사자에 관한 이야기입니다. 왕 무파사에게 어느 날 후계자가 될 아들 심바가 태어났습니다. 무파사는 앞으로 왕위를 이어받을 심바에게 어려서부터 왕자로서의 긍지를 심어 주었습니다. 왕좌인 큰 바위 위에 데리고 가서 한눈에 펼쳐진 왕국을 보여주기도 했습니다.

그러던 어느 날, 평화스럽던 왕국이 하루아침에 뒤집어졌습니다. 늘 형에 대한 시기로 가득 차서 왕위를 호시탐탐 노리던 무파사의 동생 스카가 음모를 꾸며 심바를 위기에 몰아넣고, 무파사를 무참히 죽인 후 왕국을 삼켜버린 것입니다. 겨우 목숨을 건진 심바는 멀리 도망가서 멧돼지를 비롯한 여러 친구들과 완전히 다른 삶을 살아가기 시작했습니다. 삼촌의 음모였음을 모른 채 아버지가 자기를 살리려다 죽었다는 자책감으로 심바는 자포자기하며 살았습니다. 그리고 자신의 신분도 까맣게 잊어버렸습니다. 사자의 세계와는 동떨어진 곳에서 각종 벌레들을 잡아먹으며 안일한 나날을 보냈습니다.

세월이 흘러 심바는 아버지 무파사를 닮은 왕의 모습으로 장성했지만, 생활은 그 외모와는 딴판이었습니다. 그러던 어느 날 우연히 어려서 함께 놀았던 암사자 친구 날라를 만나게 되었습니다. 그 날라가 "너는 왕이니까 돌아가서 왕국을 회복해야 된다"고 일깨워주었습니다. 그러나 심바는 "나는 왕이 아니다. 나는 과거를 바꿀 자신이 없다. 미안하다"라며 단번에 거절해 버리고 돌아서서 깊은 한숨을 내셨습니다.

심바의 입에서 나온 한숨이 신비하게 날고 날아서 얼마 후에 아버지의 제사장이었던 원숭이 라피카에게 전달되었습니다. 심바가 살아있는 것을 알게 된 그는 심바를 찾아와 "네 아버지가 살아 있다"라고 했습니다. 그리고 그 사실을 믿지 못하는 심바를 데리고 골짜기의 연못으로 가서 밑을 내려다보라고 했습니다.

그때 아버지 무파사의 모습이 물 위에 나타났습니다. 깜짝 놀란 심바는 곧 그것이 물에 비친 자신의 얼굴인 것을 알고 이내 실망을 금치 못했습니다. 그러나 라피카가 다시 자세히 보라고 했습니다. 심바가 연못물에 비친 모습을 살필 때에 라피카가 외쳤습니다. "아버지가 네 안에 살아 있다!" 그 말과 동시에 머리 위로 아버지 무파사의 형상이 나타났고 음성이 들렸습니다. "심바야, 너는 나를 잊어버렸다." 심바가 그렇지 않다고 부인하자, 아버지는 "너는 네가 누군지를 잊어버렸다. 그것은 곧 나를 잊어버린 것이다"라고 재차 강조했습니다. 심바가 "내가 어떻게 다시 돌아갈 수 있겠습니까? 나는 이전의 내가 아닙니다"라고 하자 그때 아버지 무파사가 큰 소리로 외쳤습니다.

"Remember Who You Are!" (네가 누구인지를 기억하라!)

"You Are My Son and You Are the One True King!" (너는 나의 아들이요, 단 하나밖에 없는 진정한 왕이니라!)

이 말을 듣고 용기백배한 심바는 스카와 잔당들을 물리쳤습니다. 그리고 아버지의 자리였던 큰 바위 위에 올라가서 왕으로 등극했습니다. 그 왕좌에 올라섰을 때 심바의 귀에 쟁쟁하게 들려오는 소리가 있었습니다.

"Remember!"(기억하라!)

그리고는 심바의 입으로부터 천지를 진동하는 우렁찬 사자후가 토해져 나왔습니다. 어린이들을 위한 애니메이션이지만 어디서 많이 들어본 비슷한 메시지가 있지 않습니까?

"예수님께서 피 값 주고 사신 예수님짜리, 예수님의 신부들이여, 당신이 누구인지를 기억하십시오!" **"Remember Who You Are!"**

우리가 누구인지, 우리가 어느 자리에 있는지(엡 2:6) 알게 되는 우리의 정체성은 영적 전쟁터에서, 예수님의 신부의 여정에서 매우 중요합니다. 아가서는 우리의 정체성을 분명히 말해주고 있으며, 지금 내가 무엇을 해야 하는지를 분명히 보여주고 있습니다. 왕의 옆 자리에 앉을 수 있는 사람은 오직 왕의 신부 곧 하늘의 황후뿐입니다.

"허물로 죽은 우리를 그리스도와 함께 살리셨고 (너희는 은혜로 구원을 받은 것이라) 또 함께 일으키사 그리스도 예수 안에서 함께 하늘에 앉히시니"– 엡 2:5-6

그 하나님의 은혜가 바로 '그리스도의 피'(13절), '십자가'(15–16절)입니다. 하나님 쪽에서 일방적으로 비싼 값을 지불하신 것입니다. 그래서 '예수님의 신부', '예수님짜리'의 신분이 된 것입니다. 거지가 '왕자짜리'가 되었듯이 말입니다. 그런데 왕궁에 들어간 거지가 자신의 바뀐 팔자에 대한 확실한 자각이 없이 왕궁에서도 거지 근성이 그대로 나올 수 있음을 아십니까?

몸은 왕궁에서 왕자처럼 생활을 하지만, 그 거지 근성은 좀처럼 빠져나가지 않을 수 있습니다. 시시때때로 몸에 배어 있는 거지 근성이 행동으로 옮겨져 왕궁의 많은 사람들을 어리둥절하게 만들 것입니다. 어떻게 해야만 거지 근성에서 왕자의 삶이 몸에 이숙해지게 할 수 있습니까?

당신은 그 사람에게 무슨 조언을 해주겠습니까? 그 사람에게는 "그러므로 생각하라!"(엡 2:11)는 얘기가 가장 적합할 것입니다. '거지였던 때'와 '지금 왕자의 신분이 된 때'를 잘 구분하여 생각하라고 계속 주지시켜야 할 것입니다. 임금님이 어떤 은혜를 베푸셔서 자기 같은 거지를 왕자로 만들어 주셨는가를 생각하고 새 팔자, 새 신분 된 자신을 늘 생각하면서 살아야 왕자의 삶이 몸에 배게 될 것입니다.

하루아침에 거지 근성이 완전히 빠져나가지는 않겠지만, 자신이 왕자라는 사실을 분명히 하고 행동해야 합니다. 매일 임금께 문안을 드릴 뿐만 아니라 "생활 예법과 체통을 지키라"는 주위의 간언을 수용하고 부족한 것을 고쳐나가야 합니다. 이런 과정을 거치면 왕자로서의 품위가 세워지고 왕궁 생활이 완전 익숙하게 될 것입니다.

그러므로 제일 중요한 것은 **'신분에 대해 확신하는 일'**입니다. 당신의 과거의 삶이 변하려면, 우선 당신의 바뀐 팔자, 엄청난 신분에 대한 확신이 있어야 합니다. 이 모든 것이 하나님의 일방적인 은혜입니다.

예수 그리스도의 신부는 성을 초월합니다.

하나님께서 아가서에 매혹되게 하시고, 아가서 집회를 통해 메시지를 선포하라는 감동을 주셨을 때, 나는 당혹스러웠습니다. 성경 완독을 할 때마다 으레 아가서는 건너뛰었습니다. 처음 아가서를 읽을 때는 메시지의 중요성을 이해하지도 못했고, 사랑의 언어 표현들로 인해 애써 여성만 읽어야 하는 책이라 생각하였습니다. 나는 남성적이고 강력한 성령님의 나타나심과 기름 부으심을 선포하는 메시지를 좋아합니다. 그래서 로마서나 요한계시록, 혹은 엘리야, 엘리사, 다윗의 생애와 같이 깊고 강력한 메시지를 선호합니다.

그러나 시간이 지나면서 하나님은 내 생각을 바꾸어 주셨습니다. 나는 '그리스도의 신부가 된다'는 의미는 성을 초월한다는 것을 깨닫게 되었습니다. 실제로 '하나님의 아들'이나 '그리스도의 신부'는 여성, 남성 구별 없이 모든 그리스도인을 포함하는 함축적 표현입니다.

신부라는 표현에는 그 단어의 특권과 의미가 담겨있습니다. 그만큼 그리스도인에게 신부라는 말은 하나님과의 밀접한 관계일뿐더러 하나님이 허락하신 특권을 생각할 수 있습니다. 하나님의 마음을 읽을 수 있는 소중한 단어입니다. 그것은 '하나님과 깊은 친밀함을 경험하라'는 주님의 초대입니다. 성경에는 하나님과 친밀감 속에서 그 특권을 누린 사람들이 많이 있습니다. 그리스도의 신부의 참된 삶의 모습을 보여주었습니다.

치열한 영적 전쟁터에서, 가장 강한 전사는 신부인 전사, 즉 사랑에 빠진 전사입니다. 비록 순교자로 죽을지라도 그들의 마음은 그리스도를 향한 사랑의 열정으로 불타는 가운데 죽어갈 것입니다. 나는 마지막 때일수록 교회가 사랑에 빠진 전사, 즉 신부 겸 전사가 될 것이라고 믿습니다. 예수님의 신부는 발에 전투화를 신고 있습니다.

어떤 간호사가 환자와 사랑에 빠지게 되었습니다. 전에는 직업적으로 일을 하기 때문에 환자를 진료하며 돌보는 것이 항상 피곤하게 느껴졌습니다. '꼭 내가 이렇게까지 해서 먹고 살아야 하나' 하는 생각이 들 때마다 탈진되었습니다. 그러던 중 환자를 사랑하게 되었습니다. 환자에게 자신이 필요하다는 것을 깨닫게 되었습니다. 그래서 정성으로 돌보았습니다. 일이 즐거웠습니다. 야근 시간에도 한 번이라도 더 방문했고, 퇴근 후에는 자유롭게 함께 보냈습니다. 간호사가 환자를 사랑하기 때문에 일의 성격이 변했습니다.

간호사가 연인이 되었을 때 일에 힘과 의욕이 생겼고 이전의 힘든 것을 떨칠 수가 있게 되었습니다. 훨씬 더 기쁘고 쉽게 사랑의 손을 펼치게 되었습니다. 하나님은 당신이 연인이 되기를 원하시며, 일하는 연인이 되길 원하십니다. 그저 일꾼이 되어서는 안됩니다. 하나님을 사랑하는 연인이여야 합니다. 연인이야말로 우리의 핵심적인 정체성이며, 그것이 우리의 진정한 모습입니다.

우리는 하나님의 연인이라는 정체성을 가지고 일하는 존재이지, 일꾼의 정체성을 가지고 하나님을 사랑하려고 몸부림치는 존재가 아님을 알아야 합니다. 하나님은 우리에게 일을 하기 전에 "정체성을 분명히 하라"고 말씀하십니다. 우리가 먼저 연인의 정체성을 분명히 해야 하나님은 그에 걸 맞는 일을 맡기십니다. 우리는 먼저 전사가 되려고 해서는 안 됩니다. 우리는 먼저 예수님의 연인이 되어야 하고, 먼저 예수님의 신부가 되어야 합니다. 그리고 난 다음 영적 전쟁을 수행하여야 합니다.

마르다는 자아가 강하고 개인적 능력이 뛰어났습니다. 자신의 선입견과 판단으로 인해 먼저 연인이 되지 못하고 일꾼이 되었습니다. 그녀의 우선순위가 뒤집혔습니다. 실제로 그녀는 일 때문에 마음을 빼앗겨 연인이 되지 못했습니다(눅 10:38-40).

"땅 끝까지 천국복음을 전파하라!"는 지상 대명령은 우리 아버지 하나님의 가슴으로부터 나온 것으로, 하나님의 아들과 동역하도록 임명받은 신부에게 주신 말씀입니다. 지상 대명령을 종종 일꾼의 틀로 바라보거나 커다란 희생의 명령으로 바라보는 경우가 있습니다. 하지만 마지막 시대의 복음 전도는 신랑 하나님과 동역하는 연인의 흘러넘치는 사랑으로 성취될 것입니다. 우리는 그것을 희생이 아니라 특권으로 여길 것입니다.

우리는 추수의 주님을 너무나 열정적으로 사모한 나머지 사랑병에 걸린 마음으로 추수의 들판에서 기쁨으로 일하게 될 것입니다. 지상 대명령은 희생적인 노력이라는 일의 틀에서 사랑병에 걸린 신부의 헌신 행위라는 사랑의 틀로 옮겨갈 것입니다.

우리가 먼저 연인이 되도록 부름 받았다는 사실을 깨닫지 못한다면 반드시 낙담과 절망이 찾아오고 불평과 원망을 쏟아내게 될 것입니다. 성령님께서 하나님이 우리를 사랑하신다는 것을 우리에게 전해 주십니다. 그분의 사랑이 우리의 힘을 새롭게 하시므로 탈진을 피하게 하십니다.

하나님의 연인된 우리는 모든 관심을 주님께 두어야 합니다. 주님과 함께 있는 것을 당연히 여기고 즐거워할 때 감사가 떠나지 않습니다. 하지만 먼저 일꾼이 되어버리면 주님의 이야기가 귀에 들어오지 않습니다. 쉽게 탈진하고 고통을 겪게 됩니다.

일꾼들은 부당하거나 그릇된 대우를 받을 경우, 혹은 실망스런 상황이 벌어질 경우, 하늘만 쳐다보고 기다리는 것 외에는 아무것도 하질 못합니다. 무기력해진 자신을 탓하며 탈진 상태에 빠집니다. 성령의 기름부음이 자신이 원하는 바대로 나타나지 않는다고 주님을 원망합니다.

하지만 연인들에게 찾아오는 결과는 전혀 다릅니다. 먼저 하나님의 연인으로 살기 때문에 다른 사람들의 공격을 받거나 명예를 훼손당해도, 그리고 복음을 위해 수고하는 동안 일이 제대로 풀리지 않거나 실망이 찾아와도 낙담과 절망, 불평과 원망을 하질 않습니다. 은밀한 장소로 달려가 그곳에서 신랑의 사랑을 입는 영적 즐거움이 있기 때문입니다. 하나님께서 자신을 사랑한다는 사실을 온몸으로 느끼며 새 힘을 충전합니다.

우리가 하나님과 사랑의 관계 속에서 그리스도인의 생명의 즐거움을 발견하지 못할 때 탈진이 찾아옵니다. 하나님의 연인이 되면 탈진뿐만 아니라 유혹도 줄어듭니다. 만족을 누리는 사람들은 죄를 지을 가능성이 더 적기 때문입니다. 그리스도의 몸 안에 있는 죄의 대부분은 고통과 두려움 및 위로 받고자 하는 욕구에 그릇되게 반응하는 것입니다.

사도 바울은 "그리스도의 사랑이 우리를 강권하시는도다"(고후 5:14)라고 말했습니다. 나의 삶 속에서 첫째 계명이 첫 번째 자리를 차지하고 있을 때 나는 둘째 계명과 지상대명령에 훨씬 더 확고히 설 수 있게 됩니다.

첫째 계명은 사탄에게만 가장 공격받는 것이 아니라 그리스도의 몸에게도 무시당하고 있습니다. 사탄은 전략적으로 다가옵니다. 사탄은 당신이 신부로 예수님께 드려지기를 원치 않습니다. 그는 그런 과정을 방해하고 싶어 합니다. 사탄의 전략은 전심으로 주님을 사랑하고 헌신하는 순수함에서 빗나가도록 당신의 관심을 분산시키는 것입니다. 속지 마십시오!

하나님의 거룩한 열정과 사랑

셰익스피어(William Shakespeare)의 대표작 「로미오와 줄리엣」은 사람의 깊은 내면을 울립니다. 그것은 사람의 마음이 사랑으로 불타고 있다면 삶은 그 자체로 존재할 만한 가치가 있다고 부르짖습니다. 사람의 마음이 불타고 있을 때는 어떤 희생도 아깝지 않습니다.

우리들을 향한 그분의 불타는 열정을 경험할 때 당신의 삶은 완전히 변하게 될 것입니다. 나는 아가서를 통해 정체성을 확인하고 열정을 회복합니다. 특히 아가서 7장 10절의 "그가 나를 사모하는구나"라는 신부의 고백을 너무나 좋아합니다. 얼마나 멋진 고백입니까! 불타는 사랑에 사로잡힌 마음으로 신부가 이렇게 선언합니다.

"나는 내 사랑하는 자에게 속하였도다 그가 나를 사모하는구나"

모세 시대로부터 약 500년 후에 다윗이 나타나서 열정적으로 사랑하시는 하나님, 그 기쁨의 하나님을 보았습니다. 다윗은 하나님과 깊은 친밀함 가운데 즐거움의 강물을 마시는 것에 대해 얘기합니다. 다윗은 하나님이 열정적인 영적 갈망의 원천임을 알고서 그 안으로 들어갔습니다.

> "그들이 주의 집에 있는 살진 것으로 풍족할 것이라 주께서 주의 복락의 강물을 마시게 하시리이다 진실로 생명의 원천이 주께 있사오니 주의 빛 안에서 우리가 빛을 보리이다" – 시 36:8-9

다윗의 거룩한 사랑병을 기억하십니까?

> "주께서 생명의 길로 내게 보이시리니 주의 앞에는 기쁨이 충만하고 주의 우편에는 영원한 즐거움이 있나이다" – 16:11

오늘날 사역을 하면서 탈진한 분들이 계시다면, 하나님의 아름다움을 보는 즐거움이 필요합니다. 우리에게는 거룩한 사랑의 비전이 필요하며, 그 비전이 우리에게 심판과 추수라는 마지막 때의 도전을 감당할 능력을 부어줄 것입니다. 당신은 혹시 탈진하여 지쳐 있지는 않으신지요? 바로 지금 하나님의 아름다움을 보는 즐거움과 거룩한 사랑의 비전이 필요합니다.

성경은 하나님의 불타는 열정의 강에 대해 묘사합니다. 다윗 이후

500년 만에 나타난 선지자 다니엘은 다윗이 말한 것과 똑같은 강에 대해 언급하지만 조금 다르게 묘사합니다. 다니엘 7장 10절에서 그는 그 강을 하나님의 보좌로부터 나오는 뜨거운 불의 강이라고 부릅니다.

"불이 강처럼 흘러 그의 앞에서 나오며 그를 섬기는 자는 천천이요 그 앞에서 모셔 선 자는 만만이며 심판을 베푸는데 책들이 펴 놓였더라"

다니엘은 하나님의 보좌로부터 나오는 불의 강을 보았습니다. 그것은 불타는 열망과 사랑병에 걸린 하나님 자신이었습니다. 하나님은 사랑을 방해하는 모든 것을 파멸시킬 것입니다. 창조되지 않은 그 불의 강은 보좌로부터 흘러나오고 있으며 하나님 자신이 그 강의 유일한 원천이십니다. 나는 다니엘이 그 강을 보았을 때 성령 하나님을 본 것이라고 믿습니다.

다니엘로부터 또 다른 500년이 지난 후 사도행전 2장 3절에서 오순절 날에 함께 모여 기도하던 120명의 성도들이 하늘의 불이 자연의 영역으로 뚫고 들어와 자신의 머리 위에 불길처럼 임하는 것을 경험했습니다.

"오순절 날이 이미 이르매 그들이 다같이 한 곳에 모였더니 홀연히 하늘로부터 급하고 강한 바람 같은 소리가 있어 그들이 앉은 온 집에 가득하며 마치 불의 혀처럼 갈라지는 것들이 그들에게 보여 각 사람 위에 하나씩 임하여 있더니 그들이 다 성령의 충만함을 받고 성령이 말하게 하심을 따라 다른 언어들로 말하기를 시작하니라" – 행 2:1-4

그날 모든 사람이 불을 보았고 그 불은 각자 위에 머물러 있었습니다. 그 불은 그들에게 생기를 불어 넣었고, 다른 세계에서 온 사람들로 만들어 놓았습니다. 이 불의 강은 악한 것을 삼켜버리고 죄악된 인간들을 하나님이 기뻐하는 사람들로 변화시킵니다. 그 불의 강이 성도들을 만지자 연약하고 비겁한 남자와 여자들이 다른 세계에서 온 사람들로 모두 바뀌었습니다. 그런 남자들과 여자들이 우리 시대의 실상 가운데 행하게 됩니다. 돈을 비롯해서 기타 세속적 욕망들과 육신적인 쾌락들이 전혀 다른 관점으로 보이게 될 것입니다. 이제 불의 강이 그들을 만졌기 때문에 그들은 상급과 성공과 즐거움에 대한 관점이 바뀐 것입니다. 그럼에도 그들은 여전히 인간이기 때문에 계속해서 죄와 연약함으로 인해 갈등할 것입니다. 하지만 그들은 변하였습니다.

요한은 오순절 날 그렇게 만진바 된 자들 중 한 사람이었습니다. 그는 다니엘이 언급한 불에 접촉했습니다. 그는 다윗이 언급했을 뿐만 아니라 마시기 원했고 헤엄치기 원했던 기쁨의 강을 체험했습니다. 마지막에는 모든 성도들, 곧 마지막 때의 신부가 보좌 앞에서 타오르는 불에 뒤섞인 그 거대한 바닷가에 있게 됩니다.

"또 내가 보니 불이 섞인 유리 바다 같은 것이 있고 짐승과 그의 우상과 그의 이름의 수를 이기고 벗어난 자들이 유리 바다가에 서서 하나님의 거문고를 가지고" – 계 15:2

진정한 즐거움은 어디서 옵니까? 그 즐거움은 하나님의 보좌, 곧 하나님 자신으로부터 오며 불의 강에서 찾을 수 있습니다. 참된 즐거움은 당신을 향한 하나님의 열망과 열정 속에서 찾을 수 있습니다.

End Time 마지막 세대

지금 뭔가가 이 지구상에서 막 일어나려고 하는데, 교회는 그것에 대해 전혀 준비되어 있지 않은 것 같습니다. 준비되지 못한 교회는 세상을 도저히 준비시킬 수 없습니다.

그러나 신부인 교회는 영적인 기쁨과 즐거운 사랑병에 몰입하기 때문에 마지막 시대의 사건들을 사랑의 안경을 통해 해석하게 될 것입니다. 하나님의 일시적인 심판이 인류를 붕괴시킬 때, 마지막 때의 신부는 그 심판들 안에서 하나님의 자비의 손길을 보게 될 것이며, 그들은 영광스러운 부활 안에서 그들의 영광을 얻게 될 것입니다.

현재 많은 교회들은 신랑 예수 그리스도가 아니라 이 세상의 일들에 초점을 맞추고 있습니다. 오늘날 그리스도인들이 여전히 이 세상에 깊이 뿌리박히고 터가 굳어져 있기 때문에, 인류는 다가오는 일에 대비하여 자신들을 준비시켜줄 대상을 필요로 함에도 불구하고, 우리는 슬프게도 은혜의 대리인 역할에 대한 준비가 되어있지 않습니다. 하나님께서는 우리를 향해 손짓하시며 거룩한 사랑을 나누기를 기뻐하십니다.

우리가 영적인 체험을 통해 참 기쁨이 무엇인지 알면 성령의 깊은 곳으로 들어가기를 사모하게 됩니다. 사도 바울은 자신이 걸어온 선교의 삶을 되돌아보면서 이 세상에서 가장 고상한 지식은 '예수 그리스도를 아는 지식'이라고 고백했습니다. 그가 예수 그리스도 외에 모든 것을 배설물로 여겼듯이 우리도 성령님의 깊은 임재에 들어가게 되면 세속적인 즐거움이나 이생의 영광 따위는 쓰레기처럼 여겨지게 될 것입니다.

> "또한 모든 것을 해로 여김은 내 주 그리스도 예수를 아는 지식이 가장 고상하기 때문이라 내가 그를 위하여 모든 것을 잃어버리고 배설물로 여김은 그리스도를 얻고" – 빌 3:8

바울 스스로 기록한 내용으로 볼 때 그리스도를 따르는 그의 삶은 역경으로 가득 차 있었습니다.

> "그들이 그리스도의 일꾼이냐 정신 없는 말을 하거니와 나는 더욱 그러하도다 내가 수고를 넘치도록 하고 옥에 갇히기도 더 많이 하고 매도 수없이 맞고 여러 번 죽을 뻔하였으니 유대인들에게 사십에서 하나 감한 매를 다섯 번 맞았으며 세 번 태장으로 맞고 한 번 돌로 맞고 세 번 파선하고 일

주야를 깊은 바다에서 지냈으며 여러 번 여행하면서 강의 위험과 강도의 위험과 동족의 위험과 이방인의 위험과 시내의 위험과 광야의 위험과 바다의 위험과 거짓 형제 중의 위험을 당하고 또 수고하며 애쓰고 여러 번 자지 못하고 주리며 목마르고 여러 번 굶고 춥고 헐벗었노라 이 외의 일은 고사하고 아직도 날마다 내 속에 눌리는 일이 있으니 곧 모든 교회를 위하여 염려하는 것이라" – 고후 11:23-28

놀랍게도 바울은 그런 어려움을 '잠시 받는 가벼운 환난'으로 여겼으며 모든 것을 그리스도를 얻기 위한 과정으로 여겼습니다.

진정한 복음은 사람들을 하나님의 놀라운 사랑으로, 우주의 왕 예수님의 신부의 여정으로 이끌어갑니다. 하나님의 깊은 임재를 체험하고 믿고 갈급해 하도록 용기를 불어 넣습니다. 주님의 다시 오심을 예비하는 열방 선교의 동역자로 세워지게 됩니다.

사랑에 붙잡힌 사람들과 사랑병에 걸린 사람들은 다르게 삽니다. 이 거룩한 사랑병은 심각한 것이어서 신부가 가는 곳마다 엄청난 붕괴를 가져옵니다. 신랑을 향한 당신의 사랑병과 신부라는 당신의 정체성은 다른 사람을 분노케 하는 행동으로 당신을 몰아갈 것입니다. 당신은 안정적인 현 상태를 어지럽히고 종교를 위협할 것입니다. 왜 그렀습니까? 사랑병에 걸린 사람들은 뇌물로도 달랠 수 없고 돈을 주어도 내쫓을 수가 없기 때문입니다. 그들은 종교의 영에, 정치적인 영에 이끌리지 않기 때문에 잃을 것에 대한 두려움이 전혀 없습니다. 사랑병에 걸린 사람들을, 종교나 정치도 그 두려움 없는 사람들을 통제할 수 없습니다.

사랑병 사태가 전 세계적으로 일어날 때 하나님의 아들을 진심으로 사랑하는 사람들은 담대히 열방을 향해 나아갈 것이며, 전도와 선교의 불을 일으킬 것이며, 영혼들을 모으는 폭발적인 능력이, 그 충격이 교회를 긴 잠에서 깨어나게 할 것입니다.

또 다른 무리들은 혼란에 빠질 것이며 논쟁을 시작할 것입니다. 많은 사람들이 예수님의 이름을 들먹이겠지만 교회와 세상을 휩쓸 거룩한 열정을 손상시키기 위해서라면 무슨 짓이라도 할 것입니다. 그리고 그 열정을 무너뜨리고 잠잠하게 할 수만 있다면 어떤 신학 이론이라도 동원할 것입니다. 마지막 때, 대추수와 대환난, 영광과 분쟁이 함께 임하게 될 것입니다.

당신의 마음을 사랑병에 걸린 신부의 마음으로 빚으십시오. 그래서 하나님의 품에 머리를 기댔던 사도 요한과 같은 사람이 되십시오.

우리는 베다니의 마리아의 마음을 정말 좋아해야 합니다. 그녀의 열정적인 사랑은 비밀에 묻혀있었습니다. 그녀는 비밀스럽게 오직 주님을 열렬히 사랑했을 뿐이었습니다. 그녀는 자신의 모든 소유, 자신의 세상적인 보물, 즉 3,000만원 상당의 향유를 사랑하는 분의 머리 위에 아낌없이 다 쏟아 부었습니다.

"오 주님, 창조주 하나님의 불타는 마음으로 우리를 만져주소서!"
"우리로 그 안에서 헤엄치게 하시고 그 안에 온전히 잠기게 하소서!"

사랑병에 걸린 신부의 눈에 비친 신랑 예수님

부드럽고 초자연적인 사랑이 흘러넘치는 마음으로 그리스도의 신부가 하늘에 계신 신랑의 거룩한 위엄을 응시합니다. 깊고 비밀한 마음의 방, 깊은 사랑과 놀라운 헌신의 마음으로부터 아름다운 천상의 노래가 흘러나옵니다.

아가서는 사랑병 걸린 신부의 눈을 통해 본 신랑의 모습을 그리고 있습니다. 우리가 함께 술람미 여인의 눈을 통해 우리의 신랑을 바라볼 때 하나님께서 우리에게 계시의 눈을 열어 가장 놀랍고 위대한 믿음의 비밀 가운데 하나를 깨닫게 해주시기를 기도합니다.

아가서 중에서도 특별한 지점에서(5장) 신부는 가혹한 시험을 받습니다. 그런 시험의 시기는 주님 안에 깊이 들어가는 모든 사람에게 흔히 일어나는 것입니다. 여기에서 그리스도의 몸 가운데 보다 덜 성숙한 지체들이 신부에게 극심한 시험 가운데서도 참고 견디며 사랑할 수 있는 비결을 배웁니다. 그 혹독한 시험가운데서도 신부는 시험으로 마음이 상하지도 않고 넘어지지도 않습니다. 그분은 여전히 그녀의 사랑하는 자입니다.

"주님, 저를 인쳐 주소서! 내 안에 불타는 사랑을 넣어 주소서! 예수님, 나를 인쳐 주소서! 그 사랑을 내 안에 주소서!"

마지막 때, 우리가 마음을 그분께로 향할 때, 새로운 차원의 강력한 임재가 열리게 될 것을 믿고 용기를 얻게 됩니다. 그분은 신랑이요, 당신은 그분의 사랑 받는 자라는 사실은 영원의 신비입니다. 당신의 삶은 특별합니다. 당신은 그와 같은 때를 위해 준비되어 왔습니다. 중요한 것은 당신은 목적을 가지고 태어났으며, 가장 좋은 때는 아직 오지 않았다는 사실입니다.

"내 사랑하는 자는 노루와도 같고
어린 사슴과도 같아서
우리 벽 뒤에 서서 창으로 들여다보며
창살 틈으로 엿보는구나
나의 사랑하는 자가
내게 말하여 이르기를
나의 사랑, 내 어여쁜 자야
일어나서 함께 가자"

(아 2:9-10)

| 차 례 |

추천사 4

들어가는 말 12

아가서를 통한 기도문 | 17

왕과 시골 처녀의 사랑 이야기 | 20

왕을 위한 정체성 | 21

하나님의 거룩한 열정과 사랑 | 31

End Time 마지막 세대 | 35

사랑병에 걸린 신부의 눈에 비친 예수님 | 39

아가서를 통한 신부의 여정 시작 | 47

1장 신부의 여정 시작과 신부의 영성 계시 | 53

2장 신부 정체성의 확신과 주님과 동행 | 95

3장 징계 경험 후 더욱 주님을 갈망 | 127

4장 예언적 확증으로 성숙한 신부로 이끄시는 주님 | 147

5장 믿음의 시험과 위대한 사랑의 고백 | 177

6장 시험을 이긴 성숙한 신부를 칭찬하시는 주님 | 209

7장 성숙한 신부가 가진 주님과의 파트너쉽 | 235

8장 신부의 거룩한 사랑과 소망, 마라나타 | 275

아가서 요약서 | 306

아가서를 통한
신부의 여정 시작

아가서를 통한 신부의 여정 시작

"와서 나와 함께 여행을 떠나자!" 예수님의 마음으로 들어가는 신비로운 여행, 너무나 신비로워 그 온전한 뜻이 다 이해될 수 없는 책, 이것이 아가서입니다.

우리는 이 노래 속에서 운명을 결정짓는 예언의 힘을 발견합니다. 우리는 시험을 당하지만, 그러면서도 주님의 예언적 확증을 받습니다.

시험이 우리를 둘러싸고 있지만, 예수님의 강한 팔이 또한 우리를 두르고 있습니다. 술람미 여인이 실패하듯 우리도 마찬가지입니다. 그럼에도 불구하고, 이 놀라운 신랑이신 왕의 사랑은 결코 끝나지 않았습니다. End Time에 예수 그리스도의 신부에게 주어지는 사랑의 관계, 우리를 우리에게 상사병이 걸린 예수님의 친구로 삼으시려는 하나님의 전략은, 우리의 영을 은총과 계시로 옷 입혀지기를 애타게 구하십니다.

아가서 안에는 예수님의 박동하는 심장 그리고 그분의 왕좌를 함께 나눌 동반자인 신부를 데려오려는 그분의 절실한 마음이 깃들어있습니다.

술람미 여인은 사랑의 갈구를 대표합니다. 이 노래는 신비합니다. 자신의 신부를 위한 하늘나라 신랑은 사랑을 묘사하는 비밀스러운 언어를 거침없이 사용합니다. 둑 사이에 조용히 흐르는 강물이 있는가 하면, 범람하는 강물도 있습니다. 이 노래는 범람하는 강물이요, 넘치는 잔이요, 하나님의 사랑으로 타오르는 심장과 같습니다.

우리는 아가서를 읽어 내려가면서 성령님과 합력해야 합니다. 그분의 사랑의 불꽃이 우리 안에 불타오르게 해야 합니다. 아가서는 성숙함으로 서가는 신부를 사랑하는 예수님에 대한 이야기입니다. 약점이 있고, 불안정하며, 실패했을 지라도, 신부는 사랑을 받습니다

잠언 : 성전의 바깥뜰과 인간의 육신(body)에 비교되어 누구나 접근이 가능하고 어느 정도 이해할 수 있습니다.

전도서 : 성전의 안뜰과 인간의 혼(soul)에 비교됩니다.

"헛되고 헛되며 헛되고 헛되니 이 모든 것이 헛되도다" – 1:2

인간의 관점에서 우리의 성취가 대단해 보여도 하나님을 기쁘시게 할 수 없으며, 그것이 궁극적으로 아무런 가치를 가질 수 없으므로, 이 땅의 것을 추구하는 것은 헛됩니다.

아가서 : 성전의 지성소와 인간의 영(spirit)에 비교됩니다.

솔로몬 왕은 우리의 상황이 어떻게 흘러가든지 상관없이 도달할 수 있는 삶의 기쁨을 제시하며, 하나님, 예수님, 성령님과의 거룩한 친밀함의 기름 부으심이 넘치게 하며, 이 땅에 속한 것이 아닌, 하늘에 속한 것을 추구하는 삶의 즐거움을 노래해주고 있습니다.

아가서는 예수님의 마음과 갈망을 계시하는 거룩한 레이저 광선과도 같습니다. 예수님은 우리가 그분의 아름다우심에 사로잡히게 되기를 원하시며, 우리의 마음이 그분께서 우리에게 주시려는 아름다움에 붙들려 있기를 원하십니다.

아가서는 예수님이 거룩한 자들 중의 가장 거룩한 분이시며, 모든 왕 중의 왕이시고, 만주의 주님이심을 알게 하시며 우리는 그분께 최상의 표현으로 사랑을 고백하며 찬송하게 합니다. 그리고 기꺼이 그분과 함께 열방 가운데서 행복함과 기쁨으로 동역하게 하십니다.

'그리스도의 신부'는 어린 양의 아내(계 19:7-9; 21:9)이며, 예수님께서 재림하시는 세대에게 있어서 아가서는 전에 없이 아주 흥미로워 질 것입니다.

우리는 그분의 다시 오시는 강력한 징조를 알고 있습니다. 여러 징조 가운데서도 특별히 "이 천국복음이 모든 민족(종족)에게 증언되기 위하여 온 세상에 전파되리니 그제야 끝이 오리라"(마 24:14)는 말씀처럼, 우리는 바로 모든 미전도 종족들에게 마지막 복음이 전해지는 마지막 세대를 살아가고 있습니다. 바로 당신이 살고 있는 이 세대에 이루어질 수 있을 것입니다.

"무화과나무의 비유를 배우라 ... 이 세대가 지나가기 전에 이 일이 다 일어나리라"(마 24:32-34). 바로 이스라엘이 1900년 만에 완전히 회복되는 것을 보는 세대, 바로 우리들의 세대입니다. 아가서는 "마라나타"로 끝나며, 요한계시록의 End Time과도 연결되어 있습니다.

세 명의 주요 인물

솔로몬 왕 : 하늘 신랑이자 다스리는 왕이며, 승리하시고 부활하신 평화의 왕 주 예수님의 표상으로서 신부를 향한 그분의 지극한 열정이 영감 넘치는 이 이야기 속에서 빛을 발합니다.

술람미 여인 : 영원토록 예수님과 함께 보좌에 앉아 만물을 다스릴 공동 후계자가 되도록 마련된 그리스도의 신부의 표상으로서 일개 여인에 불과한 그녀가 성숙한 신부가 됩니다. 이 술람미 여인은 신부의 열정을 깨달은 거듭난 신자 개개인입니다.

예루살렘의 딸들 : 예수님을 사랑하고 존귀하게 여기지만, 신부 속에서 볼 수 있는 열정의 성숙함에 아직 이르지 못한 자들의 표상으로서, 이 '딸들' 또한 거룩한 열정에 대해 눈이 뜨이게 되고 사람들에게 '술람미의 신부의 영'을 전수하면서 거룩한 무리를 이루어 예수님을 좇기 시작합니다.

한편 줄거리에는 곧잘 사랑하기에 병이 난 여인의 마음을 잘못 전달하고 신랑을 향한 그녀의 지극한 헌신을 이해하지 못하는 '성난 오빠들'이 등장 합니다. 그리고 이야기 속에 언급된 '파수꾼'은 사람들에게 신랑을 알리는 주님의 경건한 종의 부류, 다윗 왕과 같은 사역 지도자인 목자와 신부에게 상처를 주고 겉옷을 가져가 버리는 자, 사울 왕처럼 영적 질투에 잡혀있는 지도자 부류로 나뉩니다.

CHAPTER 01

신부의 여정 시작과 영성 계시

1절. "솔로몬의 아가라"

아가(雅歌)라는 단어는 히브리어로 '쉬르 하쉬림'(Sir Hassilim)이라 부릅니다. 이 뜻은 노래 중의 노래(Song of Songs)이며, B. C. 900년경 솔로몬 왕이 영적으로 타락하기 이전에 기록한 것으로 보고 있습니다.

유대인의 신비한 전통을 담은 카발라(Kabbalah)의 주요 책인 조하르(Zohar, 빛)에 의하면, 어느 날 이 노래가 세상에 내려온 쉐키나(Shekinah, 하나님의 영광)를 드러냈을 때, "제사장들이 그 구름으로 말미암아 능히 서서 섬기지 못하였으니 이는 여호와의 영광이 여호와의 성전에 가득함이었더라"(왕상 8:11)고 기록되어 있습니다. 성전에 주의 영광의 임재로 가득 찼던 그날에 찬양이 계시되었고, 성령의 능력을 입은 솔로몬 왕이 이 노래를 불렀다고 합니다.

이 노래는 천상의 모습대로 만들어진 노래요, 초자연적인 안식의 노래이며, 높고 거룩한 이름 위에 왕관을 씌우는 노래입니다. 그렇기에 이 노래는 지극히 거룩한 노래입니다. 이 노래 속에 나오는 단어 하나 하나가 사랑과 기쁨으로 충만하기 때문입니다.

이 노래는 영광의 왕 예수님의 노래이기도 합니다. "하나님이 너로 말미암아 즐거이 부르며 기뻐하시리라"(습 3:17). 오늘 성령님이 신부의 여정 속으로 담대히 발걸음을 내딛고 나가라고 우리를 부르실 때 마음을 여십시오! 그 여정이 술람미 여인이 거쳐 갔던 그 길로 우리를 인도해주실 것입니다.

솔로몬이 지은 1,005곡(왕상 4:32) 중 최고의 노래(Song of Songs)로 그동안 가장 오해 받고 소홀하게 여겨졌던 작은 책이었으나 이제 성령님께서는 주님의 재림을 준비하며 신부의 인(아 8:6, 나를 도장같이 그대 팔에 새기세요)을 받는 세대를 일으키기 위하여 아가서를 풀어내십니다.

아가서는 신부의 영성에서 신랑과 함께 기업을 나눈다는 것으로, 내가 신랑으로부터 받을 기업에 초점이 맞추어진 미성숙한 모습(1-4장)과 나의 모든 기업을 신랑께 올려드리려는 예수님의 동역자, 성숙한 신부의 모습(5-8장)으로 구분되어 집니다.

2절. "내게 입맞추기를 원하니 네 사랑이 포도주보다 나음이로구나"

몇 년 전 중국 허난성 카이펑 시에서 아가서 집회를 할 때, 어떤 한족 목사님이 말하기를 "오늘 배우는 아가서와 전에 배웠던 아가서는 내용이 완전히 다릅니다. 전에 어떤 목사님이 아가서를 남녀의 사랑으로 풀었는데, 실습까지 감행(?)하다가 풍기문란 죄명으로 감옥에 간 후부터 아가서는 아예 읽지도 않았습니다. 그러나 오늘 아가서 집회를 통해 내가 예수님이 사랑 받는 신부인 것을 알게 되고, 정체성을 깨닫게 되니 믿음으로 모든 것을 돌파할 수 있을 것 같습니다. 주님을 향한 미지근하던 나의 마음에 열정의 불이 붙었습니다"라고 고백한 적이 있습니다.

입맞춤 | 여기에서부터 친밀함의 은혜를 갈망(bridal cry)하는 신부의 여정이 시작됩니다. 말씀으로 나를 깊이 만져 주시는 것이 입맞춤입니다. 예수 그리스도와의 거룩한 친밀함에 이르려는 거룩한 입맞춤, 하나님의 입맞춤이 있을 때 잠자는 신부는 깨어나게 됩니다.

"그로 그의 입맞춤으로 내게 입맞추게 하소서."
"주님, 저입니다. 주님이 사랑하시는 자! 제가 바로 주님의 사랑을 받는 자입니다!" – 요 13:23
"오늘 주님의 말씀의 거룩한 입맞춤으로 나의 마음을 만져주십시오!"
"주님! 주님의 입의 말씀을 내 마음에 불어 넣어 주십시오!"

예수 그리스도와 거룩한 친밀함에 이르려는 거룩한 입맞춤, 그 '입맞춤'이 우리가 세상에 존재하는 이유가 됩니다. 예수 그리스도의 신부인 우리들에게 그분과 친밀해지지 못하도록 가로막는 벽은 무너져야 합니다. 우리는 그분의 형상을 따라 지음 받은, 정말 그분의 성품에 꼭 맞는 자입니다.

오늘 성령님은, "네가 마음이 깨어지고 연약할 때조차도 너를 사랑한단다. 너는 사랑하는 나의 자녀란다. 내가 바로 아담에게 입 맞추어 생령이 되게 했단다. 네 마음에 나의 입맞춤으로 네가 구하는 사랑을 네게 줄게. 다음에 실패하더라도 너를 버리지 않을 거야. 나는 영원히 네 것이란다"라고 말씀하십니다. 예수님이 우리를 영화로운 자라고 부르신다는 것을 알고 있습니까? 우리가 고결한 행동을 하기 전부터 이미 하나님은 우리를 영웅이라고 부르십니다.

"땅에 있는 성도들은 존귀한 자들이니 나의 모든 즐거움이 그들에게 있도다" – 시 16:3

하늘 아버지는 두려움에 떠는 노예가 아니라 자유의지로 나아오는 연인을 찾으십니다. 그리고 주님과 친밀해지지 못하도록 가로막는 벽은 무너져야 합니다. 그분의 영원하신 사랑은 얼마 전에 우리가 한 행실과 아무런 관계가 없습니다. 심지어 미성숙한 신자들마저도 그분에게는 커다란 기쁨이 됩니다. 그 사랑을 마음껏 누리십시오.

우리는 한 번의 입맞춤이 아닌 계속적인 입맞춤(Kisses)이 필요합니다. 태어난 아이에게 제일 먼저 해주는 것이 입맞춤이고, 이 세상을 떠나는 사랑하던 사람에게 마지막으로 해주는 것이 입맞춤입니다. 모든 사람들은 마음 깊은 곳에서 입맞춤을 갈망합니다.

그분의 하늘 입맞춤은 입과 입을 맞추는 것이 아니라 하나님과 인간이 연결되는 것이며, 이는 말씀의 입맞춤이고, 그것이 하나님의 말씀에 연합하고자 하는 영혼의 갈망입니다. 주님의 입맞춤은 문자적인 의미가 아니라, 나에게 말씀이 레마로 임하여 살아 움직이는 경험을 의미합니다.

"주님, 오늘 말씀의 거룩한 입맞춤으로 나의 마음을 만져주십시오!
주님, 주님 입의 말씀을 내 마음에 불어넣어주십시오!"

신부는 더 이상 이 허망한 세상의 즐거움에 빠져 헤매지 않을 것입니다. 그 신성한 입맞춤이 그녀로 이 세상의 모든 것을 잊게 해주어 그녀는 충만함에 압도될 것입니다. 그분의 입맞춤은 그의 마음에 숨어있는 거룩한 말씀을 드러냅니다. 이것이 그분의 포도주입니다. 그분이 그녀에게 포도주를 쏟아 부으십니다.포도주는 이 세상에서 즐길 수 있고 누릴 수 있는 가장 좋은 것을 의미합니다.

헨리 나우웬(Henri Nouwen)은 천국의 특성으로 '친밀성, 풍성함, 기쁨' 세 가지 특성이 있다고 말합니다. 친밀하지 않은 것은 존재할 수 없습니다. 어린아이가 부모와 있는 것처럼 부족함이 없습니다. 슬픔도 아픔도 상처도 없습니다. 항상 기쁨만 충만합니다.

나음(better)이로구나 | 이 말씀은 신명기 6장 5절의 첫째 계명의 회복을 의미하면서 하나님을 사랑하는 것이 모든 것의 처음 되는 계명임을 말해줍니다. 주님의 질투는 사랑에 방해되는 것들을 불로 태워 없애 버리시는 주님의 사랑을 나타냅니다.

주님께서는 주님의 사랑을 무엇보다 먼저 구하는 신부를 찾으십니다. 신부는 더 이상 이 허망한 세상의 즐거움에 빠져 헤매지 않을 것입니다. 주님의 거룩한 입맞춤이 신부를 충만한 기쁨으로 이끌어 냅니다. 그분의 입맞춤은 그분 마음에 있는 거룩한 말씀을 드러냅니다. 이것이 그분의 포도주입니다. 그분이 신부에게 그 포도주를 쏟아 부으십니다.

3절. "네 기름이 향기로워 아름답고 네 이름이 쏟은 향기름 같으므로 처녀들이 너를 사랑하는구나"

예수님의 이름이 우리의 마음을 깊이 만지십니다. 그분의 이름 속에 그분의 성품이 나타나 있습니다. 향기로움이 그분의 성품입니다.

그분의 향기가 느껴집니까? 그분의 입맞춤의 향기가 느껴지십니까? 그분의 포도주를 맛볼 수 있습니까?

향기름 | 주님의 향기는 그분의 임재이므로 그분께 가까이 있어야 합니다. 향기름은 보이지는 않지만, 강력한 영향력을 미칩니다. 주님의 마음속 감정, 생각은 눈에 보이지 않습니다. 그래서 주님에 대한 그릇된 인식이 우리 속에 있게 됩니다. 주님의 보이지 않는 감정(습 3:17, 그가 너로 말미암아 기쁨을 이기지 못하시며)을 우리가 올바로 알게 될 때 그릇된 종교적 영으로부터 벗어날 수 있습니다.

우리는 자신의 부족함에도 불구하고, 주님 앞에 나갈 때 거룩한 담대함이 필요합니다. 그분의 사랑스러움이 더 많이 마음속 깊은 곳에 부어지기를 원할수록 그분이 부으시는 기름으로 더 많이 덮입니다. 주님의 마음이 말씀을 통해 계시됩니다.

예수님 성품의 달콤한 향기를 아는 것이 이 세상 삶 가운데 어려움과 시험을 당한 사람들에게 큰 기쁨이 됩니다. 그분의 향기를 맡으려면 그분 가까이에 있어야 합니다.

네 이름이 쏟은 향기름 | 우리에게 주신 주님 이름의 신비, 하나님은 아들의 이름을 우리 위에 쏟아 부으셨습니다.

"주 예수님, 향기름 넘치는 주님의 이름을 제게 쏟아 부어주십시오!"

"주님, 주님의 이름을 들을 때 우리의 마음이 벅차오르지 않을 수가 없습니다. 주님을 보는 것이 주님을 사랑하는 것입니다. 영광의 왕 주 예수님, 이 모든 사랑을 다 받기에 합당하신 분! 주님을 사랑합니다!"

이름은 그 사람의 인격, 신분, 정체성 등 모든 것을 포함합니다. 주님의 이름을 주셨다는 것은 모든 것을 주셨다는 것입니다. 예수님. 그 분의 이름은 우리의 마음을 깊이 만지십니다. 그 이름 속에 그분의 성품이 나타나 있습니다.

4절. **"왕이 나를 그의 방으로 이끌어 들이시니 너는 나를 인도하라 우리가 너를 따라 달려가리라 우리가 너로 말미암아 기뻐하며 즐거워하니 네 사랑이 포도주보다 더 진함이라 처녀들이 너를 사랑함이 마땅하니라"**

왕이 나를 그의 방으로 | 왕이신 예수님께서 나를 자신이 사시는 곳으로 데려가십니다.

이 신성한 천상의 침소는 하나님께서 우리로 하여금 특별한 은혜를 경험시키려고 데려가시는 곳입니다. 이 침소는 그분을 찾는 마음을 가진 자들에게 자신을 나타내시는 비밀스럽고 은밀한 침소입니다. 이 방은 그분의 마음이 머물러 있는 보물의 방입니다. 그분은 우리를 개인적으로 만나는 경험을 하고 새로운 영을 전수받을 그분의 비밀 침소 안까지 데려가십니다.

어느 날 족장인 야곱은 이 높은 침소로 통하는 계단을 보았고, '벧엘'(창 28:19, 하나님의 집)이라 이름 지었습니다.

이 기름부음 받는 경험이 우리를 그분, 즉 예수님의 마음속으로 곧장 올라갈 수 있도록 감춰진 계단으로 인도합니다. 오직 왕이신 예수님만이 우리를 그분이 거하시는 침소로 데려가실 수 있습니다. 그분의 신성한 침소에서의 신성한 교제가 우리를 기다리고 있습니다. 그곳에 연회장이 마련되어 있겠지만, 지금은 친밀함을 나누는 침소에서 그분과 단 둘만 있어야 할 때입니다.

이곳에서 우리는 영의 양식을 얻을 수 있습니다. 그분께서 임재하셔서 만나를 주십니다. 이곳은 권능과 계시와 사랑으로 충만한 우리를 위해 예배된 숨은 장소입니다.

우리는 침소에서 그분께서 계시하는 신성한 신비함과 성스러운 친밀감이 가져다주는 기쁨을 맛볼 것입니다. 왕의 침소는 그분을 찾는 마음을 가진 모든 이들에게 열려있습니다. 그분의 침소로 이끌려올 때까지 기다리고만 있겠습니까? 오늘 당장 데려가 달라고 구하십시오. 왕의 침소를 찾아 나가십시오(시 45:13-15; 막 14:14-15). 휘장 너머에서 그분을 만날 것입니다.

초청하시는 그분의 목소리가 들리시나요? 열린 문이 보이시나요?(계 4:1) 그곳으로 우리를 데리고 들어갈 그분을 신뢰할 수 있으십니까? 너무나 거룩하신, 너무나 아름다우신 분입니다

"주 예수님 나를 당신의 궁전으로, 당신의 침소로 데려가 주십시오. 당신이 속삭이는 사랑의 메시지를 들을 수 있는 곳, 그곳으로 데려다 주십시오."

그분은 침소에서 비밀을 나누실 것입니다. 우리는 성스러운 친밀함이 가져다주는 기쁨을 맛볼 것입니다. 우리 모두는 각각 하나님과의 비밀스러운 역사, 즉 그분의 침소에서 지냈던 감추어진 삶이 있어야 합니다. 주님께서 사랑하시는 사람을 드러내지 않고 숨기시는 때가 있습니다. 내게는 광야로 느껴지지만, 그것은 하나님께서 나를 사랑해서 숨기시는 것입니다. 침실은 주님과의 깊고 비밀스러운 교제가 있는 곳이며, 나의 가장 솔직한 모습 연약하고 누추함이 드러나는 곳이기도 하지만, 또한 은혜롭고 영광스러운 장소이기도 합니다.

예수님은 함께 달려갈 열방을 감동시킬 신부를 곁에 두고 싶어 하십니다. 우리는 사랑으로 다른 사람들을 어루만져주는 신랑 예수님의 거룩한 동역자가 될 것입니다. 우리의 마음은 "나를 이끌어 주세요. 그래서 사람들을 감화시킬 수 있는 주의 신부가 되어 사람들을 섬기며 주님 뒤를 따라 달려가겠습니다"라고 결단합니다. 우리는 친밀함 가운데로 이끌려 들어가 사역의 동반자가 될 것입니다. 예수님을 향한 열정은 언제나 사람들을 긍휼히 여기는 마음을 갖게 될 것입니다.

주님과의 친밀감은 주님이 먼저 우리를 사랑하시고(요일 4:19) 이끌어 주심을 의지하여야 합니다. 우리는 먼저 사랑할 수 없습니다. 주님께서는 주님과 하나가 되는 사람, 주님과 함께 달려갈 수 있는 사람을 찾고 계십니다. 우리는 주님 앞으로 나를 더 이끌어 인도해 달라는 소원을 가지고 있습니다.

사도 바울은 베다니 마리아의 열정적인 마음과 마르다의 긍휼히 여기는 마음, 두 가지 다 가진 본보기로 우리들의 멘토가 되십니다. 사도 바울과 같이 친밀감과 사역의 열정을 겸비한 사람이 되기를 소망합니다. 이것은 때로 순서가 뒤바뀌어 친밀함이 없이 먼저 달려가다가 지치고 탈진하는 수많은 사역자들에게 좋은 멘토가 될 것입니다. 예수님의 발아래 오랜 시간 동안 넉넉히 앉아있다 보면 이 세상을 섬기기 위해 기꺼이 발을 더럽힐 마음이 우러날 것입니다.

기뻐하며 즐거워하니 | 친밀감을 나타내는 대표적인 표현이 바로 기쁨과 즐거움입니다. 주님은 기쁨으로 넘치시는 분이시며(시 45:7; 잠 8:30), 우리가 곧 그분의 기쁨이 됩니다(히 12:2). 우리가 많이 잃어버린 것이 바로 이 감정이며, 다시 되찾아야 할 그것이며, 주님과의 친밀함을 통해서 이것을 회복합니다.

5절. "예루살렘 딸들아 내가 비록 검으나 아름다우니 게달의 장막 같을지라도 솔로몬의 휘장과도 같구나"

아가서는 하나의 여정인데 전환점들이 있습니다. 나의 인생의 전환점을 겪으면서 자신의 인생의 여정을 이해할 수 있게 됩니다. 5장부터는 영적 은혜가 찾아옵니다. 자신의 죄성을 깨닫는 이것이 여정 중에 겪게 될 첫 번째 은혜입니다. 나태한 교회의 모습, 게을러진 자신의 모습을 돌아보게 되며, 마치 다윗의 부인이었던 미갈처럼 슬픈 영적 상황을 맞이하게 됩니다.

예루살렘 여자들은 주님의 깊은 사랑을 체험하지 못한 성도들(Sunday Christian)이며, 미성숙한 신자들로 하여금 예수님을 따르도록 이끄는 한 가지는 바로 '불타는 마음'입니다. 다른 이들이 왕을 향한 우리의 영원한 사랑을 볼 때 '거룩한 바이러스'가 퍼집니다. 기뻐 춤추며 그분이 기뻐하는 사랑의 사역에 푹 빠진 수많은 주의 신부들을 보십시오!

검으나 | 때가 되면 성령님의 조명 아래에 주님께서 내 안에 선하지 못한 것들(상처, 죄들, 실패 등)을 밝히 보여 주시는데, 그것들이 드러나는 것이 곧 주님의 은혜입니다. 가장 큰 계시는 나의 본래의 모습을 발견하고, 주님의 엄청난 사랑을 아는 것이라는 사도 바울의 고백을 기억합니다.

아름다우니 | 원수의 송사 앞에서, 연약함과 실패 속에서도 사랑 받고 있다는 믿음이며, 우리는 주님이 보시는 눈으로, 주님의 마음으로 자신을 볼 수 있어야 합니다.

게달의 장막은 짐승의 가죽으로 만들어집니다. 이 장막은 오랜 세월 동안 햇볕에 쬐어서 검게 그을려지게 됩니다. 마치 게달의 장막처럼 변질되고 퇴색된 자신의 모습을 보는 것과 같습니다. 그러나 주님은 우리를 솔로몬의 휘장 같다고 말씀하십니다.

찬란한 아름다움, 주님이 입혀주신 은혜, 아름다움에 대한 믿음을 의미하는 솔로몬의 휘장은 가는 베로 만든 새하얀 휘장입니다. 마치 죄와 허물을 고백하는 우리들에게 "너는 지성소 안에 드리워질 가장 가는 베와 같구나!"라고 말씀하시는 듯합니다. 오직 제사장들만이 지존자의 성전에 드리워진 이 휘장의 아름다움을 볼 수 있었습니다.

우리는 검게 그을린 장막의 겉모습을 보지만, 우리의 신랑은 새하얀 베로 된 내면을 보십니다. 그분은 지성소 안에 드리워진 빛을 발하는 가는 베실로 짠 휘장과 같이 빛나는 우리의 영을 보십니다. 이것이 그리스도 예수 안에 있는 신부된 우리들의 진정한 모습입니다.

하나님은 우리에게 '의'라는 선물을 주셨습니다(고후 5:17-21 하나님의 의가 되게). 그리고 로마서 6장 11절을 통해 "너희도 너희 자신을 죄에 대하여는 죽은 자요 하나님에 대하여는 살아 있는 자로 여길지어다"(count yourselves)라고 이미 확증시켜 주셨습니다.

또 한편으로, 술람미 여인은 단점보다 장점을 확신하고 있었습니다. 비록 얼굴은 검어졌지만 아름다운 얼굴이라는 것입니다. 비록 단점이 있더라도 장점으로 자신감을 가지는 사람을 하나님은 기뻐하십니다. 우리에게 안 좋은 것을 보고 좌절하지 말고 좋은 장점을 보고 용기를 가져야 하나님이 사용하십니다.

우리는 키 작은 삭개오를 기억합니다. 나는 지난 해 중국 카이펑 유대인과 함께 알리야 사역을 위해 이스라엘을 방문하여, 여리고에서 일명 '삭개오 나무'를 보았습니다. 사실 뽕나무가 아니라 돌감람나무입니다. 삭개오는 키가 작았지만 길가에 자기가 올라갈 수 있는 돌감람나무(한글 개역성경에는 뽕나무로 번역)에 올라가 예수님을 만났습니다. 다윗은 비록 어렸지만 하나님이 함께하심을 알았고, 거룩한 분노와 거룩한 담대함으로 골리앗과의 싸움에서 승리를 거두었습니다.

누구나 장점과 단점이 있습니다. 단점을 보고 좌절하지 말고 장점을 확신하며 담대하게 나아가는 사람을 주님께서 사용하시고 기뻐하십니다.

6절. "내가 햇볕에 쬐어서 거무스름할지라도 흘겨보지 말 것은 내 어머니의 아들들이 나에게 노하여 포도원지기로 삼았음이라 나의 포도원을 내가 지키지 못하였구나"

햇볕에 쬐어서 거무스름할지라도 | 자신이 죄 가운데 있으며, 죄의 영향 아래 있음을 알게 되며, 그분의 침소에 들어간 신부는 자신의 마음이 어둡다는 것을 깨닫습니다. 예수님의 마음속 깊이 들어가면 들어갈수록 더욱 더 우리가 지닌 연약함과 수치스러운 면들을 직면하게 됩니다. 더 가까이 나아가기는커녕 오히려 더 악화되는 것처럼 여겨지기도 합니다.

육신의 연약함을 보여주시는 이것이 우리를 깨어지게 하는 하나님의 방법입니다. 수치심 때문에 지나치게 내향적이 되거나 사람들에게 어떻게 보일까 하는 끊임없는 생각에 파묻히지 않도록 주의해야 합니다. 우리는 죄의식과 길동무하면서 평생을 허비하기에는 아까운 존재들입니다. 예수님을 친구로 삼으십시오!

5절에서 설명한 바와 같이 왕의 침궁(침소)에서 그 신부는, "내가 비록 검으나"라고 외칩니다. 자신의 타락한 마음을 알게 되고 자신의 죄성을 깨닫는 이것이 여정 중에 겪게 될 첫 번째 은혜입니다. 그러나 그 신부는 그분의 찬란하신 임재에 머리 숙여 절할 때, "그럴지라도 아름답구나"라고 말씀하시는 그분의 음성을 듣게 되는데, 비밀은 바로 이것입니다. 우리는 전적으로 죄에 빠졌고 또한 전적으로 용서받았다는 사실입니다.

다음의 두 구절을 한 문장으로 엮어봅시다.

"나는 검다" - "그러나 아름답다!"

깨우친 마음은 "나는 검고 죄투성이구나!"라고 부르짖습니다. 그러나 왕의 침소로 들어가 그분 앞에 서면, **"그럴지라도 아름답구나"**라고 말씀하시는 음성이 들립니다.

인간의 영을 들여다보시는 그분은, 그분을 사랑하는 우리의 마음을 아십니다. 아빠의 '무조건적인 사랑'이 여기에 있습니다. 그분은 "그렇단다. 죄와 수치심을 가져온다는 것을 나도 알고 너도 알지. 그러나 그럼에도 불구하고 나는 너를 사랑한다. 나를 간절히 바라는 네 마음이 너를 아름답게 한단다. 자원하는 영을 지닌 성숙한 신부의 사랑으로 자라가게 될 거란다"라고 말씀하실 것입니다. 주님은 우리가 자라가는 과정 내내 지켜보시려는 무한한 열정을 가지고 계시며, 시작하신 일을 이루시는 영광의 왕 하나님이십니다(빌 1:6).

홀겨보지 말 것은 | 자기의 죄에 대해 수치를 느끼고, 이해받지 못하고, 인정받지 못하는 힘든 시간들을 보냅니다. 거절감을 경험하거나, 영적으로 잠자는 자들은 영적으로 깨어있는 자들을 볼 때에 견딜 수 없는 시기와 질투를 느끼게 됩니다.

내 어머니의 아들들이 나에게 노하여 포도원 지기를 삼았음이라에서 '내 어머니의 아들들'은 그녀의 형제들, 바로 그녀에게 노한 형제들입니다. 거절의 위기가 찾아왔습니다.

온 마음을 다해 예수님을 따르려는 그녀의 뜨거운 열정이 형제들에게 시기와 분노를 일으켰습니다. 성난 형제들은 그녀의 열정과 뜨거움을 전적으로 이용하고 있습니다. 자기들의 들판에서 그녀에게 너무 많은 일들을 시켰기 때문에 정작 자신의 포도원은 잡초가 무성하게 자랐는데도 형제들은 그녀를 자기들의 포도원지기로 삼습니다.

그녀는 사랑하는 자를 위하여 예쁘게 치장하고 가꿀 시간이 없습니다. 다른 모든 사람들의 기대에 부응하려고 과도한 짐을 진 채 바빴습니다. 예수님과 교제해야 할 필요보다 오히려 다른 사람들의 인정을 받을 필요에 이끌려가기가 얼마나 쉬운지! 분노와 거친 말들은 모두 옛 습관적인 교회 생활입니다.

하나님의 은혜 없이 책임을 떠맡는 것은 심신을 소진시키고 탈진시키는 일입니다. 녹초가 되면 기쁨은 빼앗기고 하나님을 위해 더 많이 일하지 않는다는 죄 의식을 느끼게 되고, 이 모든 것이 종교적인 멍에가 되어 조만간 어깨를 짓누르는 무거운 짐이 되어 버립니다. 그러나 예수님의 멍에는 쉽고 가볍습니다.

하나님 중심이 아닌 일 중심으로 이끌어나가는 지도자들은 우리에게 책임감의 멍에를 덧씌웁니다. 종교적 형식으로 치우쳐 우리는 결국 지쳐 쓰러지게 됩니다. 다른 사람의 포도원을 보기 때문에 정작 자기의 포도원(하나님 안에서의 그녀만의 내면생활)에 소홀하게 되어 영적 삶이 고갈됩니다.

특별히 친밀감을 알지 못하는 일(사역) 중심의 사람들에게는 남의 떡이 더 크게 보입니다. 남의 포도원을 시샘하다가 분을 삭이지 못하고 훼방을 놓습니다. 우리는 친밀함으로 칭찬 받은 마리아와 권면 받은 일

(사역) 중심의 마르다를 기억합니다. 성령님 안에서 우리의 삶은 포도원이며 주님을 위한 정원입니다.

나의 포도원을 내가 지키지 못하였구나 | 주님께서 내게 맡겨주신 것들(마음, 가정, 자신의 부르심 등)을 등한시한 것을 의미하며, 내 마음을 지키지 못한 것에 대한 수치심을 나타내고, 주님과의 친밀함의 관계를 소홀히 한 것을 나타냅니다.

술람미 여인은 오빠들이 노하면서 억지로 포도원을 지키라고 했다고 고백했습니다. 억지로 포도원에서 얼굴이 시커멓게 되도록 일하다가 솔로몬 왕을 만나게 됩니다. 포도원이 교회라면, 억지로라도 신앙생활을 하여야 합니다.

구레네 사람 시몬은 억지로 십자가를 지고(마 27:32) 난 뒤 엄청난 축복을 받았습니다. 구레네 시몬의 두 아들 알렉산더와 루포(막 15:21)는 초대교회의 지도자들이 되었으며, 그의 부인이자 루포의 어머니는 사도 바울로부터 어머니라고 불렸습니다(롬 16:13). 그뿐 아니라 시몬 자신은 후에 세계선교의 기지였던 안디옥 교회 5명의 지도자 중 한 명이 되었습니다(행 13:1).

당시 포도원지기가 하는 일은 다양하였습니다. 가장 중요한 일은 포도나무 가꾸기였습니다. 포도송이가 잘 맺을 수 있도록 거름을 주고 벌레를 잡아주어야 합니다. 그리고 도적도 지켜야 합니다. 여자로서는 감당하기 힘든 일들이었지만 술람미 여인은 잘 해내었습니다. 그리고 마침내 왕을 만나 신부가 되었습니다.

7절. **"내 마음으로 사랑하는 자야 네가 양 치는 곳과 정오에 쉬게 하는 곳을 내게 말하라 내가 네 친구의 양 떼 곁에서 어찌 얼굴을 가린 자 같이 되랴"**

내 마음으로 사랑하는 자야 … 쉬게 하는 곳을 내게 말하라 | 곤고한 상태에서 주님을 찾는 신부의 모습을 볼 수 있습니다.

네가 양치는 곳과 정오에 쉬게 하는 곳을 | 주님의 말씀으로 양육받고, 안식을 되찾기를 갈망합니다. 주님이 계신 정오는 밝음과 영광의 계절을 말합니다.

"나를 어둠의 방해를 받지 않는 정오의 계시의 빛 가운데로 데려가 주십시오. 나를 그곳으로 데려가 주십시오. 많은 일(포도원 지키기)을 하느라 지쳤습니다. 이제 당신의 그늘에서 쉬고 싶습니다. 당신의 양을 쉬게 하는 곳이 어디입니까? 나를 그곳으로 데려가 주십시오."

어찌 얼굴을 가린 자 같이 되랴 | 얼굴을 가리는 것은 수치심의 상징입니다. 그녀는 목자에게 왜 자신이 계속해서 수치심으로 방황하며 얼굴을 가린 여인과 같이 되어야 하는지 묻는데, 이것은 자신의 수치를 면케 해달라는 주님을 향한 울부짖음입니다(사 4:1 그날에… 우리가 수치를 면하게 하라).

히브리어 성경에는 '방황하는 여인'이라고 되어있습니다. 당시에는 창녀들이 얼굴을 가렸습니다. 얼굴을 가린 베일을 벗고 주님을 바라보아야 합니다.

8절. **"여인 중에 어여쁜 자야 네가 알지 못하겠거든 양 떼의 발자취를 따라 목자들의 장막 곁에서 너의 염소 새끼를 먹일지니라"**

목자를 찾는 술람미 여인의 부르짖음이 그분의 눈에 그녀를 사랑스럽게 보이게 했습니다. 주님은 죄투성이로만 보시는 게 아니라 구하는 마음까지 보십니다.

우리의 겉으로 드러난 모습을 보시면서 잘 가꾸어지지 않은 포도원이라고 치부해버리지 않으시고 충만함에 까지 자라갈 돋아나는 새싹과 같다고 하십니다. 그분 보시기에 우리가 어여쁘다는 것을 아는 것은 아주 중요합니다.

아가서에서 보여주는 승리의 원리 : 3가지 순종

1. 상처를 받았음에도 믿음의 공동체 떠나지 말고 머물면서 상처를 해결하라.
2. 지도자들의 권위를 인정하라.
3. 주님이 맡기신 사역을 감당하라

양 떼의 발자취를 따라 | 주님의 몸은 우리의 피난처입니다. 목자는 양을 가족처럼 품으십니다. 그러기에 우리는 주님의 품에 머물러 있어야 합니다. 상처받았다고 그곳을 떠나지 말고 받은 상처를 치료해야 합니다. 용서하고 회개하는 작업을 통해서 해결해야 합니다(약 5:16).

아플수록 주님의 몸 된 교회로 더 들어가세요! 마귀는 미숙하다는 책임을 빌미로 우리로 과도히 일하다 탈진시키거나, 아니면 우리를 계속 고립시켜 상처를 입힐 것입니다.

목자들의 장막 곁에서 | 권위를 인정하십시오. 모든 권위는 하나님으로부터 나왔습니다(롬 13:1). 권위에 대한 순종의 훈련이 필요합니다. 내가 남의 권위를 인정하지 않으면, 남도 나의 권위를 인정하지 않습니다.

하나님의 나라는 권위의 나라입니다. 지도자가 부족하더라도 그 권위를 인정하고 순종하는 것을 주님께서 기뻐하십니다. 예수님은 우리가 그리스도의 몸에 헌신한 상태에 머물러 있기를 원하십니다. 마음에 받는 상처는 우리의 믿음을 성숙하게 하는 시험입니다.

너의 염소 새끼를 먹일지니라 | 주님은 작은 은사를 귀하게 여기며, 우리가 은사에 따라 충성하는 것을 기뻐하십니다. 시작이 초라하다고 해서 하찮은 것으로 여기면 안 됩니다(슥 4:10). 주님께서 풀어주시기 전에 내가 먼저 지쳐서 그만 두는 일이 없어야 합니다.

"향기로운 냄새를 맡고 싶으면 향수 장사 가까이에 서 있으라."

9절. "내 사랑아 내가 너를 바로의 병거의 준마에 비하였구나"

내 사랑아 | 하나님은 우리를 그냥 부르시지 않습니다. 우리는 소중한 존재입니다. '친구 같은 연인'으로 우리를 부르십니다.

바로의 병거의 준마 | 바로의 병거는 순금으로 도도록한 무늬로 장식했기 때문에 강렬한 햇볕이 반사되면 그 광채에 적의 군대가 쳐다볼 수 없습니다. 또한 나라에서 가장 훌륭한 말로 금 병거를 끌게 합니다. 아라비아산 말은 아름답고 강건하며, 극한 상황에서도 잘 견디는 값비싼 최고의 말입니다. 야생마를 온유하게 길들여 오직 왕의 명령에 의해서만 움직이도록 훈련합니다.

그리스도의 신부는 흠과 티가 없도록 자기 관리를 하여야 합니다.

왕의 신부인 우리들의 생각의 훈련과 말(언어)의 훈련이 너무나 중요합니다.

> "사람은 입에서 나오는 열매로 말미암아 배부르게 되나니 곧 그의 입술에서 나는 것으로 말미암아 만족하게 되느니라 죽고 사는 것이 혀의 힘에 달렸나니 혀를 쓰기 좋아하는 자는 혀의 열매를 먹으리라" – 잠 18:20-21

그 훈련들을 통해서 내가 온유함으로 길들여집니다. 우리가 훈련이 다 될 때까지 우리의 머리 위에 왕관을 들고 계시며 우리가 성숙한 신부가 되어 그 왕관을 쓰기까지 기다리시는 신랑 예수님. 영광의 왕이십니다!

10절. **"네 두 뺨은 땋은 머리털로, 네 목은 구슬 꿰미로 아름답구나"**

두 뺨 또는 표정은 감정을 나타내며, 아름다운 감정은 삶의 질을 바꾸어 줍니다. 생각을 바로잡으면 감정의 치유가 납니다. 내가 바꿔야 할 잘못된 생각, 고정 관념, 나의 기준이 얼마나 많은지 모릅니다.

우리는 이 말씀에서 술람미 여인의 모습을 그려볼 수 있습니다. 두 뺨에 머리를 땋아서 내렸습니다. 목에는 구슬 꿰미를 만들어서 걸었습니다. 스스로 땋은 머리를 보지 못합니다. 목에 건 구슬을 보지 못합니다. 자신의 두 뺨도 볼 수 없습니다. 나를 보면서 다른 사람이 즐거워하도록 그렇게 장식을 하였습니다.

"그렇습니다. 얼굴은 내 것이나 표정은 내 것이 아닙니다."

내가 가지고 있는 얼굴의 표정을 나는 볼 수 없지만 다른 사람은 볼 수 있으며, 그 영향을 받습니다. 사람들은 얼굴을 보는 것이 아니라 표정을 볼 때가 더 많습니다.

술람미 여인은 정성을 다하여 자기를 아름답게 함으로써 신랑을 맞이하고 있습니다. 영광의 왕 예수 그리스도의 신부된 우리는 아름답게 단장하여야 합니다. 우리가 잘 단장하는 것은 신랑이신 예수님을 사랑하고 그분과 더욱 깊은 친밀함 가운데 깨어 있는 것입니다. 열방을 섬김이 그분을 섬김이며, 단장입니다.

나의 선교사역은 인도와 중국과 이스라엘과 이집트에 집중하고 있습니다. 나는 선교를 위해 많은 사역을 하지만 그중 설교 및 강사로 설 때 가장 많은 은혜를 받습니다. 강단에서 사람들의 여러 표정을 보게 되는데 특별히 반가운 표정이 있습니다. 영상 45도가 넘어가는 무더운 날씨 속에서도 아주 진지하게 은혜를 사모하는 얼굴을 보게 되면 제 시선이 자주 갈 뿐만 아니라 나에게도 큰 힘이 됩니다. 그 표정은 중국 공안의 매서운 눈초리와 반대입니다.

성경에서 가장 아름다운 표정의 모델은 사도 바울이 순교할 때까지 기억되게 하였던 스데반 집사님의 순교하시는 표정입니다. 성경에서는 돌에 맞아 죽을 때의 표정이 천사와 같았다고 했습니다.

목은 의지를 말하며 우리는 '목을 곧게'(완고한 의지) 할 수도 있고 '목을 굽힐'(순종, 겸손) 수도 있습니다. 구슬 목걸이는 하나씩 꿰어서 만들어진 것으로 '한 번에 하나씩'을 (one at a time) 의미합니다. 온 힘을 다해 예수님을 예배하는 자들의 마음은 정제된 순금과 같습니다.

11절. "우리가 너를 위하여 금 사슬에 은을 박아 만들리라"

우리라고 부르시는 성부, 성자, 성령 삼위일체 하나님(창 1:26; 11:7)의 열정을 느끼십니까? 하나님은 당신의 아들을 사랑하시는 것처럼(요 17:26) 우리를 사랑하십니다. 아들도 자신의 모든 것을 희생한 것처럼 우리를 사랑하십니다. 성령님도 잠시라도 그냥 계시지 않고 우리에게 그 사랑을 부어주십니다(롬 5:5). 흠 없고 거룩한 신부(엡 5:26-27)로 우리를 단장시켜주십니다.

금 사슬에 은을 박아 | 삼위일체 하나님께서 신부를 어떻게 만드실 것인지를 보여주는 표현으로, 금은 신적인 은혜, 선물, 하나님의 성품을 나타냅니다.

"코에는 코걸이를, 귀에는 귀걸이를 해주었고, 머리에는 아름다운 관을 씌워 주셨다. 이처럼 너는 금과 은으로 치장하고….점점 아름다워지면서 왕비처럼 되었다" – 겔 16:12-13

신랑은 신부를 최고의 대우로 맞이하는 상징으로 금 사슬을 걸어 주었습니다. 금 사슬을 걸어주었다는 것은 왕이 특별히 사랑한다는 표시입니다. 요셉에게 바로 왕이 금 사슬을 걸어 주었습니다. 바로 왕이 요셉을 지극히 사랑하였다는 증거입니다. 이제 왕은 술람미 여인을 왕비로 삼겠다는 표시입니다.

신부의 성숙함을 위해 우리가 할 일은 우리가 하여야 합니다. 우리가 할 일을 위해 성실히 준비하면 하나님은 준비된 사람을 쓰십니다.

은은 단련, 시험, 시련, 구속을 상징(시 12:6 도가니에서 일곱 번 걸러낸 은)하며, 신부가 열망한 것에 대한 주님의 응답입니다. 주님이 다듬으시는 손길을 두려워하기 보다는 사모하며 기대해야 하는 이유는 주님의 단련으로 너무나 아름다운 것들이 나오기 때문입니다.

12절. "왕이 침상에 앉았을 때에 나의 나도 기름이 향기를 뿜어냈구나"

왕이 침상에 앉았을 때에 | 그녀는 왕의 부와 공급하심의 계시를 받기 시작합니다. 침상은 히브리어로 '메사브'입니다. 이 메사브는 잠을 자는 침대가 아니라 만찬을 하는 연회장의 상입니다.

주님께서 고난의 십자가를 지셨을 때, 우리에게 은혜와 선물(사 53:4-5)을 아낌없이 주셨습니다. 주님이 베풀 수 있는 가장 값지고 거룩한 것을 내어주셨습니다. 그 주님의 고귀함을 잊어버릴 때 우리의 영은 굶주리게 됩니다. 그래서 이 세상 잡다한 것에 우리의 영은 병들고 쇠약해집니다.

왕의 '상'은 우리가 둘러 앉아 먹고 마시며 원기를 회복하게 해 줍니다. 그분과 즐겁게 대화하며 사랑을 만끽할 수 있습니다.

성서학자들은 수세기에 걸쳐 예수님의 휴식 장소를 일곱 군데 찾아냈다고 합니다.

- 하나님 아버지의 영원하신 품
- 어머니 마리아의 자궁
- 베들레헴의 말구유
- 예수님이 친구들과 먹고 마시며 쉬셨던 곳
- 돌아가시면서 머리를 떨구어 안식의 장소가 된 십자가

• 아리마대 요셉의 무덤

• 하나님 아버지의 오른편에 좌정하신 보좌

이 일곱 개의 장소에 한 곳을 더할 수 있는데, 그것은 그분의 신비스런 신부의 마음이라는 안식의 장소입니다. 신부의 마음은 주님이 거하시는 아름다운 장막, 안식의 장소가 되었습니다(시 84:1).

하나님께는 주 예수님을 사랑하는 자의 마음이 솔로몬의 성전보다 더 소중하다고 하십니다. 이제는 우리가 그분의 안식처입니다(사 66:1-2).

나의 나도 기름이 향기를 뿜어냈구나 | 왕의 상에서 그녀가 왕을 볼 때 그녀가 기름(감송향) 향기를 뿜어내기 시작합니다. 십자가의 계시로 그녀의 마음이 넓게 열릴 때 끊이지 않는 예배로 그 방이 채워지기 시작합니다. 이분은 모든 것에 넘치시는 왕이십니다.

내가 주님께 드리는 예배, 향기로운 제사(고후 2:14-16; 엡 5:2; 빌 4:18)는 감사함과 사랑으로 주님께 쏟아내는 것이 바로 예배입니다(시 50:23). 베다니 마리아의 나드 기름(눅 7:37)과 같이 자발적인 경배의 찬양이며, 많이 용서받은 사람일수록 많이 예배드립니다.

당시 풍습으로 이스라엘 여인들은 어려서부터 나드 향을 준비하였습니다. 결혼할 때 모두 신랑에게 부어주기 위함입니다. 나드 향유는 나르드 나무에서 나오는 향입니다. 이 나무에서 향을 채취하여 목이 긴 작은 옥합에 담아둡니다. 그리고 결혼할 때 옥합의 목 부분을 깨뜨리고 사랑하는 신랑에게 붓습니다. 헌신과 사랑 그리고 맹세의 상징입니다. 이것이 옥합입니다.

13절. "나의 사랑하는 자는 내 품 가운데 몰약 향주머니요"

'몰약'(myrrh)은 죽음을 의미하며, 히브리인들은 몰약을 "나무가 흘리는 눈물"이라고 말합니다. 그만큼 자기가 죽을 정도로 몸에 있는 모든 액체를 쏟아낸 사랑의 결정체라고 할 수 있습니다. 주님은 성스러운 나무에서 흘러내리는 눈물처럼 우리에게 그 사랑을 내어주시고 "다 이루었다"고 하셨습니다.

그녀가 풍성한 상에서 왕을 찬미하면서 향긋하면서도 자극적인 냄새를 맡습니다. 그녀에게서 나는 향유의 냄새가 아니었습니다. 그것은 몰약입니다. 그녀의 향기는 몰약의 향기에 완전히 압도되었습니다. 그녀는 그리스도의 고난과 죽음을 냄새 맡은 것입니다. 우리도 그분처럼 자신을 다른 사람을 위해 내려놓을 때 몰약의 향기가 나게 될 것입니다.

내 품 가운데 몰약 향주머니처럼 십자가를 깊이 생각하는 것이 하나님께로 가는 문이기에 주님의 고난과 십자가의 도를 깊이 마음에 품고 묵상해야 합니다. 주님의 십자가에서만 인간이 겪을 수 있는 모든 상처, 죄의 문제와 고난이 해결되기 때문입니다.

당시 풍습으로 귀부인들이 몸 냄새를 좋게 하려고 몸 안에 몰약 주머니를 달고 다녔습니다. 좋은 냄새를 뿌리기 위해서입니다. "어떻게 하면 사랑하는 신랑을 기분 좋게 할까?" 이것이 최고 관심사였습니다.

신부가 된 우리는 신랑 되시는 예수님을 기쁘시게 해 드리는 것이 무엇인가를 늘 생각하고 그분이 기뻐하시고 좋아하시는 그 일을 행함으로 순종하여야 합니다. 진정으로 사랑하는 신랑을 위해 우리들의 악취를 제거해야 합니다. 못된 것을 버려야 합니다. 옛사람을 벗어버리고 새사람을 입어야 합니다. 바울의 고백입니다.

> "내가 그리스도와 함께 십자가에 못 박혔나니 그런즉 이제는 내가 사는 것이 아니요 오직 내 안에 그리스도께서 사시는 것이라 이제 내가 육체가운데 사는 것은 나를 사랑하사 나를 위하여 자기 자신을 버리신 하나님의 아들을 믿는 믿음 안에서 사는 것이라" – 갈 2:20

14절. "나의 사랑하는 자는 내게 엔게디 포도원의 고벨화 송이로구나"

엔게디 포도원의 고벨화 송이로구나 | 고대 랍비들은 고벨화(henna/히브리어 kopher - 기름부음) 송이가 메시야를 지칭한다고 믿었습니다. 우리의 모든 죄 위에 기름 부으시는 그리스도의 향기는 실로 달콤한 향기입니다. 염료와 염색 재료뿐만 아니라 여성들의 얼굴 치장에 많이 사용

하고 있습니다. 고벨화는 흰색이지만 짓이겨 짜면 붉은 물이 나오기 때문에 속죄를 의미합니다. 엔게디 포도원이라는 표현은 최고 농장의 명품 최고 꽃송이를 지칭하는 것입니다.

주님의 친절하심이 우리로 회개에 이르게 합니다(롬 2:4). 주님의 사랑이 우리로 두려움 없이 담대하게 보좌 앞에 나가 기도하며 예배할 수 있게 합니다(요일 4:17-18 사랑 안에 두려움이 없습니다).

엔게디(En Gedi)는 다윗이 피해 다니던 곳입니다. '새끼 염소의 우물'이라는 뜻의 엔게디는 황무지에 있는 오아시스입니다. 다윗이 숨어있던 동굴(David's Cave)까지는 입구에서부터 약 3시간가량 가파른 산과 언덕을 올라가야 하는데 거의 대부분이 중간에서 포기하고 맙니다. 지난번 중국 카이펑 유대인 지도자와 함께 우리 선교팀이 그곳을 방문했을 때 모두 중간에 포기를 했지만, 저와 아내만 그 동굴까지 올라가서 기도한 적이 있었습니다. 그런데 올라가는 계곡에는 시원한 물줄기가 흘러내리고 폭포를 이루기도 했습니다. 이스라엘은 건기에는 거의 대부분이 모두 황무지이지만, 이곳은 건기에도 항상 물이 흐르기 때문에 푸른 풀과 나무들이 무성합니다. 풍부한 일조량과 마르지 않는 물들로 인해 이곳 고벨화는 고급 향수를 만드는 재료로 각광을 받았습니다. 여리고성의 기생 라합의 붉은 밧줄처럼 예수님의 보혈을 상징하는 식물로 손색이 없습니다.

엔게디의 풍부한 물을 끌어 솔로몬 왕은 농원을 가지고 있었습니다.

그 농원에 포도뿐만 아니라 고벨화도 가꾸었습니다. 이러한 농원을 볼 때마다 얼마나 마음이 흐뭇했겠습니까?

우리 그리스도의 신부는 세 가지 향수를 발하여야 합니다. 술람미 여인이 신랑이신 왕 앞에서 풍기던 향수입니다. 나도 기름 향수, 몰약 향수, 고벨화 향수입니다.

15절. "내 사랑아 너는 어여쁘고 어여쁘다 네 눈이 비둘기 같구나"

어여쁘고 어여쁘다 반복은 강조입니다. 반복은 감탄입니다. 참으로 아름답다는 것입니다. 예수님은 우리 눈을 비둘기 눈과 같다고 하십니다. 비둘기 눈은 세밀하다고 합니다. 땅에 떨어진 작은 좁쌀도 볼 수 있는 시력입니다. 사랑하면 비둘기 눈처럼 바라볼 수 있습니다. 아주 작은 것도 보게 됩니다. 남이 보지 못하는 것도 보게 되어 유익을 얻을 수가 있습니다.

예수님은 한 순간의 실수를 넘어서서 우리 마음의 동기를 들여다보십니다. 신부는 예수님을 사모하고 갈망합니다. 이것이 그분의 마음을 감동시켜서 그녀가 얼마나 아름다운지를 재차 말씀하게끔 만드는 이유입니다. 하나님은 우리가 보기 싫어하는 그 사람을 보시면서 아름답다고 하십니다. 그분은 우리가 흠집 잡는 그 부분에서 아름다움을 보시고, 주님께서 나를 보시는 시각은 사랑과 애정으로 가득 찬 눈으로 언제나 바라보십니다. 우리는 여기서 자아상에 대한 기초를 배우게 됩니다.

이 같은 말은 우리의 영혼을 씻어 줍니다(이 말을 하는 분이 누구인지를 알면 우리 생각으로는 도저히 이 말을 이해할 수 없습니다). 솔직하게 말해서 우리는 대부분 스스로를 그렇게 사랑스럽다고 여기지 않습니다. 그러나 예수님은 우리를 아름답다고 하십니다.

하나님이 우리의 영 안에 무엇을 넣어주셨는지를 깨닫기까지 하나님의 사랑이 두려움을 내어 쫓고 자신감을 심어줍니다. 하나님의 깊은 애정이 우리의 마음에서 외로움과 거부감을 몰아냅니다. 그분의 압도적인 사랑이 불안감을 극복하고 우리를 온전하게 합니다. 신부의 여정에서 이 사랑을 체험하지 못한다면, 그 여정 내내 비틀거릴 것입니다.

때때로 신자들은 교회가 꼴불견이고 난장판이며, 문제투성이라고 말합니다. 다른 사람들이 우리를 보고 똑같은 말을 할 수도 있습니다.

"주님, 누구누구가 내 마음을 얼마나 아프게 하는지 아시지요? 그 사람들이 얼마나 나쁜지, 얼마나 미성숙한지, 얼마나 엉망인지 잘 아시지요?"

예수님은 한 순간의 실수를 넘어서서 우리 마음의 동기를 들여다보십니다. 신부는 예수님을 갈망합니다. 이것이 그분의 마음을 감동시켜서 그녀가 얼마나 아름다운지를 재차 말씀하게끔 만드는 이유입니다.

예수님은 **"어여쁘고 어여쁘다!"**라는 말로 반복해서 충격을 주십니다. 사랑하는 신부에게 말하고 있는 자신의 위대함을 잠시 잊은듯합니다.

비둘기는 한 번 짝을 지으면 평생을 가고, 그 눈은 주변을 둘러보지 않고 앞만 봅니다. 이런 모습은 오직 한 가지, 진리를 볼 수 있는 계시와 믿음의 눈, 충성스런 모습을 상징합니다. 비둘기 눈은 오직 한 번에 한 물체에만 초점을 맞출 수 있음과 같이 그녀가 오직 그분만 바라본다는 것을 그분은 아십니다(마 6:22).

신부인 그녀는 정죄감과 거부감으로 조롱받지 않고, 은혜를 덧입어 일편단심이 되었습니다. 그녀 감정의 저장소는 예수님의 사랑으로 채워지고 있습니다. 초점이 예수님께로만 맞춰지면서 자신을 위해 그분이 행하신 모든 일들을 명확히 볼 수 있습니다. 그녀의 눈은 예수님의 시선을 받을 때 마음을 뚫고 지나가는 뜨거운 불의 근원을 찾습니다. 그녀는 예수님을 신뢰하며, 최소한 그분에 대해 아는 만큼 신뢰합니다.

왕은 그녀가 드리는 예배와 묵상을 들으셨습니다. 그녀의 아름다움을 보셨습니다. 자신의 눈을 그녀에게 고정시키고, "네 눈이 비둘기 같구나"라고 말씀하십니다. 비둘기는 정결함을 상징합니다.

비둘기는 귀소본능이 강한 새입니다. 그래서 이사야 선지자는 마지막 때 전 세계로 흩어진 유대인들이 고토로 귀환하는 모습을 구름과 비둘기가 제 보금자리로 돌아오는 것 같다고 했습니다.

> "저 구름같이, 비둘기들이 그 보금자리로 날아가는 것같이 날아오는 자들이 누구냐" – 사 60:8

마지막 때(End Time)에 유대인 디아스포라들이 열방에서 귀환하며 유대인의 땅인 에레츠 이스라엘로 알리야(Aliyah) 하듯이, 우리 예수님의 신부들도 신랑이신 예수님의 품으로 가야 합니다. 비둘기는 회귀본능이 강한 새이기도 하지만 회개의 상징이기도 합니다. 비둘기는 눈물이 많은 새입니다(겔 7:16 "비둘기처럼 슬피 울 것이며"). 또한 비둘기는 순결한 새이며, 하나님께 드려지는 제물이기도 합니다. 이같이 신랑은 신부를 비둘기 같다고 합니다.

16절. "나의 사랑하는 자야 너는 어여쁘고 화창하다 우리의 침상은 푸르고"

신부를 비둘기 같다고 높이는 신랑에게 신부의 반응도 놀랍습니다.

나의 사랑하는 자야 너는 어여쁘고 화창하다 | 이것은 즐겁게 하는 신랑이라는 의미입니다. 내가 주님께 사랑을 고백하는 반응입니다. 신

부는 주님의 아름다움을 보기 시작합니다. 신부의 아름다움은 단지 주님의 아름다우심의 반사일 뿐입니다. 그분이 우리를 즐거워하신다는 계시가 없으면 우리는 결코 하나님 안에서 자라갈 수 없을 것입니다.

예배는 그분의 사랑에 사로잡힌 마음으로부터 흘러나와야 합니다. 왕의 사랑스러움이 술람미 여인의 영에 깊이 스며들며, 예수님이 더욱 더 그녀의 마음을 잡아끕니다. 그분은 그녀가 상상했던 가혹하고 혹사시키는 주인이 아닙니다. 종교적인 거짓말은 그녀가 그분 가까이 나아갔을 때 방어기제를 준비하고 움츠리라고 말합니다. 그러나 이제 그녀는 자신의 미성숙함과 연약함 속에서도 그분의 영화로운 다정함을 발견합니다.

그분에게는 불친절함이나 가혹함이란 조금도 없습니다. 그분이 명하시는 것은 무거운 짐이 아니라 생명을 주는 것입니다. 우리가 꾸지람 들어 마땅할 때, 또 예상될 때 그분은 몸을 굽혀 입맞춤해주십니다. 누군가의 힘찬 주먹이 날아올 것 같을 때, 그분은 손을 펴서 못 자국을 보여주십니다. 얼마나 매력적인 왕이신지! 그 누가 그분을 사랑하지 않을 수 있겠습니까?

우리의 침상은 푸르고 | 친밀감을 나누고 쉬는 장소 즉 이곳에 우리의 안식이 있습니다. 왕은 왕궁 안에 있는 푸른 방을 그녀에게 보여주

셨습니다. 이곳은 성장과 성숙함과 안식의 장소입니다.

우리는 하늘나라에서 그리스도와 함께 앉아 있습니다(엡 2:6). 이보다 더 나은 안식처는 없습니다. 신부는 왕이 마련해준 호화로운 안식처에 대한 계시를 받았습니다.

그녀는 '우리의 침상'이라고 말합니다. 그분과 공동 상속자가 된다는 진실을 알기 때문입니다. 십자가는 이제 신부의 안식처가 되었습니다. 그분의 달콤한 마음의 성전에서 우리를 쉼을 얻으며 거합니다. 신랑의 마음은 얼마나 푹신하고 안전한 침대인지!

'푸르다'라는 말은 풍부함과 호화로움을 뜻합니다. 하나님의 풍성하심으로 인해 그녀는 하나님의 임재 가운데 안식을 얻습니다. 이 푸르름은 신선함, 풍성함, 생명력이 있는 장소이며, 주님은 그분의 생명을 나누어 주시기를 원하십니다.

> "도둑은 훔치고, 죽이고, 파괴하기 위한 목적으로 옵니다. 그러나 나는 양들이 생명을 더욱 풍성히 얻게 하기 위해 왔습니다" – 요 10:10

17절. "우리 집은 백향목 들보, 잣나무 서까래로구나"

들보로 사용된 백향목은 단단한 나무입니다. 그녀가 평생 이어질 왕과의 결합을 향한 여정을 계속할 때 어떤 강력함과 안전함이 술람미 여인 주위를 온통 둘러쌉니다.

백향목은 하나님 나라를 상징하고, 구원받은 사람들, 즉 생명의 상징이며, 삼나무나 잣나무는 죽음의 상징이며, 잣나무는 노아의 방주 재료로 사용되었습니다. 이 두 가지 나무는 모두 솔로몬 성전의 주요 건축 재목이었습니다. 이 나무들은 우리의 안정과 보호가 되시는 주 예수님의 생명과 죽음을 의미합니다. 집을 지탱해 주는 반석, 주님의 인성이 교회의 기초가 됩니다(고전 3:11). 이 땅에서 사랑하는 자에게 주님이 주시는 기업이자 잠시 거하는 장소가 아닌 영원할 것입니다.

서까래라는 단어는 문자 그대로 '베란다'나 '발코니'를 뜻합니다. 집의 외벽 밖으로 돌출되게 확장해서 바닥을 깔고 울타리를 두른 출입구를 말합니다. 집을 보호하며 더욱 아름답게 꾸며줍니다. 이처럼 서까래는 주님이 주시는 안정감과 안식처이자, 주님의 전적인 지원(support)을 의미합니다.

"왕이 나를 그의 방으로
이끌어 들이시니
너는 나를 인도하라
우리가 너를 따라 달려가리라
우리가 너로 말미암아
기뻐하며 즐거워하니
네 사랑이 포도주보다 더 진함이라
처녀들이 너를 사랑함이 마땅하니라"

(아 1:4)

CHAPTER 02

신부 정체성의 확신과 주님과 동행

[신부 정체성의 확신과 이제 일어나 함께 가자고 도전하시는 주님]

1절. "나는 샤론의 수선화요 골짜기의 백합화로다"

그리스도의 **수선화**는 이제 우리의 정체성이 되었습니다. 스스로를 '수선화'라고 부르면서, 그 여인은 자신을 그분의 공동 상속자로, 그리고 그분의 마음에 즐거움과 기쁨을 가져다 드리는 자로 인식하였습니다. 작열하는 태양 아래서 더욱 강한 색채를 드러내고자 온 힘을 기울입니다. 자신이 누구인지를 알 때 그 수고는 문제되지 않습니다. 비록 연약해도 우리는 그분의 수선화 봉오리입니다. 이 수선화는 주님의 연단 속에서 피어나 향기를 발하는 성도입니다. 이 수선화는 예수님이 갈망하시는 모든 것의 충만함을 대표합니다.

골짜기는 어두운 시련의 시간들입니다. 우리는 삶의 가장 깊은 골짜기에 있을 때도 여전히 예수 그리스도와 연합해야 합니다. 그분이 우리를 여전히 아름다운 백합화로 보시기에 비록 골짜기에 떨어졌어도 우리 역시 그분을 향한 사랑을 포기할 수 없습니다.

백합화는 순수함, 아름다움을 상징합니다. 사랑스런 백합화로서 신부된 여인은 그분 보시기에 자신이 순결하다는 것을 깨닫습니다. 우리는 신랑이신 예수님의 눈에 이슬방울로 맺혀 영롱히 반짝이는 한 송이 백합화입니다. 신랑을 의지하는 신부의 모습이며, 하나님의 사람들(호 14:5)입니다.

2절. **"여자들 중에 내 사랑은 가시나무 가운데 백합화 같구나"**

예수님은 가시나무로 가득한 세상에서 우리를 사랑스런 **백합화**라고 부르십니다. 그분께서는 우리가 너무 소중했기 때문에 우리가 상하지 않도록 손을 가시나무 속으로 뻗으셔서 우리를 꼭 붙잡으셨습니다. 우리를 구하기 위해 손을 뻗으시다가 가시에 찢기셨습니다.

예수님이 우리를 발견하고 꼭 붙잡아야만 했을 때 갈보리 못은 그분의 살을 찢은 **가시나무** 같았습니다. 그 가시나무는 세상 위에 드리워진 죄의 저주를 뜻합니다(창 3:18). 가시나무가 바람에 흔들릴 때마다 백합화는 그 가시에 찔리면서도 더욱 향기를 품어 냅니다. 향기로운 백합화처럼 그녀는 이 저주 가운데에서도 축복을 퍼트립니다.

백합화는 아가서에 8번 언급되며, 순결을 의미합니다. 죄 가운데 내가 있을지라도, 주님께서는 나의 정체성이 순수하고 깨끗한 존재라고 말씀하십니다.

"내가 비록 검으나 아름다우니"(1:5)는 표현처럼 우리는 죄 가운데서도 빛나고 아름다움이 뛰어납니다. 그분은 상처 주고 학대하는 세상 가운데서 우리가 백합화나 어린 양처럼 살아가기를 바라십니다.

"주님, 우리로 주님을 위해 매혹적인 백합화가 되게 해 주십시오! 주님이 이 세상 속에서 가시나무에 핀 수선화였던 것처럼요!"

줄기가 가냘픈 백합처럼 주님은 우리가 그분을 의지하기를 원하십니다. 백합화는 아무에게도 해를 입히지 않습니다만 가시나무는 사람들을 찢고 아프게 합니다. 가시나무는 "물러서시오"라고 말하지만 백합화는 "오세요, 제가 기쁘게 해드릴게요"라고 말합니다.

여자들 중에 | 신부는 주님을 알지 못하는 자들 가운데서 더욱 뛰어남을 확증해 줍니다.

3절. "남자들 중에 나의 사랑하는 자는 수풀 가운데 사과나무 같구나 내가 그 그늘에 앉아서 심히 기뻐하였고 그 열매는 내 입에 달았도다"

사과나무(생명나무)는 이 땅에서 우리가 함께하기 원하시는 주님의 인성을 상징하며, 우리는 신선하고 새롭게 합니다. 술람미 여인은 그분의 목소리가 다른 누구의 것과도 같지 않은 신선함을 주는 희망의 목소리임을 알았습니다. 십자가는 지친 자들에게 그늘을 뻗어주는 생명나무이며, 예수 그리스도는 우리의 생명나무(창 2:9)이십니다.

그 그늘에 앉아서 | 주님 곁에 앉을 때에만 안식이 있습니다. 그분의 임재의 즐거움을 누리려면 그분 곁에 가까이, 그분의 그늘아래 안전하게, 그늘이 드리워진 은혜 속에 있어야 합니다. 그래야 온전한 쉼과 기쁨을 얻을 수 있습니다. 십자가의 그늘에서 우리의 영혼은 쉼을 누립니다. 그러나 1장 6절에서 그녀의 노한 형제들이 그녀를 쉬지 못하게 합니다. 다른 이들의 포도원을 지키는 일은 그녀로 하여금 상처를 받게 하고 기진맥진하게 합니다. 이제 그녀는 그분의 주권 아래 쉬면서 임재의 비밀장소에 거합니다.

십자가는 지친 자들에게 그늘을 뻗어주는 생명나무입니다. 사과나무는 두 가지의 유익을 줍니다. 하나는 그늘이고, 다른 하나는 열매인 사과를 줍니다. **그분의 그늘 아래 앉아있음이 기쁘구나**라는 말이 나올 때까지 그분의 임재를 즐기십시오. 신부는 신랑의 그늘에서 안식과 평강을 누립니다.

그 열매는 내 입에 달았도다 | 주님과의 친밀함 속에서만 진정한 열매 맺는 삶을 누립니다(요 15장), 사도 바울은 이를 성령의 열매(갈 5:22-23)라고 칭했습니다. 이 열매를 발견하려면 그분의 그늘 아래 거해야만 합니다. 복음을 맛보고 누리며, 예수님과의 친밀함의 아주 미미한 스침만으로도 우리는 놀라운 영적 돌파를 체험합니다.

4절 "그가 나를 인도하여 잔칫집에 들어갔으니 그 사랑은 내 위에 깃발이로구나"

그분은 특별히 마련된 잔칫집으로 인도하였습니다. 그곳에서 자기의 사랑을 극진하게 보여주었습니다. 사랑이 깃발처럼 펄럭이는 즐거움이 가득한 축제의 공간에서 그녀는 무엇을 느꼈을까요? 마치 돌아온 탕자를 위해 잔치를 벌이시는 아버지의 마음처럼 잔칫집은 말씀과 은혜가 넘치고 용서와 기쁨이 극대화되는 공간이 되었을 것입니다. 이것이 궁극적으로는 어린 양의 혼인잔치가 이루어지는 장소입니다. 우리가 성령을 경험하는 장소입니다.

나는 오래전에 진해 해군 통제부사령부에서 군복무를 했습니다. 우리는 언제나 해군기와 통제부사령부 부대기(部隊旗) 아래에서 소속감을 느꼈습니다. 깃발은 자기의 정체성과 승리를 선포하는 것입니다. 그녀가 그 방으로 한 발자국 내딛자, 갑자기 깃발이 그녀의 머리 위에서 펄럭입니다. '사랑'이라는 단어가 적힌 참으로 멋진 이 깃발은 모두가 볼 수 있게끔 걸려있습니다.

주님의 사랑의 깃발이 내 위에 항상 있다는 것이 어떠한 상황에서도 내게 힘이 됩니다(롬 8:28). 예수님이 끊임없이 모든 것을 불사르는 사랑의 깃발을 정복당한 그녀의 마음 위로 들어 올리셨으므로, 영적 전쟁에서 우리는 이 사랑의 기를 더 많이 들므로 원수를 잠잠하게 할 수 있습니다.

5절. "너희는 건포도로 내 힘을 돕고 사과로 나를 시원하게 하라 내가 사랑하므로 병이 생겼음이라"

건포도(포도) | 성령 하나님을 상징합니다. 성령님의 역사를 가끔 체험하는 삶에서 머무는 것이 아닌, 성령님과 풍성하게 함께 하는 삶이 필요합니다.

건포도는 성경에서 다양하게 사용되고 있습니다. 다윗이 법궤를 예루살렘으로 옮기고 하나님께 제사를 지내고 축하객들에게 선물로 건포도 덩이를 주었습니다(삼하 6:18-19). 그리고 지금 본문에서는 연약한 사람에게 기운을 돋게 하는 식품으로 등장합니다.

내 힘을 돕고 사과로 나를 시원하게 하라 | 신부는 더욱 주님의 도움이 필요한 상태로 들어갑니다. 가난한 심령, 주리고 목마른 상태는 복 있는 자의 모습입니다(마 5:3, 6). 사과는 복음의 약속을 의미하며, 예수님의 말씀은 사과처럼 달콤하고 시원합니다.

병이 생겼음이니라 | 일반적으로 사랑하는 사람과 멀리 떨어져 있기에 걸리는 병이 상사병(lovesick)입니다. 그러나 아가서의 신부는 신랑이 옆에 있는데도 이 병에 걸렸습니다. 그분만 생각하면 가슴이 뜨거워져서 견딜 수 없었습니다. 오늘 당신 속에서도 병이 날 정도로 주님만을 원하는 마음이 있는지요? 주님께서는 그런 상사병을 나를 향해 갖고 계십니다. 당신은 하루 종일 주님 생각만 하는가요? 신부는 주님을 너무 갈망하는 나머지 마음의 고통을 느낍니다.

6절. "그가 왼팔로 내 머리를 고이고 오른팔로 나를 안는구나"

왼손은 정의와 공의의 손입니다. 한 손으로 팔베개를 하면, 그 손은 보이지 않습니다. 하나님은 우리에게 해가 될 수도 있는 일들을 제어하십니다. 그러나 그 보이지 않는 주님의 손은 여전히 나를 붙잡고 계십니다. 왼팔은 우리를 격려하는, 그렇지만 투명해서 보이지 않는 하나님의 활약상을 말합니다. 이런 보이지 않는 손을 많이 묵상하며 믿음으로 보아야 합니다.

오른손은 긍휼의 손이며, 눈에 보이는 주님의 임재하심의 은혜입니다. 그분의 오른손에는 영원한 즐거움이 있습니다(시 16:11). 능력의 강한 오른 팔에 사랑을 가지고 우리를 만지십니다. 보이는 것에는 우리가 많이 감사하지만, 보이지 않는 손에 대해서는 얼마나 묵상하고 감사하는 삶을 살아갑니까?

주님께서는 전략적으로 우리를 안기도 하시고, 손을 거두기도 하십니다. 우리를 연단시키시고 성숙한 믿음으로 나아가게 하시는 주님의 지혜가 여기에 있습니다. 우리가 고난과 위기 가운데 있을 때에도 주님은 보이지 않으시는 왼팔로 우리를 고이시며, 그분의 임재를 거두지 아니하십니다. 그리고 우리가 믿음으로 성숙하게 반응할 때 은혜와 사랑의 오른 팔로 우리를 안아주시며 감사와 찬송을 드리게 하십니다.

7절. "예루살렘 딸들아 내가 노루와 들사슴을 두고 너희에게 부탁한다 내 사랑이 원하기 전에는 흔들지 말고 깨우지 말지니라"

예루살렘 여자들은 아직 주님과 깊은 친밀함을 경험하지 못한 상태의 신자들을 말합니다. 이와 같은 노래는 아가서에 세 번 언급됩니다(2:7; 3:5; 8:4) **노루와 들사슴**이란 표현은 세 번째에는 빠졌습니다.

저는 이 책을 단양 샘물기도원에서 집필하고 있습니다. 그런데 지난

주일 밤, 경사가 심한 기도원 산길을 저속운전으로 올라오는데 갑자기 노루새끼 두 마리가 앞에 나타났습니다. 저는 차에서 내려 자동차 불빛에 놀란 노루를 사진 찍으며 사라질 때까지 지켜보았습니다. 그렇습니다. '노루와 들사슴'은 매우 예민한 동물들로서 작은 소리에도 민감하게 반응합니다. 이처럼 신부도 주위 사람들의 말에 예민하게 흔들릴 수 있습니다. 신부가 스스로 결정하고 행동할 수 있도록 방해하지 말 것을 사람들에게 권면하고 계십니다.

흔들지 말고 깨우지 말지니라 | 술람미 여인은 특별한 계절 가운데 있기에 주님은 그녀를 방해하지 말라고 부탁합니다. 사람들은 신앙이 모범적이고 교회생활에 본이 되는 성도를 보면 질투하기도 합니다. 흔들어 깨우는 것처럼 그들을 훼방하고 비난합니다.

우리에게 봄, 여름, 가을, 겨울처럼 인생의 계절이 있습니다. 우리가 사과나무 아래서 교제의 향연을 즐기며 나누는 말들에 귀를 기울여야 합니다. 희생, 섬김, 그리고 훈련과 선교 등이 얼마나 힘과 위로가 되고 있습니까? 그러기에 우리는 계절에 상관없이 만물의 공동 상속자로서 준비하고 훈련받아야 합니다. 이제는 그분과 동역할 때입니다.

봄은 진리, 생명의 씨앗이 뿌려짐을 의미하며, 약속과 비전을 줍니다. 여름은 가지를 뻗고, 물을 주며, 부지런히 노동하는 시기입니다. 가을은 수확의 계절이며, 열매를 맛보는 풍성한 계절입니다. 겨울은 황량하고 메마른 계절이지만, 땅속 깊은 곳에서는 생명력을 갖고 다음 계절을 준비합니다.

8절. "내 사랑하는 자의 목소리로구나 보라 그가 산에서 달리고 작은 산을 빨리 넘어오는 구나"

우리가 사랑할 때, 사랑하는 주님의 목소리를 분별할 수 있습니다(요 10:1-5). 우리가 생각하는 것 이상으로, 우리가 기대하지 못한 방식으로 그분은 우리에게 다가오십니다. 신랑은 사랑하는 신부를 빨리 만나고 싶어 지체 없이 달려옵니다. 사랑은 명사가 아니라 동사입니다. 사랑하는 사람의 목소리는 멀리서도 들립니다. 다른 사람은 못 들어도 사랑하는 사람은 들을 수 있습니다. 오케스트라 지휘자는 많은 악기 중에서도 작은 악기의 소리도 모두 들을 수 있습니다. 한 명만 조금만 음이 틀려도 금방 알아차립니다.

사랑하는 사람은 먼 곳에서 오는 사랑하는 사람의 음성을 들을 수 있습니다. 예수님은 말씀하셨습니다. "양은 내 음성을 알고 양은 목자의 음성을 듣는다." 사랑하는 사람은 서로 많은 소음 가운데서도 서로의 음성을 들을 수 있습니다.

이런 재미있는 실험이 있었습니다. 여섯 명의 엄마들을 나란히 세워놓고 어린아이들에게 눈을 가리고 엄마를 찾도록 하였습니다. 놀라운 것은 아이들 모두 엄마를 틀리지 않고 찾았습니다. 놀라운 인지력입니다. 사랑하는 사람은 서로 압니다. 모두 사랑의 행동입니다. – 사랑하는 자의 목소리, 산에서 달리기, 빨리 넘어오기 – 모두 얼마나 사랑하는지를 알려주는 언어입니다.

산에서 달리고 작은 산을 빨리 넘어 | 산은 장애물, 큰 산은 정사와 권세에 연관된 큰 영적 대적들(엡 6:12)입니다. 나라 곳곳의 지역을 장악하고 있으며 죄를 통해서 주로 권세를 잡습니다. 예수님은 도약하는 영광의 주님이십니다. 그분은 그녀가 고전하고 있는 문제들의 언덕이 마치 아무것도 아니라는 듯이 건너뛰면서 그녀가 가지고 있는 모든 불신의 산을 쉽게 뛰어 넘으십니다.

권능 있는 음성으로 그분은 산들에게 명하여 옮겨지게 하실 수 있습니다.

작은 산은 개인적으로 극복해야 하는 장애물로 나의 성품, 연약함,

죄의 문제, 마음, 생각 안의 견고한 진(고후 10:4-5)입니다. 큰 산은 잘 넘는데, 작은 산은 넘기가 더 힘든 경우가 많습니다. 내 안에 있는 견고한 진, 죄의 문제, 깊은 뿌리들을 반드시 다루어야만 합니다. 이것은 작은 여우를 잡는 것에 해당합니다(아 2:15). 주님은 큰 산과 작은 산 모두 정복하셨습니다. 예수님은 산을 함께 뛰어넘을 동반자를 찾고 계십니다.

'열방을 얻어서 왕의 제자로 삼으라'고 말씀하시는 예수님은 위험과 불편과 자기희생을 감수하는 삶으로 우리를 초대하십니다.

9절. "내 사랑하는 자는 노루와도 같고 어린 사슴과도 같아서 우리 벽 뒤에 서서 창으로 들여다보며 창살 틈으로 엿보는구나"

주님의 부드러운 성품은 준비되지 않은 상태에 있는 나에게는 억지로 강요하지 않으십니다. 그녀가 아직 안락한 장소를 떠날 준비가 되어 있지 않은데도, 그분은 그녀의 눈(영혼의 창문)을 들여다보시고 그분을 사모하는 그녀의 마음을 아십니다.

"나는 산에 올라가기가 두려워요. 우리의 사과나무 아래 한동안 머물러 있게 해주세요. 나는 여기가 좋아요. 만족스러워요."

성경의 표현에서 주님께서는 보통 그분의 보좌에 앉아계십니다. 주님이 서 계실 때는 무언가 특별한 일이 일어난다는 표징입니다. 예수님께서는 천국에서 인자(Son of Man)의 모습으로 첫 번째 순교자 스데반을 받으실 때 일어나 계셨습니다(행 7:55-56).

예수님은 우리를 창살 틈으로 굽어 살피시고 계십니다. 신부된 우리는 창살 틈으로 예수님의 모습을 바라보고 있습니다.

10절. "나의 사랑하는 자가 내게 말하여 이르기를 나의 사랑, 내 어여쁜 자야 일어나서 함께 가자"

예수님이 나를 바라보실 때, "나의 사랑!"이라고 부르십니다. 이 호칭은 신부된 우리들의 정체성입니다. 그분은 우리에게 "일어나서 함께 가자" 하며 부르십니다. 부르심, 즉 콜링(Calling)입니다. 우리는 이제까지의 안전한 곳(침상, 사과나무 아래), 안락한 곳, 편리하고 익숙한 곳에서 쉬기를 원합니다. 그러나 주님은 우리에게 지금의 안전지대를 떠나 주님과 함께 열방 가운데로 복음으로 정복할 자로 초대하십니다.

우리는 내가 가진 두려움, 불신앙 때문에 주님의 초대와 부르심에 응하지 않는 경우가 많습니다. 이제 그 두려움을 극복하고, 내려놓아야 합니다. 신부의 파트너십으로 초대하심(사 40:9-11)에 응답하며 순종할 때입니다. 주님은 우리들이 종교적이며 형식적인, 그리고 이기적인 미성숙한 신앙에서 일어나 함께 가기를 원하십니다. 우리들의 이웃과 연약한 교회들과 그리고 저 열방까지 함께하는 예수님의 동반자인 신부가 되어 주기를 원하십니다. "일어나서 함께 가자!"

11절. **"겨울도 지나고 비도 그쳤고"**

인생의 폭풍을 상징하는 세 단어(겨울, 비, 비구름 - 표준새번역)가 있습니다. 인생에 어려운 시기가 닥치고, 피할 수 없기도 환경에 빠지기도 합니다. 겨울은 회개하고 광야를 겪어야 하는 계절이 입니다. 원망하고 침체에 빠지는 계절이 아닙니다. 오히려 주님과 더 깊은 시간을 가지는 계절이 겨울이며, 주님께 더 깊이 뿌리를 내리는 계절입니다. 이 추운 겨울은 새 생명을 탄생시키기 위해 절대 필요한 시기입니다.

우리들은 겨울의 환난과 연단을 통하여 새로운 믿음의 돌파를 이루며 놀랍게 한 신부로 세워집니다. 사실 주님께서 허락하시는 고난이 우리에게 유익이며 축복입니다.

겨울은 일시입니다. 비는 조금 있으면 지나갑니다. 우리의 겨울, 우리에게 내리는 비는 잠시 참으면 됩니다. 이스라엘은 겨울과 여름 두 계절밖에 없습니다. 겨울은 우기이고 여름은 건기입니다. 그러므로 겨울이 지났다는 말과 비가 그쳤다는 말은 같은 언어입니다.

비도 그쳤고... 주님의 신실하심을 더욱 신뢰하며, 더 이상 흙탕물이 튀거나 더럽혀 지지 않고 새 땅 위를 걸어갑니다.

12절. **"지면에는 꽃이 피고 새가 노래할 때가 이르렀는데 비둘기의**

소리가 우리 땅에 들리는구나"

꽃이 피고 새가 노래할 때, 즉 인생의 새로운 계절이 도래되고 열매가 맺히기 전에 꽃이 핍니다(무화과는 잎사귀와 함께 열매가 맺히지만). 열매의 추수를 준비할 시기가 되었음을 말하며, 열매 맺지 못하는 가지를 쳐야 하는 때(요 15:1-2), 주님을 따라가는 데 방해가 되는 모든 걸림돌을 제거하는 시기입니다.

그 꽃은 곧 다가올 추수의 예언적 징조입니다. 주님은 막 피어오르는 꽃망울을 보실 때 그 자체로 보지 않으시고 아름답고 탐스러운 풍성한 열매로 인정해주시며 예언적인 확증으로 우리들을 바라보십니다. 아직은 미성숙하고 연약하지만 우리들의 사랑의 고백을 들으시고, 이제 막 피어난 꽃봉오리와 같은 우리들을 그분의 나라의 유업을 함께 나눌 하나님의 동역자, 신부로 불러주시며, 그 정체성으로 말미암아 담대히 일어나 유향의 작은 산, 몰약의 큰 산으로 오르게 하십니다.

온 열방을 복음으로 추수할 성숙한 동반자가 필요한 시기에 미성숙한 소녀로 남아 있지 말라는 다급함이 담겨 있습니다.

이스라엘에는 봄을 알리는 세 가지 신호가 있습니다. 들에 꽃이 핍니다. 새가 노래합니다. 비둘기가 돌아옵니다. 나는 우리 〈성령의바람 선교단〉이 섬기는 중국 카이펑 유대인들과 함께 이스라엘을 방문하는 것을 즐거워합니다. 그곳의 여름은 모든 풀이 말라서 누런 황무지로 변합니다, 마치 사막과 같습니다. 모든 대지가 죽은 것처럼 보입니다. 그러나 겨울이 다가와 우기가 되면 온 지면이 풀과 나무들로 푸르게 되며, 그곳에서 피는 꽃들은 정말 아름답습니다.

이 계절은 기쁨의 상징이며 구원의 감사와 찬양의 계절입니다. 암수의 사이가 좋은 비둘기는 주님과의 친밀감을 상징하며, 주님과의 친밀함과 예배는 영적 전쟁에서 가장 중요한 무기입니다. 우리가 주님께 올려드리는 작은 찬양도 능력이 있습니다. 그것 자체가 예배이며, 가장 강력한 치유는 예배 속에서 일어납니다.

13절 "무화과나무에는 푸른 열매가 익었고 포도나무는 꽃을 피워 향기를 토하는구나 나의 사랑, 나의 어여쁜 자야 일어나서 함께 가자"

이스라엘의 대표적 농산물은 무화과, 포도, 올리브입니다. **무화과나무에는 푸른 열매가 익었고** 라는 표현은 이제 열매 맺고 추수할 시기가 다가오며, 대 부흥이 눈앞에 다가왔음을 말씀하고 있습니다. 무화과 열매는 우리가 인생의 겨울 동안 성숙해 지고 시험을 거쳤음을 보여줍니다.

류모세 선교사가 저술한 「성경의 식물」에 따르면, 이스라엘 무화과는 일 년에 4–5차례씩 연이어 '테에나'라는 탐스러운 열매를 맺습니다. 그러나 겨울이 막 지나면서 잎사귀가 생길 때 함께 달리는 열매, 작고 당도도 떨어져서 상품가치가 없는 '파게'(phage)라는 첫 열매가 달리는데 이것을 따주어야 그 자리에 크고 당도가 높은 '테에나'(Thaena)라는 상품가치가 높은 열매를 연이어서 맺게 됩니다.

그래서 상품성 없는 파게를 농장주들은 가난한 소작농들이 따가도록 합니다. 주인은 인건비를 안들이고 파게를 따줄 수가 있으며, 형편이 어려운 소작농들은 겨울 내내 과일을 구경하지 못하다가, 비록 당도는 떨어지지만 그 파게를 마음껏 맛볼 수가 있게 됩니다. 그야말로 '누이 좋고 매부 좋은' 생활방식입니다. 무화과의 Fig라는 말은 바로 이 파게에서 나왔으며, '벳바게'(Bethphage)가 「벧+파게= '파게(덜 익은) 무화과의 집'」이라는 뜻이며, 그리고 '베다니'(Bethany)는 「벧+테에나=테에나 무화과의 집」이라는 뜻이 있습니다.

우리들은 복음서에서 예수님의 마지막 고난주간에 있은 무화과나무의 저주 사건을 기억합니다(마 21장; 막 11장). 많은 분들은 예수님께서 아직 무화과의 때가 아닌데 그 나무에서 열매가 없다고 왜 저주하셨는지 오해를 합니다. 그래서 신학자이자 의료 선교사인 슈바이처(Albert Schweitzer)는「역사적 예수의 연구」에서 "예수님께서 며칠 뒤 십자가에 달리실 것을 미리 아시고 극도로 스트레스를 받아 아직 때가 안 되어 열매가 없는 무화과나무를 저주하신 것은 이성을 잃으신 사건이다"라고 하였습니다.

사실 예수님은 제자들과 더불어 시장하시므로 마치 소작농들처럼 입이 무성한 무화과나무를 보시자 그 당시 누구나 마음대로 파게를 따먹을 수 있는, 잎이 있으면 당연히 달렸어야 하는 파게를 찾으셨던 것입니다. 그러나 파게가 하나도 달리지 않은 것을 보신 예수님께서는 파게가 안 달리면 일 년 내내 테에나가 달릴 수 없음을 아시고 시청각 교육 자료로서 무화과나무를 저주하셨습니다.

그리고 **"누구든지 이 산더러 들리어 바다에 던져지라 하며 그 말하는 것이 이루어질 줄 믿고 마음에 의심하지 아니하면 그대로 되리라"**(막 11:23)고 하셨습니다. 그러나 이 놀라운 능력이 나타나기 위해서는 앞에 전제조건이 있습니다. 마가복음 11장 22절의 "하나님을 믿어라." 즉 원어의 뜻대로 **"Have faith in God"**(하나님에 대해 믿음을 가져라)인 것입니다. 우리에게 세상에 속한 믿음이 아니라 '하늘에 속한 믿음' 즉 '예수님의 관점'을 가지라는 말씀을 전하시기 위하여 이 시청각 자료를 사용하셨습니다.

주님께서는 **"함께 가자"**하시며, 동행을 초청하십니다. 이제는 나의 반응이 중요합니다. 우리가 신랑 예수님의 관점을 가지고 신부의 정체성, 하늘에 속한 사람의 신분으로 나아갈 때 주님의 사랑은 우리를 거절의 두려움보다 더 높이, 훨씬 더 높이 들어 올려 주십니다. 주님과 동행하는 시간이 주님 앞에서 계수되는 시간입니다.

사역자가 아무리 자기 열심을 다하지만 세상의 관점으로 사역하여 주님께서 인정하지 않으시면 아무것도 아닙니다. 마지막 때, 이제는 영웅주의나 개인주의를 버리고 주 안에서 연합하는 것을 주님께서 바라십니다. 모든 사역은 '하나님의 나라'라는 관점에서 이루어져야 합니다. 그때에 우리는 주님과 하나가 되고, 그 다음에 사람들과 하나가 되게 됩니다. 한 몸을 이루는 그것이 주님의 '비밀의 경륜'입니다(엡 3:9).

14절. "바위 틈 낭떠러지 은밀한 곳에 있는 나의 비둘기야 내가 네 얼굴을 보게 하라 네 소리를 듣게 하라 네 소리는 부드럽고 네 얼굴은 아름답구나"

바위 틈 낭떠러지 은밀한 곳은 예수님의 십자가와 창에 찔리신 예수님의 옆구리를 통해 신부를 가슴에 품으심을 의미합니다. 그녀가 바위 틈에 자리 잡자, 자아와 육신의 것은 산산이 부서졌습니다. 바로 여기서 그녀에게 하늘나라의 비전과 영적 시각이 열립니다.

예수님은 자신의 예비신부를 바위 틈에 숨어있는 소중한 비둘기로 보십니다. 그것은 모세가 하나님의 영광이 지나갈 때 숨었던 곳(출 33:22)이며, 주님이 바위이시기에 우리는 안전합니다(고전 10:4).

예수님은 신부를 낭떠러지 은밀한 곳에 있는 비둘기로 비유하고 있습니다. 모습을 볼 수 있도록 얼굴을 내밀라고 외치고 있습니다. 소리를 듣게 해달라고 요청합니다. 목소리는 부드럽고 얼굴은 아름답다고 칭찬을 아끼지 않으십니다.

비둘기는 지금 낭떠러지 은밀한 곳에 살고 있습니다. 낭떠러지는 히브리어로 '마드레가'(madregah)라고 합니다. 이는 '신의 계단'이라는 뜻입니다. 계단처럼 되어 있는 낭떠러지 입니다. 거기에 바위가 있는데 가파르고 험난하여 접근이 불가능한 곳입니다. 신부는 철저히 자기를 지키고 있습니다. 우리는 오직 신랑이신 예수님만을 바라보는 철저한 예수님의 신부입니다.

'계단의 비밀스러운 곳에서' 야곱이 본 천국의 에스컬레이터는 신비스러운 장소입니다. 술람미 여인이 그분의 동역자로 열방으로 '보냄 받은' 자가 되기 전에 그녀는 자신이 그 계단의 비밀스러운 곳에 '둥지를 튼 자'가 되어야 합니다.

예수님께서는 **"네 얼굴은 아름답구나"**라고 칭찬하십니다. 우리는 주님께 사랑스러운 존재입니다. 비록 연약함 가운데서도 주님께 달려나가는 믿음과 담대함이 있습니다. 그녀의 사모하는 찬양과 닥친 위기 때에 도움을 청하는 기도를 듣고 싶어 하십니다. 이는 기도하는 자로서 부르짖으라는 초청이며, 무언가 필요한 상황에서도 그분을 예배하라는 초청입니다. 우리 스스로는 미성숙하고, 망설이고, 머뭇거린다고 느낄지라도 우리는 왕께 어여쁜 자입니다. 예수님은 언제나 우리와 함께하는 교제의 시간을 기뻐하십니다. 우리의 연약한 현재의 모습을 보시며 말씀하십니다.

"너로 인해 내가 기쁘다. 너의 아름다움을 사모한다. 너를 사랑해! 네 삶을 털고 일어나거라. 나로부터 멀어지게 하는 자기반성의 족쇄와 두려움을 내가 깨뜨려 줄께. 나를 예배하렴. 네 예배가 달콤하단다"라고 말씀하시는 예수님을 상상할 수 있습니까?

예수님이 우리의 찬양과 기도생활, 그리고 열방을 향하여 복음을 전하러 달려가는 발걸음을 얼마나 기뻐하시고 달콤하다고 하는지 기억하십시오. 또한 우리는 주님께 감사의 말씀을 올려 드릴 때, 주님께 고운 목소리가 됩니다. 우리의 입술이 매우 중요합니다. 생명과 사망이 모두 입술에 달려 있습니다.

성경은 "혀를 쓰기 좋아하는 자는 혀의 열매를 먹으리라"(잠 18:21)고 하였고, "너희는 하나님을 찬양하기 위해 지어진 사람"(사 43:21)이라고 했습니다.

주님께 표현하는 것이 찬양이며 찬송입니다. 입술로 하나님을 찬양하고 찬송하는 그것이 창조의 목적에 합당하게 사는 삶입니다. 내가 아는 것을 입술을 열어 고백할 때에 주님과의 친밀감이 임합니다. 그리고 작은 일에도 감사하는 입술을 주님께서는 선하게 보십니다. 그러나 불평과 비판은 입에서 나오는 순간 사탄의 힘이 내 안에 침투하게 되며, 힘든 인생이 됩니다.

15절. **"우리를 위하여 여우 곧 포도원을 허는 작은 여우를 잡으라 우리의 포도원에 꽃이 피었음이라"**

하나님은 광활한 우주를 창조하신 분이십니다. 우주는 500억 광년이라는 어마어마한 상상도 할 수 없이 큰 공간입니다. "우주에서 지구는 좁쌀 하나보다도 작다"는 말이 있습니다. 창조주 하나님은 광대하시고 위대하십니다. 그렇게 크고 위대하신 하나님께서 작은 여우를 조심하라고 말씀하십니다. 현대과학은 머리털을 여러 가닥으로 쪼개고, 쪼갠 가닥에 구멍을 뚫을 수 있을 만큼 발달했습니다. 쌀 한 톨 속에 수만 글자를 적을 수 있습니다. 한없이 광대하신 하나님은 아주 세밀하신 분이시기도 하며, 우리들의 머리카락 하나까지도 다 세신다고 하셨습니다.

작은 일을 잘 처리하시는 분이 큰일도 잘 처리하실 수 있습니다. 세월을 아끼고 작은 시간을 잘 관리하는 사람이 큰일을 할 수 있습니다.

작은 죄도 무시하면 안 됩니다. 하나님은 작은 죄도 크게 보시는 분이십니다. 작은 여우가 하나님의 거룩한 사랑을 빼앗고, 우리들의 삶과 사업과 사역을 망치게 할 수도 있습니다.

포도원을 허는 작은 여우가 엄청난 파괴력을 갖고 있으므로 항상 작은 여우를 경계해야 합니다. 이것은 우리의 삶이 겉보기와는 달리 살벌한 영적 전쟁터이기 때문입니다. 이 전쟁에서 이기면 많은 전리품을 얻고, 지면 엄청난 수치와 고통이 따르기에 **작은 여우를 잡으라** 하십니다. 큰 여우가 아니라 작은

여우라 하는 것은 우리들의 타협, 불순종, 쓴 뿌리, 상처, 결점, 고백하지 않은 죄이며, 이것들을 해결해야 합니다.

"타협, 우리의 영적 돌파를 가로막는 아직 남아있는 문제들은 어떻게 해야 하나?"

우리의 내면을 망가뜨리는 작은 여우'나 '적은 우매'(전 10:1)란 '어리석음과 교만, 중상모략, 분노, 게으름, 시간 낭비, 세상적인 생각, 너무 성급한 말, 자기 방어, 다른 사람들에게 유감을 갖거나 비판적이 되는 것, 부정적이고 불평하는 영, 인내하지 못함, 기도에 소홀함, 부름 받은 선교사역에 대한 망설임, 허풍, 스스로 중히 여김, 독자적인 영' 등인데, 이 모든 것들을 다 완전히 잡아서 제거하지 않으면 새로운 삶의 열매 맺기가 지체될 것입니다.

여우들은 약삭빠르고 교활합니다. 우리는 사자나 곰을 잘 잡으면서도 작은 여우는 잘 놓칩니다. 이런 작은 것들을 잡을 수 있는 지혜가 필요합니다. 신랑 예수님과의 사랑을 방해하는 것들, 우리의 마음속에 품은 사랑의 신선함을 망칠 우리들 삶의 영역들, 즉 습관이나, 말이나 결점 등 일 수 있습니다.

작은 여우는 경계와 방어가 허술할 때에 들어옵니다. 허물어진 공간으로 기척 없이 들어옵니다. 이러한 구멍 난 공간으로 모든 것이 들어옵니다. 우리의 영혼도 마찬가지입니다. 우리의 입을 잘 관리해야 합니다. 말에 권세가 있기 때문에 농담 한마디도 조심해야 합니다. 또 공동체의 지도자도 자신을 잘 지켜야 합니다. 악한 지도자는 악한 영들에게 문을 열어 줍니다. 그러므로 교회는 물론 직장과 사회, 더욱 나라의 지도자들을 위해서 우리가 기도해야 하는 이유가 여기에 있습니다.

디모데전서 2장 1–2절에 따르면 지도자들 위해 기도하면 안정된 삶에 대한 약속이 있습니다. 나에 대한 축복이 임하는 것입니다. 내 입술의 문과 지도자의 문을 위해서 기도해야 합니다. 이사야 6장은 숯불로 입술을 지져서 정결하게 만듦으로 입술의 문의 중요성을 보여주고 있습니다.

울타리를 세우는 것은 지경(Boundary)을 넓히는 것입니다. 회개, 용서, 진리 선포는 우리의 지경을 넓히는 비결입니다. 울타리 세우는 것은 하나님께서 하시는 영역이고, 우리는 거기에 올바로 반응해야 합니다. 회개는 나를 남과 동일시하는 것입니다.

느헤미야는 간구했습니다. “나와 내 아버지의 집이 범죄하여”(느 1:6)라고 고백하며 무너진 울타리를 기도로 막았습니다. 이것이 중보기도의 원리(겔 22:30)이며, 무너진 곳을 막아서는 사람의 마땅한 자세입니다.

술람미 여인은 우리의 포도원이라는 말로써 자신의 마음과 삶이 주님의 것이라는 고백할 만큼 믿음이 있지만 아직도 여전히 미숙한 상태입니다.

열매 맺는 계절뿐만 아니라 꽃피는 시기에도 울타리를 튼튼히 해야 합니다. 무너진 곳이 있으면 여우가 들어와서 농원을 모두 망쳐 놓습니다. 이처럼 우리들의 사역, 사업, 관계도 잘된다고 마음을 놓아서는 안 됩니다. 늘 망치지 않도록 유의해야 합니다. 에스라가 성벽을 재건한 이유는 이런 것을 대비한 것입니다. 울타리가 무너지거나 문이 열리면 여우가 들어옵니다.

경계와 무너진 곳의 보수에 게으르면 결정적인 순간인 꽃피는 시기를 망치게 됩니다. 키로스의 테오도레트(Theodoret of Cyrus)은 이렇게 설명합니다. "꽃봉오리가 피어나는 포도원은 개척하여 막 시작하는 교회를 말합니다. 작은 여우는 이단입니다."

이만희가 만든 신천지가 작은 여우처럼 교회에 들어가 분란을 일으켜 교회를 파괴시키고 있습니다. 믿음에 든든히 서지 못한 성도들을 물어가고 있습니다. 어거스틴(Augustine)은 '여우를 잡는다'는 의미는 '이단을 없애는 것'으로 설명했습니다.

16절. **"내 사랑하는 자는 내게 속하였고, 나는 그에게 속하였도다.**

그가 백합화 가운데에서 양 떼를 먹이는구나"

내 사랑하는 자는 내게 속하였고 나는 그에게 속하였구나 | 어린 신부는 아직도 자기중심적입니다. 아직 성숙하지 못한 주님과 나의 사랑의 관계를 말합니다.

상대방이 나의 것이라는 소유욕이 먼저 표현됩니다. 그러나 점차 성숙하여지며 나중에는 이 고백의 순서가 바뀌어, 내가 주님의 것이라는 고백이 먼저 나옵니다(아 6:3; 7:10). 그만큼 아가서가 진행되면서 신부의 사랑은 성숙으로 나아갑니다. 자기중심적인 신앙상태는 주님이 자신을 사랑하고, 축복하며, 오로지 자신이 받을 유업, 기업에 초점을 맞춥니다.

그가 백합화 가운데에서 양 떼를 먹이는구나 | 이제 신부는 주님이 자신뿐만 아니라, 다른 순수한 신자들을 마찬가지로 사랑하고 돌보는 것을 보게 됩니다.

"나의 사랑으로 그분의 마음을 채울 수 있어... 나는 그분의 백합화가 될 수 있을 테고, 그분이 교제(풀 뜯어먹기)를 나누는 장소가 될 수가 있을 거야. 그분은 여우를 잡을 수 있을 테고... 우리는 함께 여우를 잡을 수 있을 거야."

17절. “내 사랑하는 자야, 날이 저물고 그림자가 사라지기 전에 돌아와서 베데르 산의 노루와 어린 사슴같을지라”

“싫어요, 갈 수 없어요. 가려면 당신 혼자 가세요. 차라리 돌아와서 험준한 산의 노루 같이 되세요. 나는 낯선 일이 일어나지 않을 이곳을 떠나 당신과 함께 갈 준비가 안 되었어요. 당신은 여전히 나의 연인이지만, 나는 두려워요. 그림자(의심과 두려움)가 물러가고 빛이 충만해질 때 가겠어요. 새벽이 동터서 하늘이 빛으로 차오르면 그때나 당신과 함께 달려갈 수 있을 거예요. 돌이키세요… 혼자서 분리의 산 베데르(Bether, ‘분리’라는 뜻)으로 가세요. 나는 남아 있어야 해요… 노루처럼 가세요…”

“예수님, 어서 먼저 가세요. 나중에 뒤쫓아 갈게요.”

“예수님, 내 벽 뒤 이 아늑하고 편안한 곳에 함께 마무르면서 나를 더 즐겁게 해 줄 수는 없나요?”

우리는 왜 예수님과 함께 열방으로 달려 나가야 할 때 “예”라고 대답할 준비가 되어있지 않은 것일까요? 그분은 우리를 위한 계획을 마음속에 품고 계십니다.

날이 저물고 그림자가 사라지기 전에 | 이때는 이미 밤이 찾아와 빛이 안 보이는 상태입니다. 아무리 주님을 찾아도 찾을 수 없는 두려움

의 표현입니다.

그녀는 두려움, 즉 반항이 아니고 영적 미성숙으로 말미암은 두려움 때문에 그분과 함께 산에 오르지 못하고 그분이 그저 빨리 돌아와 주기를 바라고 있습니다. 15절 말씀의 연장선상에서 생각한다면 그분이 없다면 '작은 여우'가 들어와 해코지를 할 것이기 때문에 사랑하는 자가 옆에 있어야 하는 간절함이 들어있습니다. 함께 산에 오르지 못한 불순종을 후회해도 소용이 없습니다. 주님은 성령님과 우리들의 관계를 가로막고 있는 그 어떤 것도 허락하지 않으실 것입니다.

베데르 산(the hill of Bether)은 갈라진 틈이 많은 바위투성이의 험한 구릉들(영어성경 NIV, RSV)이라 해석되기도 하지만, 분리의 산, 장애물이란 뜻으로 그녀는 그분과 함께 갈 준비가 되지 않았습니다. 그러나 우리는 바로 지금 일어나서 달려가야 합니다. 등불의 심지 끝을 잘 정돈하고 기름으로 가득 채워놓아야만 합니다. 눈을 들어 그분을 보자마자 그 찬란한 빛으로 인해 그림자는 벌써 물러갔습니다. 새날은 이미 동터오고 신랑이 이 땅에 오셨습니다. 그분을 따를 때, 우리의 길은 그 완전한 날이 올 때까지 점점 더 빛을 발하는 첫 새벽 빛과 같을 것입니다(잠 4:18). 초자연적인 능력의 삶이 우리를 기다리고 있습니다. 함께 가지 않겠습니까?

주님은 우리를 너무 사랑하시기에 우리가 연약하여 죄와 타협하는 것을 허락하지 않으십니다. 주님의 사랑은 그만큼 단호합니다. 술람미 여인은 주님의 깊은 마음을 미처 깨닫지 못했습니다. 결국 3장에서 주님이 떠나가십니다.

"나는 사론의 수선화요

골짜기의 백합화로다

여자들 중에 내 사랑은 가시나무

가운데 백합화 같도다

남자들 중에 나의 사랑하는 자는

수풀 가운데 사과나무 같구나

내가 그 그늘에 앉아서 심히 기뻐하였고

그 열매는 내 입에 달았도다"

(아 2:1-3)

CHAPTER 03

"징계 경험 후 더욱 주님을 갈망"

1절. "내가 밤에 침상에서 마음으로 사랑하는 자를 찾았노라 찾아도 찾아내지 못하였노라"

침상은 자신의 안전지대로 쉼의 장소입니다. 그녀는 주님의 깊은 마음을 헤아리지 못했습니다. 그렇지만 신랑 예수님을 사랑하는 것은 변하지 않았습니다. 그러나 자기 방식으로 사랑을 생각합니다. 그러나 주님은 자기 기준이 아닌 순종을 요구하십니다.

찾아도 찾아내지 못하였노라 | 가끔 삶에서 주님의 임재를 느끼지 못할 때가 있습니다. 이것은 신부를 훈련시키기 위한 목적으로 주님께서 가끔 그 얼굴을 가리시기 때문입니다. 왜냐하면 나태와 게으름을 떨치고 영적 안일함에 빠지지 않도록 하기 위한 일종의 훈련입니다. 주

님의 사랑이 무한하다고 해서 교만해서는 안 됩니다. 이런 곤고한 때에 해야 할 일은 순종입니다. 기도와 행동이 요청됩니다.

하나님은 아낌없는 축복의 계절과 냉담한 계절을 통해 우리를 훈련시키고 성숙시킵니다. 그 여인은 우리가 예수님의 초청에 "싫어요"라고 대답할 때 어떤 일이 일어나는지 배우게 될 것입니다. 우리는 누군가의 거절보다는 자기 방식만을 고집하다가 고독해질 수 있습니다. 예수님과 함께 산에 가지 않겠다고 거절한 그녀에게 잠 못 드는 밤이 찾아옵니다. 그녀는 돌아서서 높은 곳으로 홀로 걸어가는 그분의 모습을 보았습니다. 잠시 동안, 그분은 그녀로부터 숨으십니다. 하나님이 전략적으로 얼굴을 가리는 때가 있습니다. 우리의 마음이 그분을 향해 이끌리게 하기 위해 자신의 임재를 느끼지 못하게 하십니다. 이것이 영혼을 단련시키시는 하나님의 훈련 방식입니다.

"그분은 어디로 가셨을까?"라는 조급함과 실망감이 영혼에 착 달라붙습니다. 마귀는 환호합니다. 이때 무엇을 해야 할까요? 그분이 느껴지지 않을 때에도, 심지어 어둠 속에서도 그분을 갈구해야만 합니다. 이것이 어두움을 빛으로 바꾸는 열쇠입니다. 술람미 여인은 고립의 벽 뒤에 놓인 침대에서 며칠 밤을 계속해서 기도합니다. 그녀는 사랑하는 자에게 이별을 고한 것을 후회하며, 밤의 계절에 그분을 찾는 것이 얼마나 괴롭고 우리 마음을 울적하게 만드는지 느끼게 됩니다. 그러나 그것은 잠자려는(퇴보) 자연스러운 성향을 극복하고 우리의 사랑하는 자를 찾기 위해 불편함을 무릅쓰게 합니다.

그분을 향한 사랑은 인생의 밤의 계절에도 강렬합니다. 혼돈과 불면이 마음에 슬며시 밀려올 때도, 그녀는 여전히 그분을 찾으려고 애를 씁니다. 그분의 달콤한 사랑의 포도주를 한 번 맛보면, 그분을 추구하는 것이 우리가 할 수 있는 모든 것이 될 것입니다. 그분을 붙잡으려는 끝없는 열정을 느껴본 적이 있으신가요?

그러면 밤의 계절에 무엇을 얻을 수 있습니까?

예수님은 우주를 향해 자랑하실 만한 신부, 그분의 보좌를 함께 나눌 만한 자격이 있는 신부를 원하십니다. 이 모든 것이 우리를 예수님 한 분께만 필사적으로 매달리게 하시려는 하나님의 계획이십니다.

언젠가 주님이 온 우주를 향해 우리를 자랑하시며 이같이 말씀하실 것입니다. "나의 사랑이 이루어 놓은 것을 보라! 그녀 안에는 사탄이 설 자리가 없으며(요 14:30) 내가 그녀의 두려움을 정복했노라. 나의 보좌에 함께 앉히려고 그녀에게 거룩한 열정을 가져다주었노라. 아버지, 제 신부를 보세요!"

2절. "이에 내가 일어나서 성 안을 돌아다니며 마음에 사랑하는 자를 거리에서나 큰 길에서나 찾으리라 하고 찾으나 만나지 못하였노라"

여인은 일어남으로 순종합니다. 주님의 초청을 거절한 것을 회개하고 주님을 찾아 나섭니다. 예수님을 향한 사랑이 밤을 두려워하는 그녀의 마음을 정복합니다. 그녀는 일어나서 그분을 찾기로 결심하였기에 아무것도 그녀를 돌이킬 수 없을 것입니다. 일어나 산으로 가라는 명령(아 2:13)에 불순종했지만 지금은 하나님의 부르심을 놓치면 얼마나 큰 대가를 치러야 하는지를 압니다. 우리는 편리하게도 불순종의 대가를 곧잘 잊어버립니다. 그분은 그녀에게 자신의 임재의 느낌을 거두어들이는 벌을 내렸습니다.

이 훈련을 받은 사람은 세 가지 반응을 보입니다.

1) 그저 가볍게 받아들입니다. (그러나 그분은 심각하십니다)
2) 너무 심각하게 받아들입니다. (기절초풍하지 마세요. 그분은 오직 끔찍이 사랑하는 자들만을 훈련시키십니다)
3) 훈련을 견뎌내고 교훈을 배웁니다. (그분은 정말 다정하고 긍휼이 많으십니다)

그녀는 그리스도의 공동체(Body of Christ) 안으로 들어갑니다. 그 동안은 혼자 왕의 침실에서 사과나무 그늘에 앉아있었습니다. 그러나 이제 그녀는 말릴 수 없을 정도로 그분께 헌신되어서 그분 없이는 살지 못합니다.

삶이 힘겨울 때 이런 느낌을 받았습니까? 졸음을 떨쳐버리고 그분을 찾습니까? 그렇지 않으면 자기 연민에 계속 묶여 있습니까?

"양 떼의 발자취를 따라가라"는 주님의 권면을 기억하여 순종합니다(아 1:8). 그분과 함께하는 시간의 영광스러운 신선함은 우리의 벽 뒤에서 지내는 안락함과 비교할 수 없습니다. 우리 모두 일어나 그분을 찾아 나섭시다! 우리는 언제나 그분의 양 무리인 그분의 사람들과 교제를 나누는 중에 그분을 찾을 것입니다. 사실 이 공동체(교회) 안을 돌아다니는 데에는 위험이 따릅니다. 사람들이 해치거나 상처를 줄 수 있지만, 이곳은 그분을 찾으려면 우리가 가야만 하는 곳입니다. 상처를 받는다고 교회를, 공동체를 떠난다면 믿음을 지키거나 신부의 여정을 걷기가 어려울 수 있습니다.

술람미 여인은 찾고 또 찾았어도 찾지 못하여 상처를 받았습니다. 그러나 포기하지 않고 다시 나섭니다. 그리고 길거리에서 순찰원을 만나 그분이 어디에 계시는지 묻습니다.

3절. "성 안을 순찰하는 자들을 만나서 묻기를 내 마음으로 사랑하는 자를 너희가 보았느냐 하고"

성 안(그리스도의 공동체)을 **순찰**하는 자들은 교회의 영적 지도자들이며, 아가서 1장 8절의 다윗 왕과 같은 '목자들'입니다. 그들은 우리의 영혼을 살피는 진정한 영적 목자들입니다(히 13:17; 겔 3:17; 사 62:6).

파수꾼에게는 성에서 일어나는 일들을 감시하고 성(교회)을 파수해서 적이 공격하지 못하도록 하는 책임이 있습니다. 이 하늘이 보낸 파수꾼들이 그 성(교회)의 안전을 맡고 있습니다.

그 여인은 영적 목자인 지도자의 영적 권위를 인정하며, 권위 아래 순복하는 자세를 보입니다. 그녀는 목자의 장막 곁에 있습니다(아 1:8).

내 마음으로 사랑하는 자를 너희가 보았느냐 | 때로는 교회(공동체) 안에서 내 지위와 체면, 영적 체험을 내려놓고 도움을 요청해야 할 때가 있습니다. 나는 내 연약함을 지체들에게 고백하고 기도를 요청할 만큼 겸손합니까? 주님은 가난한 심령에 축복해 주십니다. 그분의 임재는 그녀를 떠나버렸지만, 아마 그들이 그녀를 도울 수 있을 것입니다. 그녀는 도움을 청하면서 겸손해집니다.

우리 주 예수님은 영적 권위와 팀 사역 활용이라는 문제를 진지하게 여기십니다. 이것이 그분 나라의 운영방식입니다. 그분을 직접 만나본 자들만이 진정한 지도자가 될 수 있습니다. 갈 곳을 가보고, 갈 곳을 알고, 갈 곳을 말해줄 수 있는 사람이 영적인 지도자입니다.

"그분을 본적이 있나요? 그분을 아시나요? 그분이 여러분 안에 거하고 계신가요?"

4절. "그들을 지나치자마자 마음에 사랑하는 자를 만나서 그를 붙잡고 내 어머니의 집으로, 나를 잉태한 이의 방으로 가기까지 놓지 아니하였노라"

떠나자마자 마음에 사랑하는 자를 만나서 | 여인의 순종을 보시고 주님의 임재로 나타나십니다. 기도할 때만이 아닌 일어나서 말씀에 순종할 때, 주님은 즉시 응답하시며 임재를 풀어놓으십니다. "순종이 제사보다 낫다"(삼상 15:22)는 말씀대로 즉각적인 순종이 비결입니다. 그리고 때를 분별하는 지혜가 필요합니다. 사랑하는 자를 찾기 위해 파수꾼들을 지나 더 멀리 가야만 할 때도 있습니다. 파수꾼들은 축복이지만, 그들은 그분이 아니며, 우리를 위해 사역하는 파수꾼들을 사랑해줄 수는 있겠지만, 아무도 그분을 대신할 수는 없습니다. 가장 깊고, 가장 다정하고, 가장 순수한 사랑을 그분을 위해 남겨두었습니다.

그녀가 파수꾼들을 넘어서서 볼 수 있을 때, 그분을 찾아냅니다. 그분은 문득 그녀의 마음에 달콤한 사랑을 회복시키십니다. 그분을 다시 찾은 그녀는 몹시 기뻐합니다. 사랑하는 자를 찾아 어두운 밤을 뚫고 나간 보람이 있었습니다. 주님은 신실하고 선하신 분이십니다. 그분은 그녀가 오기를 애타게 기다리셨고, 그녀의 간절한 사랑은 그분을 만나기에 충분하였습니다.

그를 붙잡고 놓지... 아니하였노라 | 주님에 대한 열망이 더 간절해집니다(거룩한 결심). 더욱 주님과 연합하기를 소원합니다. 이것은 그저 그분을 찾는 것보다 더 깊은 경험입니다.

우리는 그분을 소중히 '붙들어야만' 합니다. 무엇으로 그분을 붙잡을 수 있을까요? 거룩한 결단의 힘입니다. 우리의 사랑하는 자는 붙잡혀 있기를 기꺼워하십니다. 그분을 억지로 부여잡을 우리의 '신성한 맹렬함'을 사랑하십니다. 믿음과 사랑이 그분을 재빨리 붙잡습니다. 그녀는 제정신으로는 그분을 절대로 두 번 다시 배신하지 않겠다고 마음속 깊이 결심합니다. 그분을 마음 가까이에 두고 싶어 하는 새로운 열심이 영혼에 스며듭니다. 이 '거룩한 맹렬함'은 우리가 장애물을 뚫고 왕국에 들어가기까지 그분을 붙드는 승리로 이끌어 줍니다(마 11:12). 우리의 강렬한 사랑이 그분의 마음을 정복하면 그분은 우리를 더 높은 은혜 속으로 들어 올리십니다.

내 어머니의 집으로, 나를 잉태한 이의 방으로 가기까지 | 신부는 이제 자신의 가족, 친구, 공동체에 주님을 모시고 갑니다. 우리는 그리스도의 몸 안에서 그분을 다른 사람들에게로 데려가는 자가 되어야 합니다. 가까운 곳에서 주님과의 친밀함을 풀어놓자 예수님은 그녀를 자신의 침소로 데려가셨고(아 1:4), 이제 그녀는 예수님을 자신의 어머니 방으로 데려갈 것입니다. 그곳은 어머니가 계신 곳이며, 자기가 태어나고 자란 곳입니다. 어쩌면 신앙생활을 해오는 교회일 수도 있으며, 믿

음의 공동체일 수도 있습니다.

5절. "예루살렘 딸들아 내가 노루와 들사슴을 두고 너희에게 부탁한다 사랑하는 자가 원하기 전에는 흔들지 말고 깨우지 말지니라"

주님께서 말씀하시기를 "이 사람을 이 시즌(season)에 머물게 하라." 이 구절은 2장 7절에서와 동일합니다. 아직은 예민한 신부를 방해하지 말라는 말씀입니다. 이 말씀은 8장 4절 에서 '노루와 들사슴'이 빠지며, 성숙해진 신부를 의미합니다. 주님은 공동체 사람들에게 그녀를 방해하지 말라고 부탁하십니다. 주님께서 신부를 만들기 위한 특별한 다루심과 계절을 이해 못하는 자들이 있습니다.

왕은 그녀의 영혼 위에 "방해하지 마시오"라는 팻말을 걸어놓고, 이 새로워진 친밀감의 계절 동안 그녀를 가만히 내버려두라고 사람들에게 지시하십니다. 예수님과 함께 열방을 훈련시킬 성숙한 동역자로 만들어가고 계십니다. 이 일에는 취침의 시간과 섬김의 시간이 필요합니다.

6-11절 | 강하고 위대한 구세주에 대한 계시

6절. "몰약과 유향과 상인의 여러 가지 향품으로 향내 풍기며 연기

기둥처럼 거친 들에서 오는 자가 누구인가"

이제 결혼식을 하기 위해 신부 집을 향해오는 신랑무리가 발걸음으로 인한 먼지를 연기구름처럼 일으키며 장엄하게 다가오는 장면입니다. 솔로몬 왕의 가마는 아주 호화스럽습니다. 그에게는 엄청난 금이 있었습니다. 성경에서는 큰 금 방패 200개, 작은 금 방패 300개, 금으로 만든 상아보좌, 솔로몬이 마시는 그릇이 모두 금이었다고 기록하고 있습니다. 아마 솔로몬의 가마는 금과 온갖 보석으로 만들어졌을 것입니다.

주님과의 깊은 친밀감을 나누는 그녀의 영안이 열려 새로운 방식으로 그분을 봅니다. 아마도 환상이나 꿈에서 성령님이 그녀에게 질문을 던지셨을 것입니다.

연기 기둥처럼 거친 들에서 오는 자가 누구인가 | 이것은 하나님의 임재, 영광, 이적과 기사, 거룩한 불을 상징(출 40:34; 계 15:8; 욜 2:28)하며, 들은 타락한 세상 속의 인생을 뜻합니다. 예수님은 광채로 옷 입으시고 이 타락한 세상을 떠나 올라가 하늘 영광의 구름 속으로 다시 들어가셨습니다. 연기는 하나님이 펼쳐놓으신 영광과 위엄을 뜻하며, 그분께 드려진 제사를 불태운 성령님의 불의 결과물입니다.

연기 기둥처럼 들에서 오는 자가 누구일까요? 예수님은 하나님의 영광 가운데 연기기둥처럼 하늘로 오르셨습니다. 그분은 구름을 뚫고 영광의 보좌에 앉으신 예수 그리스도입니다. 놀랍고 전능하신 구세주, 그분 곁에 있기에 그녀는 거친 들에서도 안전할 것입니다.

예수님의 승천은 그분이 당한 고난(몰약)과 그분의 광채(유향)를 드러냅니다. 유향은 성도들의 찬양과 예배, 특히 기도의 향기(히 7:25)입니다. 예수님은 아버지께로 올라가셔서 자신이 드린 중보의 향기로 금 향대접을 가득 채우셨습니다.

장례용 향품인 몰약은 신부를 구속해서 그분을 위해 그녀를 순결하게 하시는 예수님의 희생을 상기시킵니다. 예수님은 몰약으로 향내를 풍기십니다. 그분은 우리의 죄를 짊어지고 십자가에 달렸을 때 몰약으로 흠뻑 젖으셨습니다. 당하신 고난이 그분께는 죽음의 고통이었지만, 아버지께는 향기였습니다.

장사의 여러 가지 향품은 예수님의 향기입니다. 복음서에 나오는 장사꾼과 진주의 비유에 있는 장사꾼이며, 마음에 너무나 합한 보물을 발견한 장사꾼이신 주님과 값진 진주인 우리를 너무나 귀하게 여겨 주신 주님, 그래서 모든 것을 버리고 이 땅에 오셔서 그 피 값으로 우리를 사신 것입니다.

> "천국은 마치 좋은 진주를 구하는 장사와 같으니 '극히 값진 진주' 하나를 발견하매 가서 자기의 소유를 다 팔아 그 진주를 사느니라" – 마 13:45-46

이 말씀은 천국을 소유하기 위해 모든 것을 내려놓으려는 의미이지만, 우리 주님에게 '극히 값진 진주'는 예수님의 신부인 바로 당신입니다. 예수님은 아름다운 진주인 당신을 사기 위해 자기의 가진 것을 모두 판 상인이 아닐 수 없습니다. 예수님은 우리를 향한 깊은 사랑으로 자신의 모든 것을 내어주셨습니다.

거친 들 | 주님은 하늘의 영광을 뒤로하시고 이 땅에 오셔서 33년의 삶을 사셨습니다. 주님은 우리처럼 육신의 몸을 입고 거친 들에서 시험과 고난과 연단을 받으셨습니다. 그러기에 우리의 모든 생각과 사정을 잘 알고 계십니다. 거친 들은 우리 모두가 거쳐야 할 훈련의 장소입니다. 따라서 우리가 피할 곳이 아니라 오히려 자주 드나들어야 할 장소입니다. 자발적으로 약함에 처하는 것도 광야입니다.

거친 들에서 사탄의 유혹을 물리치신 주님은 우리의 모든 연약함을 체험하신 대제사장이십니다(히 4:14-16). 거친 들에서 외롭고 힘들 때 주님은 우리 손을 이끌어 주십니다.

유대인들이 예배할 때 사용하는 향료는 대부분 광야에서 구합니다. 향료를 얻기 위해 힘든 노동을 마다하지 않습니다. 그만큼 대가가 있기 때문입니다. 시험과 연단을 통해서 의의 열매(향기)를 우리도 얻게 됩니다(히 12:11).

7절. "볼지어다 솔로몬의 가마라 이스라엘 용사 중 육십 명이 둘러쌌는데"

솔로몬의 가마는 왕의 호위대 어깨에 짊어져서 운반되었습니다. 왕의 가마는 거친 들을 여행하는 동안에 안전하게 그분 곁에 신부가 앉습니다. 왕의 가마는 가친 들을 지나 수넴(Shunem 신부의 도시)을 통과하여 그분의 예루살렘 왕궁으로 향합니다. 도시 사람들은 왕의 행렬이 일으키는 구름 같은 흙먼지를 보고 감탄을 합니다. 각종 병기들로 무장하고 화려하게 장식한 용사들의 행진에 넋을 잃고 바라봅니다. 용사들은 아름다운 신부를 태운 가마를 안전하게 호위합니다.

왕은 가마를 보호하고 안전하게 거친 들을 통과하기 위해 60명의 강한 전사를 선발했습니다. 이러한 솔로몬의 호위가 가마를 둘러싸고 보호하는 것처럼 성령님은 우리를 보호하십니다. 신부의 여정 가운데 끝까지 함께한 것처럼 항상 우리를 둘러 진을 치고 계십니다.

사람들은 예수님만을 위해 온전하게 사는 것을 두려워합니다. 자기가 손해 보는 것으로 생각합니다. 세상의 즐거움을 놓칠까봐 세상과 타협합니다. 이것은 그분의 사랑 안에 있을 때 얼마나 즐겁고 복되며 안전한지를 모르기 때문입니다. 주님의 말씀이 아니라 마귀의 간계에 넘어갔기 때문입니다.

우리 주 예수님의 마차는 영광의 구름입니다. 충성된 이스라엘의 용사들이 보호하는 것처럼 하늘 천사들의 보호를 받습니다. 솔로몬의 호화로운 마차는 예수님이 모든 원수를 이기고 승리하심으로 완성하신 십자가의 역사 안에서 우리가 얼마나 안전한지를 보여줍니다. 이 용사들은 우리를 둘러서서 수종하며 엄중히 호위하는 하나님의 천사들입니다(히 1:14). 우리는 이미 주님과 함께 하늘의 자리에 앉은 사람들입니다(엡 2:6).

8절. "다 칼을 잡고 싸움에 익숙한 사람들이라 밤의 두려움으로 말미암아 각기 허리에 칼을 찼느니라"

밤의 두려움은 사탄과의 영적 전쟁을 의미합니다. 그 전쟁터는 바로 나의 마음이므로, 내 마음을 먼저 지켜야 합니다(롬 12장).

성령님은 사탄의 모든 궤계를 아시기 때문에 전쟁에 숙련되신 분이십니다(엡 6:10-12). 그분은 우리에게 놀라운 꿈을 주시며, 우리를 위해 누구에게인가 기도하게 하신 분이시며, 천군 천사를 보내주시는 분이십니다. 우리를 위해 대적하면서 예수님의 십자가 사랑으로 우리를 안전으로 이끄십니다.

예수님께서 허리에 칼을 차시고 사탄의 권세를 파하기 위해 쉬지 않고 중보기도를 하고 계십니다(시 45:3). 우리도 더욱 중보기도에 열심을 내야 할 것입니다. 중보기도는 용사의 칼처럼 성도의 강력한 무기가 됩니다.

9절. "솔로몬 왕이 레바논 나무로 자기의 가마를 만들었는데"

레바논의 나무는 최고의 나무이며, 견고하고, 향기가 넘치며, 비싼 목재입니다. 나무는 예수님의 인성을 상징하며, 가마를 하늘의 재료가 아닌 이 땅의 재료로 만드십니다. 이는 주님께서 땅을 사랑하시고, 회복시키실 것을 의미하시며, 이 땅을 없애시는 것이 아니라 새롭게 만드시고자 하십니다.

솔로몬의 긴 의자는 복음의 긴 의자, 즉 혼인마차를 말합니다. 예수님은 모든 원수를 이기시고 그분의 긴 의자에 쉬고 계십니다(시 110:1-3; 엡 1:20-22). 하늘의 장소에서 이 의자에 우리도 그리스도와 함께 앉으며 보좌에 앉혀지게 될 것입니다(엡 2:6).

복음의 의자는 거친 들을 여행할 때 우리의 마음이 바라는 안전에 대한 모든 필요를 공급해 줍니다. 우리는 이 세대의 거친 들을 여행하면서 사탄과 죄로부터 필요한 안전과 보호를 공급 받게 됩니다.

10절. "그 기둥은 은이요 바닥은 금이요 자리는 자색 깔개라 그 안에는 예루살렘 딸들의 사랑이 엮어져 있구나"

기둥은 떠받치는 기능(정의와 능력, 사랑과 신실함, 지속성, 견고함)을 하며, 은과 금은 주님의 구속을 상징합니다. 금은 신적인 성품을 의미하며, 은은 시험과 연단을 거치는 것을 표현합니다. 자색은 왕이 입는 옷의 색채이며, 권위, 왕족, 주님과 함께 앉은 신부의 모습(엡 2:6)입니다.

가마의 깊은 곳(심장)은 십자가의 영광 안에서 두려움이나 의심 없이 기뻐할 수 있습니다. 여전히 신부에게 잘못된 부분이 많더라도, 사랑의 마차에 실려 갑니다. 자신의 감정이 아니라 예수님의 애정이 그분과의 관계를 이루는 기초가 되기 때문입니다.

예루살렘 여자들을 위한 사랑이 엮어져 있구나(예루살렘 딸들을 위한 사랑이 엮어져 있구나 - 킹제임스성경) | 복음은 예루살렘의 딸들에 의해 엮어지는 것이 아니라 예루살렘 딸들을 위해 엮어진 것입니다. 그녀는 값을 매길 수 없는 모든 사랑, 오로지 사랑으로만 둘러싸였습니다.

연약하고 미성숙하지만 주님께서 사랑하시는 신자들을 보게 되며, 언젠가는 이러한 연약한 자들도 주님의 신부가 될 것을 확증해주시는 것입니다. 복음은 약한 자들을 향한 하나님의 열정적인 사랑으로 엮어져 있습니다. 이제 예루살렘 딸들이 그들의 운명을 알 때, 그들은 시온의 딸로 살아가게 됩니다.

11절. "시온의 딸들아 나와서 솔로몬 왕을 보라 혼인날 마음이 기쁠 때에 그의 어머니가 씌운 왕관이 그 머리에 있구나"

시온의 딸들아 … 보라 | 이것은 예언적인 부르심으로 연약한 자들을 격려하며 세워주기 원하시는 말씀입니다. 예루살렘 여자들이 주님의 아름답고 놀라운 모습을 보기 시작할 때에는 분명히 그들도 신부의 대열에 들어가게 될 것을 확신하는 표현입니다. 예루살렘의 딸들은 이제 '시온의 딸들'이라고 불립니다. 이는 하나님의 백성을 일컫는 영적 용어입니다. 이제 그 여인은 희망과 사랑의 눈으로 사람들을 보고 있습니다.

왕이 그녀에게 취했던 똑 같은 격려의 방식으로 사람들에게 나아가서, 그들이 성숙하기까지 자라갈 것이라 예언합니다. 그들은 일어나 왕을 사모하는 시온의 딸들이 될 것입니다. 그녀는 그들의 시선을 왕관을 쓰고 계신 분께로 향하게 합니다.

우리는 왕관을 쓰신 예수 그리스도를 바라볼 때 어떠한 산도 두려워하지 않게 됩니다.

혼인날 | 교회가 주님께 사랑의 면류관을 씌워 드리는 날입니다(계 19:1-10). 그분의 진정한 권위를 보면 인생의 어려움이 더 이상 두렵지 않을 것입니다. 마지막 때의 추수꾼이신 예수님은 또한 이 세상 열방을 뛰어넘으시면서 우리의 흠모라는 관을 쓰십니다. 우리가 신랑께 영광을 돌리고 우리의 찬양으로 왕관을 씌우면 그분은 강성해져서 금 낫을 취해 열방의 큰 추수를 시작하십니다.

주님께서 혼인날을 기다리시며 사랑하는 신부가 모든 것을 드리는 때를 기대하십니다.

"너는 또 여호와의 손의 아름다운 관, 네 하나님의 손의 왕관이 될 것이라" – 사 62:3

"마치... 신랑이 신부를 기뻐함같이 네 하나님이 너를 기뻐하시리라" – 사 62:5

혼인 날, 그분의 가슴은 드디어 우리가 가질 수 있다는 기쁨으로 터질 것입니다. 우리는 그분의 마음을 기쁘게 해드립시다. 그분을 예배합시다!!!

"내가 밤에 침상에서 마음으로
사랑하는 자를 찾았노라
찾아도 찾아내지 못하였노라
이에 내가 일어나서 성 안을 돌아다니며
마음에 사랑하는 자를 거리에서나 큰 길에서나
찾으리라 하고 찾으나
만나지 못하였노라"

(아 3:1-2)

CHAPTER 04

예언적 확증으로 성숙한 신부로 이끄시는 주님

신부는 5장에서 경험할 어두운 밤에 아직 직면하지 않았습니다. 그러나 주님은 이를 알고, **"환난을 당할 때에 꼭 붙잡아주시겠다"**고 말씀해 주십니다. 거룩한 사랑의 물결이 신부를 씻어줍니다. 그것은 왕에 대한 두려움과 불신을 정복할 사랑입니다. 아가서에는 질책의 말은 없고 오직 확증해주는 말만 있을 뿐입니다. "내 사랑아. 너는 어여쁘구나!"라는 말을 들을 때마다 놀라울 따름입니다.

아가서 4장 1–5절에서 예수님은 예언적으로 어린 신부의 삶에서 움트는 8가지 미덕을 확인해 주십니다. 예수님은 약함 가운데 있는 우리들에게 우리를 대적하는 사탄의 고소를 이기게 하시는 확증으로써 우리를 준비시켜 주십니다. 사탄은 우리를 소망 없는 위선자라고 참소합니다. 적은 많은 이들을 정죄와 고소로 계속 공격하면서, 우리가 미성숙과 반역을 혼동하여 포기하게끔 합니다. 예수님은 아직도 어린 신부인 우리들에게 8가지 자신의 미덕을 우리들의 미덕으로 예언적으로 확증해 주십니다.

1) 비둘기의 눈 : 한 마음의 헌신과 계시의 눈
2) 염소 같은 머리털 : 하나님께 헌신
3) 목욕장에서 나온 털 깎인 암 양 같은 이 : 말씀의 양식을 씹는 것
4) 홍색 실 같은 입 : 구속된 입
5) 너울 속의 뺨 : 하나님의 은혜가 강타한 감정
6) 입의 입맞춤 : 하나님과의 친밀함
7) 다윗의 망대 같은 목 : 하나님께 순종하기 위해 정리된 의지
8) 어린 사슴 같은 유방 : 다른 이들을 양육하고 섬길 능력

1절. **"내 사랑 너는 어여쁘고도 어여쁘다 너울 속에 있는 네 눈이 비둘기 같고 네 머리털은 길르앗 산기슭에 누운 염소 떼 같구나"**

"너는 어여쁘고도 어여쁘다"라고 주님께서 나를 아름답다 반복해서 말씀하십니다. 너울 속은 숨겨져 있는 상태를 말합니다. 주님은 하나님 안에서 비밀스럽고 가려진 삶을 오직 당신께만 초점을 맞추고 살아가는지 보고 계십니다.

은밀한 곳에서 우리는 더욱 마음의 청결함과(마 5:8) 친밀함을 개발해야 합니다. 비둘기의 눈으로 왕을 응시하며, 오직 한 가지를 구하며 추구하는 삶(시 27:4), One thing의 삶을 결단합니다.

진정한 영적 계시의 '진주'를 가져다가 그것을 받을 마음이 전혀 없는 사람들에게 경솔하게 나누는 일이 없어야 합니다. 너울 속은 영광이 거하는 장소입니다. 머리털은 순종과 헌신, 성화의 상징(예. 나실인)입니다.

길르앗 산기슭 풍성한 목초지에서 배부르게 먹고 나온 염소 떼들은 위엄 있고 당당하며 질서 있게 움직입니다. 하나님의 말씀과 사랑으로 풍성하여서 헌신이 질서 있고 균형 잡혀있습니다.

우리가 '오직 말씀'만 외치다 보면 바리새인처럼 될 수 있으며, '오직 성령충만, 오직 은사'를 외치다 보면 신비주의자가 될 위험이 있습니다. 우리는 성령님의 기름부으심 가운데 말씀 속에서 능력을 입는 예수님의 신부들이 되기를 원합니다.

2절. "네 이는 목욕장에서 나오는 털 깎인 암양 곧 새끼 없는 것은 하나도 없이 각각 쌍태를 낳은 양 같구나"

이는 주님의 말씀을 묵상하고 소화하는 능력, 영적 분별력, 지혜입니다. 이가 없어 단단한 음식을, 단단한 말씀을 먹지 못하는 자들이 있습니다(예. 고린도교회). 동일한 어려운 상황에 처할 때도, 어떤 이들은 이를 말씀으로 극복 못하고 상처를 받지만, 다른 이들은 오히려 믿음의 덕을 세웁니다.

털은 육에 속한 일들입니다. 양털을 깎을 때 육신의 열심을 내어 지나치게 많은 '양모'를 벗겨 내는 경우가 많습니다. 지나치게 많은 양모를 제거하는 것은 우리가 거룩한 곳으로 들어갈 때 육신의 힘을 버려야만 한다는 것을 말해줍니다(겔 44:17). 하나님의 임재 안에 땀이란 없습니다. 하나님을 기쁘게 해드리려고 육신적으로 더 열심히 일할 필요가 없습니다. 욕심을 내어서는 안 됩니다. 육에 속한 상태에서 주신 은사를 가지고 너무 과욕을 부리면 사역을 망치게 됩니다.

"육신의 애씀은 황폐해지는 저주를 가져올 것이다" – 렘 17:5-6

쌍태는 갑절의 열매(double portion)를 상징하며, 내가 한 것에 대해 갑절로 되돌려 주시는 주님의 법칙입니다. 목욕실에서 나오는 말씀의 씻김이 그녀의 마음을 정결하게 합니다(약 1:21). 그녀는 순수하지 않은 육신적인 동기를 씻어내고 그 말씀을 취해 자기의 것으로 소화했습니다. 우리가 그 말씀을 받아 묵상할 때 마음이 씻겨 새롭게 됩니다.

3절. "네 입술은 홍색 실 같고 네 입은 어여쁘고 너울 속의 네 뺨은 석류 한 쪽 같구나"

입술은 의사소통에 사용되며, 입의 말은 그녀의 마음속 깊은 것을 드러냅니다(언어의 삶). 홍색 실은 구속의 보혈을 상징하며, 라합이 여리고 성벽에 내려놓은 붉은 색 끈은 구원의 약속입니다. 입은 우리가 주님께 드리는 친밀함이며 말씀에 입 맞추는(아 1:2) 것입니다.

너울 속의 뺨은 숨겨진 마음속 감정, 얼굴빛을 보여주며, 석류는 붉고, 달고, 신선한 감정이며, 씨가 많은 과일로서 생명력을 상징합니다. 또한 감정은 혼에 속한 영역으로 우리의 삶에 많은 영향을 미칩니다(요삼 1:2).

잘 익은 석류는 갈라지게 되어 있습니다. 일부러 석류를 가르는 것이 아닙니다. 잘 익으면 저절로 벌어집니다. 그때 조금만 눌러도 두 쪽이 됩니다. 그리고 촘촘히 박힌 빨간 석류알들이 밖으로 나옵니다. 잘 익은 석류는 정말 아름답습니다. 여인의 너울 속으로 보이는 빨간 뺨이 마치 석류처럼 아름답다고 하십니다.

석류는 자신을 깨뜨리고, 자신을 포기할 때 그 안의 열매들이 사람들에게 큰 기쁨을 주는 것과 같이 왕의 신부들은 자신을 깨트리고 그분과 함께 동행하며, 동역할 때 장차 하늘의 공동 상속자로서 가장 아름답습니다.

석류는 대제사장 옷 가장자리에 한 석류 한 금방울, 한 석류 한 금방울 씩 달았습니다(출 28:33). 물론 금방울은 순금이지만 석류는 수놓은 것입니다. 유대 구전인 미슈나에 따르면 앞에 36개, 뒤에 36개, 모두 72개의 석류를 그려놓았습니다. 그리고 72개의 금방울이 대제사장이 걸을 때마다 울렸습니다. 그가 지날 때마다 사람들이 청각적으로 금방울 소리를 듣게 하였고, 시각적으로 석류를 보게 하였습니다. 솔로몬의 성전의 두 기둥에도 석류 모양을 새겨 놓았습니다(왕상 7:18).

4절. **"네 목은 무기를 두려고 건축한 다윗의 망대 곧 방패 천 개, 용사의 모든 방패가 달린 망대 같고"**

고대에는 목이 긴 여인이 미인이었습니다. 여인의 목이 망대처럼 길었습니다. 아름다웠다는 표현입니다. 그런데 방패 1,000개가 달린 망대 같았습니다. 여인의 목에는 목걸이들이 주렁주렁 많이 걸려 있었습니다. 그것들이 마치 방패처럼 보였습니다.

목은 의지를 의미하며, 의지에 따른 결단이 중요합니다. 나의 결단에 따라서 삶이 달라지며, 주님께서도 나의 결단을 소중하게 보십니다. 영적 전쟁에서 우리의 "예"와 "아니오"가 영적 승리의 중요한 열쇠입니다. 다윗은 결단의 사람이었으며(시 57:7) 전쟁에 능한 용사의 본을 보여줍니다.

전쟁터에서 예수 그리스도의 신부는 전쟁준비를 철저히 하여야 하며, 적의 공격에 대응하도록 경계를 철저히 해야 합니다. 그러나 전쟁터에서 아군끼리 싸운다면 적군만이 춤을 출 뿐입니다. 기드온의 300명의 용사가 미디안 진영을 공격할 때, 미디안 군대는 자기끼리 싸우다가 전멸하였습니다. 오늘 예수님의 신부인 우리들의 교회나 선교단체에서는 어떻습니까? 혹 적군인 사탄이 춤을 추도록 신부들끼리 싸우지는 않은지요?

5절. **"네 두 유방은 백합화 가운데서 꼴을 먹는 쌍태 어린 사슴 같구나"**

백합화가 피어난 들에서 풀을 뜯어 먹고 있는 어린 사슴들의 궁둥이가 보입니다. 두 궁둥이의 모습이 마치 여인의 두 유방처럼 보였습니다. 어린 사슴처럼 생기가 넘쳐납니다. 민첩하고 신선하고 생명력이 풍성한 모습입니다.

유방은 다른 영혼을 양육하고 돌볼 수 있는 능력을 말하며, 백합화는 순수하고 정결한 하나님의 백성들, 교회이며, 아가서에서는 신부를 의미합니다. 신부는 다른 사람들을 양육할 수 있는 말씀의 기름부음과 성령님의 권능으로 충만해야 합니다. 신부는 온 열방을 주님께로 인도하고 그들을 양육하고 세워서 또 다른 신부로 일어나게 합니다. 주님과 동역하는 상급은 갑절로 주어집니다. 쌍태는 갑절의 열매(double portion), 갑절의 기름부으심을 상징합니다.

6절. "날이 저물고 그림자가 사라지기 전에 내가 몰약 산과 유향의 작은 산으로 가리라"

신부의 인생에 대한 8번의 예언적 확인의 말씀을 들은 후, 그녀는 이제 자신의 편리함과 안락함을 떠나려 합니다. 모든 것을 버리고 산으로 올라갈 준비가 되었습니다. 이제 그녀는 많이 배웠습니다. 이제 영적 전쟁과 열방선교, 중보기도라는 높은 곳으로 나아갈 마음의 준비가 되었습니다. 신부가 왕을 위해 준비되고 열방 가운데에서도 제자가 될 준비를 마친 것입니다!

아가서의 이 지점에서, 그 술람미(수넴) 여인은 인생이 뒤바뀌는 결정을 내립니다. 그녀를 바라보시는 그분의 사랑이, 그 열정적인 눈이 높은 곳을 두려워하는 마음을 녹여버렸습니다. 그녀는 값을 치르리라는 새로운 결심을 하고 일어나 몰약 산으로 담대히 올라갑니다.

날이 저물고 그림자가 사라지기 전에 | 아직까지도 자기의 두려움과 해결되지 못한 그림자가 남아 있는 상태(아 2:17)이지만, 신부는 예수님께서 십자가를 지신 곳, 몰약의 산으로 올라가기로 결단합니다. 이것은 자신을 부인하며 십자가를 지고 주님을 따르겠다는 결단입니다(눅 9:23-26). 그녀는 이제 단호하고 적극적인 신앙의 모습을 보입니다. 이제는 우리가 열방을 위해 삶을 쏟아 부으면서 자신을 부인하는 사랑 위에 십자가를 품어 안을 때입니다.

험하고 높은 몰약의 산을 오르기 위해서는 작은 유향의 산을 먼저 가야 합니다. 유향의 산이 몰약의 산을 오르게 합니다. 그녀는 지금 "주님이 계신 곳에 함께 있겠다"는 고백을 합니다.

하나님의 보좌 앞에서 하나님께 드리는 기도와 찬양과 경배가 우리의 유향입니다(계 5:8; 시 141:2). "주님의 부르심에 나의 길을 가리라"며 응답하는 여인(아 2:10-13)입니다. 그녀는 아직 가지 않은 상태지만 순종하는 결단을 합니다. 자기의 가는 길이 다른 누구의 길과 같지 않음을 알고 받아들이는 모습과, 독특하고, 특별하고 다른 것을 인정할 때 우리의 부르심의 소망으로 넘치게 됩니다. 몰약 산에서 찾은 더 큰 기름부으심이 이 일을 이룰 것입니다.

7절 **"나의 사랑 너는 어여쁘고 아무 흠이 없구나"**

이제 그녀는 결단과 믿음의 고백을 함으로써 주님으로부터 "전적으로 어여뻐서"(킹제임스성경, 개역한글)라는 놀라운 찬사를 듣습니다. 주님은 우리의 연약함을 다 보시고 아시지만 자원하는 심령만을 보시고 완벽하다고 하시는 분이십니다.

그녀의 삶 전체는 "아무 흠이 없구나"라는 말로 요약됩니다. 아가서 5장에서 견뎌내야 할 궁극적인 시험을 아직 통과하지 않은 단계이기에 이 말은 '그녀가 죄가 없다'는 뜻이 아닙니다. 그럼에도 불구하고 십자가를 품어 안고 그분과 함께 달려가려는 자발적인 의지가 그분의 마음을 기쁘게 합니다. 그녀의 두려움을 물리칠 완전한 사랑이 시작되었습니다.

8절. **"내 신부야 너는 레바논에서부터 나와 함께 하고 레바논에서부터 나와 함께 가자 아마나와 스닐과 헤르몬 꼭대기에서 사자 굴과 표범 산에서 내려오너라"**

왕이 그녀에게 함께 친밀한 동반자가 되어 그분의 시각으로, 그분의 관점으로 열방을 바라보자고 초청하십니다. 이제 그녀는 하나님이 이 세상 사람들 가운데 어떤 일을 행하기 원하시는 지를 깨닫는 천국의 통찰력을 갖추도록 훈련 받고 있습니다.

실제로 아가서에서 그녀를 그리스도의 신부라고 부르기는 처음입니다. 그분의 신부로 불린다는 것은 그 관계에서 나오는 모든 특권이 우리의 것이 된다는 의미입니다. 그분의 모든 소유가 이제 우리의 것이 되었습니다. 여인이 유향의 작은 산으로, 몰약의 산으로 오르기로 결단하니(6절), 주님께서 처음으로 신부라고 부르십니다.

지금까지는 사랑받는 자로 있었지만 주님과의 파트너십의 초대에 "예! 가겠습니다"라고 결단하는 순간 신부라는 자리로 들어갑니다. 우리 모두는 신부로 청함을 받는 때가 있지만 "예" 하지 않는 많은 사람들이 있습니다. 신부는 성숙한 사랑으로 주님과 함께 '한 멍에'를 메고 가는 자들입니다. 신부는 주님의 부르심에 비움과 연단, 헌신과 결단을 통하여 이제는 더 이상 미성숙한 신부로 안락함에 있기를 거부합니다.

레바논에서부터 함께하고 ... 함께 가자 | 아마나, 스닐, 헤르몬 꼭대기 레바논은 가장 높고 백향목이 울창한 산지로 둘러싸인 곳이며, 레바논의 향기는 유명합니다. 또한 더운 여름 동안 솔로몬의 신부를 위한 안식처가 있었다고도 합니다.

주님은 다시 처음 도전하셨던 곳으로(2:10,13) 초대하십니다. 가장 높은 곳(삼층천)에서 내려다 볼 때 영적 전쟁의 유리한 고지에 있게 됩니다. '높은 곳에서 내려다본다'는 것은 이제 신부는 '믿음으로 주님과 함께 하늘에 앉은 자'라는 뜻 입니다. 이제는 신부가 산 정상에서 내려다 볼 때입니다(엡 2:6; 골 3:1-4). 영적 전쟁의 최고의 전략은 예배의 자리에 있는 것입니다. 신부는 예배하는 전사(예배자, 중보자, 연인, 군사)이며, 열방의 추수꾼으로 천국 복음 전파자입니다.

하늘이 땅을 침노할 때 신부는 그 통로로 쓰임 받습니다. 이 세상에서 똑같은 뱀 한 마리를 보았을 때, 어떤 자는 용이다, 이무기라며 호들갑을 떨고 두려워합니다. 그러나 똑같은 뱀을 본 예수님의 군사, 신부들은 그것을 마치 지렁이를 대하듯이 합니다. 주님께서는 우리들에게 뱀과 전갈을 밟는 권세를 이미 주셨기 때문입니다(눅 10:19).

혹시 누군가가 메뚜기 근성으로, 땅의 관점에서만 사물을 보고 계십니까? 이제는 우리의 믿음의 안목을 바꾸어서, 하늘의 관점에서 사물과 사람을 바라볼 때 우리들 눈에 보이는 넘실대는 풍랑은 아주 작은 찻잔의 움직임으로 보이게 될 것입니다. 이것이 신부의 기도입니다.

사자 굴과 표범 산에서 | 사탄과 마귀들은 높은 곳을 배회하며, 하늘(이층천)에 있는 자들로 세상의 임금 노릇을 합니다. 사탄은 정사 권세, 어두움의 세상 주관자(엡 6:12)입니다. 신부는 주님과 함께 정복자로 사탄에게 빼앗긴 다스리는 권세, 생명, 재정 등을 되찾을 것입니다.

우리는 어둠의 권세들로부터 재정을 취하여 주님의 나라를 위하여 그 재정의 흘러 보내며, 어둠의 나라로 흘러가는 재정의 물꼬를 하나님의 사람들에게로 트는 능력을 입었습니다. 모든 재정과 건강 이 좋은 것들은 하늘에 속한 것입니다.

레바논 산은 해발 3,089m입니다. 현재 이스라엘에서 가장 높은 헬몬산 북부 끝자락과 연결됩니다. 이곳 레바논의 백향목은 하나님이 직접 심고 기르시는 나무로 전설적으로 내려오고 있습니다. 두려움과 경외의 산입니다. 사자와 표범이 득실거리는 산입니다.

아마나는 '끊임없이 흐름', '영원', '불변'이라는 뜻입니다. 열왕기하 5장 12절에 보면 아바나는 아마나 강의 발원지입니다. 저의 고향(경북 봉화군 소천면 분천리) 근처인 황지 검룡소로부터 한강이 흐르고, 뜬봉샘이 금강의 발원지인 것처럼, 아바나는 길고 긴 아마나 강의 발원지입니다. 끊임없이 흐르고 있습니다.

스닐은 '흰 산'이라는 의미입니다. 성결입니다. 신부는 성결하여야 합니다. 역대상 5장 23절을 보면 높은 산 입니다. 흰 눈으로 덮여 있습니다. 그러기에 성결해 보입니다. 우리는 신랑을 따라 떠나야 합니다.

헤르몬 산은 '성별'이라는 뜻입니다. 이스라엘에서 가장 높은 산입니다. 요단강의 발원지입니다. 해발 2,814m입니다. 신부는 성별 되어야 합니다.

신부의 단장은 '몰약과 유향'입니다. 어느 목사님의 말씀처럼 신부는 영적 전쟁 준비를 철저히, 훈련은 가혹하게, 영적 전투는 치열하게, 그리고 무대 뒤로 조용히 사라집니다. 주님은 우리가 치열한 영적 전쟁터에서 이긴 신부가 되기를 원하십니다. 훈련 받은 신부를 원하고 계십니다.

9절. **"내 누이, 내 신부야 네가 내 마음을 빼앗았구나 네 눈으로 한 번 보는 것과 네 목의 구슬 한 꿰미로 내 마음을 빼앗았구나"**

♠ 전체 아가서에서 가장 명확한 주님의 마음 계시하는 말씀

"너로 인해 내 심장 박동이 멎었단다!"

"네가 내 마음을 황홀케 하고 사로잡았구나!"

"네가 내 마음을 미칠 듯이 기쁘게 하는구나!"

"네가 내 마음을 기쁨으로 벅차오르게 하는구나!"

오늘 눈을 들어 그분을 바라보십시오! 왜 그렇게 풀이 죽어 있습니까?

주님의 마음을 빼앗는 사람은 재능이 많은 사람들이 아니라, 오히려 부족한 사람들입니다. 차갑고 미미한 우리의 사랑마저도 소중히 여기시며, 실패하고 죄를 지어도 우리의 사랑을 아십니다.

네 눈으로 한 번 보는 것 ... 내 마음을 빼앗았구나 | 신부가 주님에

게 눈길 한번 주었다고 감동하시고 흥분하시는 주님의 열정적인 감정을 살필 수 있습니다. 사람들은 우리의 더러움을 보지만, 오직 주님은 우리 안에 있는 사랑스러움을 보십니다. 신부의 아름다움은 주님에게 아주 특별합니다.

신부를 사랑하시는 마음에 사로잡혀 압도당하고 있는 감정을 표현한 것입니다. '내 신부'라고 주님이 부르십니다. 주님에게 모든 것을 맡긴 신부가 주님의 마음을 빼앗았습니다. 주님께 우리도 모든 것을 맡겨야 합니다.

네 목의 구슬 한 꿰미는 주님 앞에서 한 번 내린 순종의 결단이 주님의 마음을 빼앗는다는 의미입니다. 전체 목걸이가 아닌 한 꿰미. 한 번의 순종을 세시며 기억하십니다(히 6:10; 마 10:42).

내 마음을 빼앗았구나 | 상대방을 즐겁게 하려고 목에 구슬을 걸었습니다. 얼굴은 내 것이나 표정은 내 것이 아닙니다. 마찬가지로 구슬은 내 목에 걸었으나 나는 보지 못하고 상대방이 보게 됩니다. 나 중심이 아니라 다른 사람 중심입니다.

예수님 중심의 삶을 살아가니까 예수님이 말씀하십니다. "네가 내 마음을 빼앗았구나."

10절. "내 누이 내 신부야 네 사랑이 어찌 그리 아름다운지 네 사랑은 포도주보다 진하고 네 기름의 향기는 각양 향품보다 향기롭구나"

가족이 주는 친근감과 편안함을 마음에 담아 '내 누이'라고 부르며 그 다정함을 표현하십니다. 주님은 나를 신부로서만이 아니라 가족으로서 깊은 애정을 간직하고 있습니다. 나를 100% 이해하고 알아주시는 주님이십니다.

네 사랑은 포도주보다 지나고 | 1장 2절의 여인의 포도주 고백에 대비됩니다. 신부의 사랑이 주님께도 가장 기쁘고, 신선하며 어떠한 것보다 승하다고 하십니다.

네 기름의 향기는 각양 향품보다 향기롭구나 | 스스로 우리의 기도생활이 형편없다고 생각할 때도, 주님은 그 내음이 향기롭다고 하십니다. 우리의 중보기도와 보잘것없는 예배가 왕께는 냄새 좋은 향품이라고 하십니다. 사도 바울은 그 향이 구속 받은 자들에게서 나오는 '그리스도의 달콤한 향기'라고 말하였습니다(고후 2:14-16). 이 말은 신약성경에 쓴 편지 내용입니다.

우리에게 무엇인가가 부족하다고 스스로 생각할지라도 하나님은 어떤 향료보다 우리의 기도생활을 기뻐하십니다. 주님께서는 드리는 나의 마음을 향기처럼 받으십니다. 마음을 다 드린 예배는 최고의 예배이며 사랑입니다(마 22:37).

11절. "내 신부야 네 입술에서는 꿀 방울이 떨어지고 네 혀 밑에는 꿀과 젖이 있고 네 의복의 향기는 레바논의 향기 같구나"

여인의 입술에는 꿀과 젖이 흐르고 있습니다. 입술에서 나오는 말이 꿀과 젖이 흐른다는 말입니다. **"네 입술에서는 꿀 방울이 떨어지는"** 칭찬입니다. 입술은 말을 의미하며, 꿀은 입에 달고 마음을 포근하게 하며 몸에 원기를 돋우어 줍니다. 나의 말 한마디가 주님께 꿀과 같이 달고 포근해야 합니다. 주님께 입술을 열어 사랑과 감사를 고백하고 기쁨으로 송축해야 합니다(시 134).

"혀 밑에는 꿀과 젖이 있고"라는 표현은 보이지 않는 곳을 나타냅니다. '혀 밑'은 그녀의 마음과 생각과 말이 일치하는 진실을 말합니다. 순전함을 말합니다. 신부는 이제 사랑스러운 말로 다른 사람들을 구원하고 양육하며 새롭게 합니다.

혀 아래에서 발견되는 꿀과 우유는 하나님을 찬양하는 소리입니다. 하나는 입술의 꿀이고 또 하나는 혀의 꿀이 있습니다. 다 꿀 같은 말을 한다는 말입니다. 아름다운 말, 슬기로운 말, 말다운 말, 꿀 같은 말을 할 때에 주님께서 말씀하십니다.

"네가 내 마음을 빼앗았구나!"

어떻게 말하느냐가 바로 그 사람의 인격입니다. 말이 씨가 됩니다. 우리는 입을 통해 생수의 강을 흘러 보내야 합니다. 만약 우리가 입을 통해 상처와 독, 쓰레기를 흘러낸다면 예수님의 신부가 될 수 없습니다. 꿀 같은 말을 하면 신부에게 신랑 예수님께서는 말씀하십니다.

"네가 내 마음을 빼앗았구나!"

의복과 레바논의 향기는 의로운 행위, 겸손한 섬김의 행위를 말합니다. 라오디게아교회에게 주님은 "흰옷을 사 입으라"고 하셨습니다. 우리가 주님 앞에 설 때에 의복이 없어 벌거벗은 모습일 수가 있습니다(계 3:18). 우리의 섬김, 행위들이 주님께 최고의 향기가 될 수 있고 (빌 4:18) 또한 반대로 악취가 될 수 있습니다(마 23:25-28).

가치가 없어 보이는 작은 행위들도 주님께 하듯 할 때에 주님께서 잊지 않으시고 상을 주신다고 하십니다(막 12:41-44; 마 10:42)

향기는 보이지 않습니다. 들리지 않습니다. 표시가 나지 않습니다. 후각입니다. 냄새를 맡는 이는 즐겁습니다. 신부는 향기를 내야 합니다. 향기 나는 사람을 사람들은 좋아합니다. 그분만 생각하면 훈훈한 향기가 나야 합니다. 그런 신부를 향하여 예수님은 말씀하십니다.

"네가 내 마음을 빼앗았구나!"

우리는 예수 그리스도의 신부입니다. 신부는 신랑의 마음을 사로잡아야 합니다. 신랑이 이런 고백을 하게 만들어야 신부입니다.

"네가 내 마음을 빼앗았구나!"

12**절. "내 누이, 내 신부는 잠근 동산이요 덮은 우물이요 봉한 샘이로구나"**

신부의 마음은 왕이신 예수님의 비밀스런 천국입니다. 왕을 즐겁고 기쁘게 하는 장소인 왕만을 위한 정원은 틀림없이 울타리로 싸여 있을 것입니다. 우리는 창조자의 기쁨만을 위해 오직 그분만이 이용할 수 있는 정원입니다. 이 정원은 경작하는 곳이 아니라, 교제와 친교를 나누는 곳입니다.

우리는 성령으로 봉합되어 예수님의 거룩하고 성스러운 샘이 되었습니다(엡 4:30). 우리의 마음은 그분의 잠근 에덴 동산이어야만 합니다. 오직 주 예수님만 들어오시는 곳입니다. 죄와 세상을 향해서는 잠겨있고, 영광의 왕을 위해서만 예비되어 있는 동산입니다. 그 신부는 잠기고 봉해진 동산입니다. 그분 영광이 그녀 주위를 온통 둘러싸고 있습니다.

신부는 동산과 우물과 샘으로 비유되고 있습니다. 동산은 기쁨의 이미지입니다. 우물과 샘은 생명의 상징입니다. 더구나 사막과 황무지의 땅 이스라엘에서 동산과 우물과 샘은 신선한 이미지 입니다. 그런데 이런 아름다운 동산은 모든 이에게 열려있는 것이 아닙니다. 왕의 동산, 우물과 샘은 모두 폐쇄적인 곳입니다. 우물과 샘은 동산 안에 있습니다. 잠근 동산, 덮은 우물, 봉한 샘으로 표현합니다.

당시 이스라엘에는 동산 안에 샘이나 우물을 가지고 있으면 최고의 가치를 지닌 동산으로 여겼습니다. 우물과 샘을 지닌 동산은 한없이 물을 공급할 수 있기에 항상 푸르름을 유지할 수 있습니다. 물 걱정이 없는 동산입니다. 부족함이 없는 동산입니다.

'잠근 동산'은 오직 솔로몬 왕만을 위한 동산이며, 다른 사람들에게는 문이 잠겨있습니다. 온갖 아름답고 진귀한 것들로 채워진 동산으로 안식, 즐거움, 기쁨을 찾길 원하는 장소이기에 내 마음이 주님의 동산이며 주님은 그분만을 위한 잠근 동산에 오시기를 원하십니다. 이것을 위해서는 철저히 다른 것들을 차단해야 합니다. 우물에 물이 없다면 돌로 메워지게 됩니다. 시골 우물들이 물이 없어 폐쇄되는 것과는 전혀 달리 오직 왕 만을 위하여 샘을 지키는 것입니다. **덮은 우물, 봉한 샘**은 주님 앞에서 나는 덮은 우물과 같아야 합니다. 이 신선한 우물의 물은 왕의 동산을 적십니다. 왕의 동산은 바로 예수님의 신부인 당신입니다.

13절. "네게서 나는 것은 석류나무와 각종 아름다운 과수와 고벨화와 나도풀과"

그녀의 머리는 경건한 생각의 천국인 석류 과수원이 되었습니다. 교회는 맛 좋은 과일과 각종 수목과 향품들로 가득한 과수원과 같습니다. 우리는 각기 다른 은사와 예배의 표현을 사용하여 그분께 기쁨이 됩니다.

'각종 아름다운 과수'는 다른 사람에게 미치는 영향력, 삶, 성품(요 15:8)을 의미하며, 성령의 열매(갈 5:22-23), 의의 열매(사 32:17; 고후 9:10; 빌 1:11; 약 3:18), 빛의 열매(엡 5:9)를 말합니다.

석류나무는 달고 아름다움의 의미이며 주님께 기쁨의 사역을 드립니다. 석류는 껍질을 벗겨 먹어야만 달콤한 과일이듯이, 하나님께 자신을 깨뜨려 열 때, 우리의 섬김이 그분과 다른 사람들에게 달콤함을 줍니다.

고벨화와 나도풀은 보혈로 덮혀진 값진 주님의 역사, 엄청나게 값비싼 예배입니다. 고벨화는 붉은 염색제로 사용되는 액체를 분비하는 잎이 달린 나무에서 피어납니다. 본래 고벨화의 어근은 '용서하다'라는 뜻입니다. 그것은 십자가에 흘린 피, 즉 그리스도의 향기 속으로 신부를 데려온 하나님의 값비싼 역사하심을 말합니다. 그녀는 주님을 고벨화 송이로 묘사(아 1:14) 했지만, 이제 그분은 똑 같은 용어를 사용해서 그녀의 내면생활을 묘사하십니다.

14절. **"나도와 번홍화와 창포와 계수와 각종 유향목과 몰약과 침향과 모든 귀한 향품이요"**

나도는 굉장히 값비싼 향품으로 마리아가 예수님의 발에 쏟아 부었던 감송향이며(요 12:3) 값진 예배의 삶입니다. 햇빛이 강하고 청정한 히말라야 고지에서 자라나는 식물의 줄기를 말려서 추출해 내는 기름으로써, 나도의 히브리 어원은 '빛'입니다. 진정한 빛이신 예수 그리스도 안에는 어둠이 없습니다(요일 1:5). 우리의 예배는 우리 왕의 코에 감미로운 향수입니다.

번홍화는 쉽게 구할 수 없는 아주 비싼 향료입니다. 붓꽃과의 다년초 식물로 사프란이라 불리는데 아주 금보다 귀하게 취급되었습니다. 그 향이 특별한 만큼 사랑스런 여인의 체취를 묘사하고 있습니다. 사랑하는 여인이 걸을 때마다 은은한 향이 나오고, 꽃잎처럼 그 자태를 더욱 아름답게 해줍니다. 이 꽃으로 30g의 향료를 얻으려면 약 4,300개의 꽃을 채취해야 합니다. 주루 인도에서 구할 수 있습니다.

창포는 의로움을 상징하며, 대나무같이 속이 비워있는 나무입니다, 멀리에서도 냄새를 맡을 수 있을 정도로 강한 향을 냈습니다. 극상품의 향료가 바로 창포입니다. 향기로운 기름을 만들어내는 '단 창포'라고 알려진 습지식물에서 추출됩니다. 히브리말은 '꼿꼿하다' 또는 강직하다"는 뜻이 있습니다.

계수는 주님께 드리는 거룩함의 향기를 대표하는 향기를 발산(계피)합니다. 이 계수는 제사장과 장막의 거룩한 관유로 사용됩니다(소명 받은 자들을 따로 구별할 때 사용합니다). 각종 유향목은 모든 기도(감사, 찬양, 회개, 간구, 도고, 묵상)을 상징합니다. 죽음, 자기부인을 의미하는 몰약은 십자가에 달린 예수님께 값비싼 희생을 드린 그 여인을 생각나게 하는 고난의 향품입니다. 몰약 향신료는 가시나무 껍질에 뚫은 구멍에서 흘러나옵니다.

침향은 치유, 친밀함을 상징하며, 치유하는 진통제 약재의 하나로 알려져 있습니다. 침향은 인도에서 자라나는 향나무입니다. 침향나무를 땅 속에 묻습니다. 그리고 썩힙니다. 상처에서 흘러나오는 액을 받습니다. 침향이 옷이나 책에 묻으면 절대로 닦이지 않을 정도로 진한 향을 내뿜고 있습니다. 현재 세계에서 제일 비싼 향수로 알려져 있습니다. 30g에 60만 원 정도입니다. 왕의 결혼식에 사용됩니다.

동의보감에서 기록된 침향은 달인 물로 결핵균을 완전히 억제시키고 남자와 여자들에게 매우 유익한 약재이며, 호흡기 질환과 천식, 위장에도 처방된다고 기록되어 있습니다. 예수님의 신부인 그녀 안에 계시는 주님의 임재는 이제 그녀가 어루만지는 사람들에게 치유하는 진통제로 풀어집니다. 신랑을 사랑함이 마음의 상처를 치유합니다(롬 8:28).

모든 귀한 향품은 내면에서 흘러나오는 아름다운 것들을 말하며, 특히 귀한 향품은 향기 나는 삼나무나 유향나무를 말합니다. 예수님의 향기를 흘러 보내기 전에 신부가 먼저 깨어져야 하는 것처럼, 이 나무들이 향기를 발하려면 먼저 베어져야 합니다.

15절. “너는 동산의 샘이요 생수의 우물이요 레바논에서부터 흐르는 시내로구나”

그녀는 그분의 에덴 동산이요, 그분의 성소이며, 그곳에서부터 생명의 강이 흘러나옵니다(참조/ 겔 47:12).

“생수의 강이 흘러나오리라” – 요 7:38

우물은 물이 필요한 사람이 길어 올릴 수 있도록 항상 물이 고여 있습니다. 좋은 우물은 마르지 않고 아무리 길어도 항상 깨끗한 물이 다시 솟아납니다.

동산의 샘은 대개 감추어져 있으며, 내주하시는 성령님의 역사를 의미합니다. 생수의 우물은 깊고 풍성한 성령님과의 과거의 동행한 역사, 경험이며, 우물은 생명의 근원이자 기근과 가뭄을 대비한 것입니다. **레바논에서부터 흐르는 시내**는 위에서 부으시는 강력한 성령의 흐름의 역사를 말합니다.

16절. “북풍아 일어나라 남풍아 오라 나의 동산에 불어서 향기를 날리라 나의 사랑하는 자가 그 동산에 들어가서 그 아름다운 열매 먹기를 원하노라”

신부는 자연에서 외치고 있습니다. 북풍과 남풍이 불어와서 동산의 가득한 향기를 신랑에게 맡게 하여 달라고 요청하고 있습니다. 이것은 그녀의 마음으로부터 우러나오는 엄청난 외침입니다. 천국의 생기로 하여금 그녀의 정원을 휘젓고 마음의 향기를 풀어내달라고 요청하고 있는 것입니다. 스스로를 돌아보지 아니한 채 그녀는 자신의 삶을 휘저을 바람이 불 것을 소망합니다.

그녀의 갈망은 하나님의 사랑으로 충만한, 몹시 충만해서 다른 사람들까지도 그분의 향기를 맡을 수 있게 하는 삶을 사는 것입니다. 베다니의 마리아가 옥합을 깨트려 그 향기가 온 집안에 퍼지게 한 일이 북풍이었습니다. 회개와 깨어짐 속에 능력과 성령님의 기름 부으시는 겸손한 마음을 갖는 것이 그분의 향기를 퍼트리는 것입니다. 내재된 교만과 분노와 두려움은 차갑고 살을 에는 듯한 바람처럼 나타날 수 있습니다. 그러나 주님의 필터를 통과하면 그분 동산의 향기를 전하는 바람이 될 것입니다. 마리아처럼 옛 습관을 떨치고 주님을 드러내게 될 것입니다.

"네, 주님, 나를 당신과 같이 만드는 것이라면 무엇이든지요! 나의 동산에 바람이 불게 해주세요! 나의 섬김의 바람이 불게 해주세요! 당신 안에 거하는 나의 삶에 바람이 불게 해주세요! 내 안에 주님의 생명을 가져오는 일을 다 이루세요!"

북풍아 일어나라 남풍아 오라 | 이제 모든 시련을 극복할 수 있는 신부로 준비되었습니다. 고난과 역경을 통해서 숨은 것들, 감추어진 것들이 드러납니다(감지 안 되는 교만, 분노, 두려움). 기분을 상쾌하게 해주는 축복과 은혜의 남풍의 바람도 초대하는 신부의 담대함을 보세요.

나의 동산에… 향기를 날리라 | 신부의 여정 가운데 계절에 따라 북풍과 남풍이 불어 더욱 생명력 있는 믿음과 향기로운 헌신이 흘러나옵니다. 주님은 언제 바람을 보낼지 알고 계십니다.

그 동산에… 열매 먹기를 원하노라 | 신부는 나의 동산(마음, 삶)이 이제 주님의 것이라고 고백합니다. 아가서의 전환점이 일어납니다. 그녀의 삶 전체가 미성숙한 자세(주님으로부터 내가 무엇을 얻어낼까?)에서 "이제는 그분에게 무엇을 드릴까?"로 초점이 옮겨졌습니다.

이것이 신부의 영성의 핵심입니다.

"나는 당신의 것입니다. 나의 마음, 삶, 사역 모든 것이 당신을 위해 존재합니다."

신부는 자신이 주님의 영광의 풍성한 기업임을 깨닫습니다(엡 1:18).

우리가 주님께 얼마나 기쁨이며 즐거움이 되는지를 깨닫게 될 때 주의를 의식하지 않고 오직 믿음의 주요 온전케 하시는 예수님만을 바라보며, 우리는 더 풍성한 열매 맺는 삶과 사역을 올려드립니다.

"내 누이, 내 신부야
네가 내 마음을 빼앗았구나
네 눈으로 한 번 보는 것과
네 목의 구슬 한 꿰미로
내 마음을 빼앗았구나
내 누이, 내 신부야
네 사랑이 어찌 그리 아름다운지
네 사랑은 포도주보다 진하고
네 기름의 향기는 각양 향품보다 향기롭구나"

(아 4:9-10)

CHAPTER 05

믿음의 시험과 위대한 사랑의 고백

1절. **"내 누이, 내 신부야 내가 내 동산에 들어와서 나의 몰약과 향재료를 거두고 나의 꿀송이와 꿀을 먹고 내 포도주와 내 우유를 마셨으니 나의 친구들아 먹으라 나의 사랑하는 사람들아 많이 마시라"**

5장 3-7절의 두 가지 시험이 다가오는 차가운 북풍을 위해 담대하게 기도하던 신부(아 4:16)입니다. 이제는 그녀 마음의 정원을 그분의 정원으로 바뀌는 시간입니다. 예수님은 그분의 백성 가운데서 기업을 가지고 계십니다(엡 1:18). 이것은 아가서의 전환점입니다.

1-4장에서는 그녀의 관심은 자신의 기업이었으나, 5-8장의 초점은 그분의 기업이 됩니다. 예수님은 그분의 소유권 아래서 살아가는 그녀 안에서 기업이 되십니다.

예수님은 일곱 번씩이나 "나의"라고 말씀하셨으며, 그녀는 정말 그분의 것이 되었습니다.

예수님은 자신의 정원에 오셔서 즐기십니다. 이는 그녀가 예수님과 가까이 있는 멋진 시간입니다. 그녀는 변화되었고, 주님의 연인이라는 정체성을 분명하게 간직하고 있습니다.

들어와서... 먹고... 마셨으니(아 4:16) | 초청에 대한 주님의 응답입니다. 주님은 우리가 내어드린 만큼 받으십니다. 많고 적음을 따지지 않습니다. 우리의 열린 마음이 중요합니다. 절대 우리의 자유의지를 침범하지 않습니다. 신부에게 기업 물리시기를 즐기십니다. 이제 그분의 동산은 물론 몰약과 향 재료, 꿀송이 그리고 포도주와 우유를 주님은 내어주십니다.

나의 몰약과 향 재료는 신부가 지겠다고 결단한 십자가(몰약, 갈 2:20 내가 그리스도와 함께 십자가에 못 박혔나니)입니다. 십자가를 품을 때 나오는 생명의 향기(고후 2:16 저 사람에게는 생명으로부터 생명에 이르는 냄새라)입니다. 그분과 동행하면서 하나님의 은혜를 경험했기 때문에 주님을 위해 자신을 희생할 수 있습니다.

포도주는 기쁨의 잔치(찬양, 예배)입니다. 우리의 사랑이 충만하고 주님 은혜 안에 거할 때 주님은 음식과 질 좋은 포도주를 진설하실 것입니다.

꿀 송이와 꿀 같은 아름다운 언어, 달콤한 사랑의 고백은 주님께 부드럽고 감미로운 제사와도 같습니다. 에스더가 원수의 목전에서 왕께 잔칫상을 베풀었습니다(에 5:4 오늘 내가 왕을 위하여 잔치를 베풀었사오니). 이것은 신부의 영성에서 높은 단계의 성숙함을 보여줍니다. 이는 영적 전쟁의 치명적인 전략입니다.

하박국 선지자의 위대한 신앙 고백(합 3:17-18 비록 무화과나무가 무성하지 못하며 포도나무에 열매가 없으며 감람나무에 소출이 없으며 밭에 먹을 것이 없으며 우리에 양이 없으며 외양간에 소가 없을지라도 나는 여호와로 말미암아 즐거워하며 나의 구원의 하나님으로 말미암아 기뻐하리로다)이 새로운 차원의 회복을 풀어놓을 것입니다. 포도주는 주님과의 관계는 물론 성도의 교제를 깊게 해주고, 우유는 원기를 돋구어줍니다. 이것이 교회 안에서 이루어지는 연합과 교제입니다. 양육은 젖처럼 양분을 공급하는 절대 요소입니다.

먹으라... 많이 마시라 | 주님께서 친구들을 초대하십니다. 내 안에서 흘러나오는 풍성한 열매를 주님께서 여러 사람에게 나누어 주셔서 그들을 풍성하게 하시길 원하십니다. 신부는 사람들을 접대하는 잔칫상이 되었습니다. 이것이 바로 사역의 본질입니다.

신부는 이제 주님께 기업을 드리며, 자신이 주님께 기쁨이라는 렌즈를 갖게 됩니다. 그녀는 자신의 내면생활에 소홀하고, 자신에게 상처 입힌 자들에게 분노하고, 이기심으로 소진된 자였으나, 마침내 먹을 것과 마실 것을 열방에게 나누어 줄 수 있는 성숙한 신부가 되었습니다.

2절. **"내가 잘지라도 마음은 깨었는데 나의 사랑하는 자의 소리가 들리는구나 문을 두드려 이르기를 나의 누이, 나의 사랑, 나의 비둘기, 나의 완전한 자야 문을 열어 다오 내 머리에는 이슬이, 내 머리털에는 밤이슬이 가득하였다 하는구나"**

신부된 그녀는 두 가지 큰 시험을 순종가운데서 반응합니다. **첫째, 예수님은 그분의 임재를 가져가심으로 시험하십니다(5:6). 둘째, 그분은 그녀를 심하게 잘못 다루는 영적 권위자를 허용하십니다(7절). 그러나 그녀는 사랑으로 반응합니다(8절).**

예수님께서는 자신을 겟세마네 동산에서 고난당하시는 자로 계시하십니다. 그분은 우리를 부르셔서 고난의 교제로 그분과 연합하게 하십니다.

주 예수님은 자신이 누구인지 새로운 계시를 주시려고 다양한 모습으로 우리에게 오시기를 좋아하십니다. 이번에는 그분이 달콤한 구세주나 산을 뛰어 넘는 왕자로 오시지 않고 슬픔의 사람으로 오십니다.

이제 새로운 계절이 찾아왔습니다. 시험의 계절이, 그녀의 왕의 사랑은 많은 것을 취했습니다. 그녀는 성장했고 변화되었지만 그러나 아직도 그녀가 예수님에 대해서 알아야만 할 것들이 많이 있습니다. 확증하시는 그분의 놀랄만한 선언의 말씀을 듣고 북풍을 외쳐 부른 후에 그녀는 잠에 듭니다. 자기 방에서 그분이 홀로 다가오시는 꿈을 꿉니다.

예수님은 겟세마네 동산에서 그 길고 외로운 밤을 지내시며 십자가의 잔을 받으셨습니다. 예수님은 슬픔의 사람으로 겟세마네 동산에서 신부에게 다가 오시며(아 2장), 그녀를 초청하여 자신의 고난을 나누자고 하십니다(빌 3:10). 예수님은 신부에게 "겟세마네 동산의 사람이 그녀에게 다가갈 수 있도록 문을 열라"라고 요청하십니다. 신부를 친밀함 가운데로 부르시는 예수님께서는 그녀의 삶의 목적이 되시기를 원하시며, 그녀의 성공과 행복을 위해 사용되는 발판이 되기를 원하지 않으십니다.

신부는 순종으로 응답하여, 그녀의 더러운 옷을 벗고 그녀의 발을 씻었습니다(아 5:3). 그녀는 예수님께 순종하기를 두려워하지 않습니다. 그래서 고난의 괴로운 북풍을 요청하였습니다. 그녀는 주님을 사랑하며, 그 사랑으로 인한 열정 어린 마음으로 즉시 일어납니다. 그녀의 마음의 문빗장에 몰약의 즙이 흐르는데, 이는 그녀가 전심으로 예수님을 따르며 죽음까지 받아들이게 될 것을 의미합니다.

잘지라도 | 그녀는 주님 안에서의 안식과 평안함을 누립니다. 육신의 수고가 끝났다는 믿음과 확신의 휴식을 뜻합니다. 그녀는 몰약의 산에 오르겠다고 헌신하였습니다.

마음은 깨었는데 | 신부는 잠을 자면서도 영이 깨어 있을 수 있습니다. 순종이 그녀를 깨어 있게 하고, 말씀 속에서 예언적인 계시들을 받을 수 있게 합니다(꿈, 환상). 우리는 영적으로 깨어 있어야 합니다.

"우리는 다른 이들과 같이 자지 말고 오직 깨어 정신을 차릴지라"

– 살전 5:6

"자다가 깰 때가 벌써 되었으니" – 롬 13:11

"잠자는 자여 깨어서 죽은 자들 가운데서 일어나라" – 엡 5:14

나의 사랑하는 자의 소리가 들리는구나 문을 두드려 이르기를 | 예수님은 라오디게아교회의 문을 두드리시는 천국의 신랑이십니다. 이제 신부는 신랑의 음성에 민감합니다. 그는 영의 새로운 문으로 그녀를 데리고 들어가기를 열망하십니다.

그분은 애정을 듬뿍 담은 네 가지 이름으로 그녀를 부르십니다.

나의 누이– 같은 인성

나의 사랑– 은혜로운 동기

나의 비둘기- 마음과 충성에서 유일한 시선

나의 완전한 자-성숙한 순종을 드림

예수님께서는 친밀한 관계의 다른 면들을 나타내시고 그분의 사랑 안에서 확신 주시는 4가지 이름으로 그녀를 부르심으로 그녀가 그분께 자신을 열도록 하십니다.

그분이 하시는 격려의 말이 그녀를 씻기고… 그녀가 부딪히게 될 인생의 가장 큰 도전에 대비시켜 주십니다… 그녀가 북풍을 외쳐 부릅니다. 그녀는 기꺼이 십자가를 품어 안으려 합니다. 이제 마지막 시험이 닥칩니다. 신부는 주의 임재를 느끼며, 주님의 음성을 분별합니다.

내 머리에는 이슬이, 내 머리털에는 밤이슬이 가득하였다 | 고통 당하신 종의 모습. 밖에서 밤새 머물러야만 했던 주님의 모습을 생각나게 합니다. "인자는 머리 둘 곳이 없다." 그분은 영혼의 어두운 밤을 견디시고 이제 그분의 고난의 동지로서 동참하라고 그녀를 초청하십니다.

> "내가 그리스도와 그 부활의 권능과 그 고난에 참여함을 알고자 하여 그의 죽으심을 본받아" – 빌 3:10

겟세마네 동산으로 주님은 신부를 초대하십니다. 받으실 수치와 고독을 함께 나누자고 그녀를 부르십니다. 주님의 처절한 모습을 볼 때에 과연 어떤 마음을 가질까요? 환란 가운데 더 깊은 교제와 때에 따라 주님이 나를 고난의 자리로 부르시는 것은 더 깊은 교제와 마음을 나누기 원하시기 때문입니다.

주님의 마음 가운데 있는 고통이 무엇일까요? 우리는 잔칫상이신 예수님을 원합니다. 산을 뛰어 넘으시는 예수님을 원합니다. 하지만 우리가 겟세마네 동산의 예수님을 품어 안을 수 있을까요? 우리가 한 시간이라도 그분과 함께 깨어있어 기도할 수 있을까요? 이는 북풍을 초대한 신부의 기도에 대한 응답이기도 합니다(아 4:16).

3절. "내가 옷을 벗었으니 어찌 다시 입겠으며 내가 발을 씻었으니 어찌 다시 더럽히랴마는"

영어성경(NIV)에서는 마치 그녀가 침대에서 나오기를 거절하고 타협하는 것으로 번역되었으나, 올바른 뜻은 이제 그녀가 순종하면서 예수님과 교제하고 있다는 것이 분명합니다. 그녀가 평안히 잠자고 있는 동안 그분은 온 밤을 기도하며 비통해하며 애쓰셨습니다.

그분은 그녀의 영적 안이함을 깨우려고 오셨습니다. 그녀는 십자가의 더 깊은 차원을 그녀가 배우려면 예수님이 아무런 설명 없이 물러나셨던 '영혼의 어두운 밤'을 견뎌야만 합니다.

'내가 옷을 벗었으니'는 부정적인 의미가 아니라, 자기의 의와 생각, 자기의 삶과 방식을 다 내려놓았다는 표현입니다. 더럽혀진 옛 옷, 옛 삶을 벗고 주님이 주시는 십자가가 드러나는 새 옷을 입어야 합니다.

> "오직 주 예수 그리스도로 옷 입고 정욕을 위하여 육신의 일을 도모하지 말라" – 롬 13:14

내가 발을 씻었으니 | 이미 회개하고 순종을 결단했으니, 다시 옛날로 돌아가지 않겠다는 의미입니다. 주님은 베드로에게 발을 씻을 필요가 있다고 하셨습니다(요 13:6-14).

4절. "내 사랑하는 자가 문틈으로 손을 들이밀매 내 마음이 움직여서"

"그분이 말할 때 나의 영혼이 녹아내리는구나."(최초의 라틴어 번역본 불가타 성서)

그녀의 마음은 왕을 향해 열린 영원한 문입니다.

"문들아 너희 머리를 들지어다 영원한 문들아 들릴지어다 영광의 왕이 들어가시리로다" — 시 24:7

그분의 단 한 번의 만지심으로 우리 마음은 정말 사실 그대로의 그분을 알려는 갈망으로 녹아내립니다.

문틈으로 손을 들이밀매 | 예수님께서는 그녀가 마음을 열도록 도와주십니다. 주님께서 은혜의 손을 마음의 문에 들이미십니다. 마치 안디옥교회에 들이미신 손(행 11:21)처럼, 하나님의 손이 마음의 문틈과 문빗장에 부어집니다. 내 힘으로 주님을 사랑할 수 없고, 성령께서 마음을 부어 주실 때만 가능합니다.

5절. "일어나 내 사랑하는 자를 위하여 문을 열 때 몰약이 내 손에서, 몰약의 즙이 내 손가락에서 문빗장에 떨어지는구나"

신부는 순종가운데 일어나 그녀의 마음을 예수님께 엽니다. 그분께 문을 열어 드리려고 그녀는 완전히 복종하여 자리에서 일어납니다. 북풍에 "예"라고 대답했듯이, 그녀는 겟세마네 동산의 예수님께 "예"라고 대답합니다. 그러나 그분은 떠나셨습니다. 문을 열려고 내뻗은 손은 주님을 추구하려는 그녀의 의지를 보여줍니다. 문빗장에 떨어진 몰약은 그분께 연결될 수 있는 전화 카드입니다. 그분이 당하신 '고난의 기름부음'입니다.

일어나... 문을 열 때 | 신부는 온전히 순종하는 모습을 보입니다. 주님을 향한 사랑하는 마음으로 겟세마네까지 갈 준비를 합니다. 순종의 동기는 오직 사랑이며, 의무나 두려움 등 다른 동기가 아닙니다.

몰약이 내 손에서 | 손으로 하는 섬김과 사역에 십자가를 품겠다는 표현입니다. 그녀의 구세주가 고난으로 영향 받은 그녀의 내면생활을 말합니다. 몰약은 장례에 쓰이는 향료입니다. 자아의 죽음과 십자가를 받아들이는 헌신을 의미합니다. 몰약이 그녀의 손과 손가락으로부터 마음의 문틈으로 액체와 같이 떨어집니다. 두 가지의 큰 시험의 어려움을 받아들이도록 도우시는 풍성한 은혜를 의미합니다.

몰약의 즙이 내 손가락에서 문빗장에 떨어지는구나 | 몰약즙과 같은 것은 실제로 존재하지 않습니다. 몰약이 떨어지는 손가락은 산에 오르는 헌신을 드리는 가운데 살아 역사하는 믿음을 뜻합니다(4:6). 자신의 마음이 주님께 활짝 열려 있으므로 사랑으로 모든 고난과 십자가를 질 수 있다는 표현입니다. 몰약의 즙은 실제로는 없지만 풍성하게 흘러감을 나타냅니다. 문빗장은 안에서만 열 수 있습니다. 내가 열 때까지 기다리시는 주님의 온유함과 겸손함을 묵상할 때 얼마나 많은 마음의 방문을 열어 드려야 하는지요?

6절. "내가 내 사랑하는 자를 위하여 문을 열었으나 그는 벌써 물러갔네 그가 말할 때에 내 혼이 나갔구나 내가 그를 찾아도 못 만났고 불러도 응답이 없었노라"

5장 6–7절은 북풍에 대한 기도의 응답입니다. 우리는 어려움 가운데서도 사랑 안에 자랄 수 있도록 우리의 마음을 재조정하는 방법으로 **믿음의 근육**을 사용해야 합니다.

첫 번째 시험 : 예수님은 그분의 쉐키나 임재를 거둬 가십니다.

그러나 주님은 우리를 버리시거나 떠나시지 않으십니다(히 13:5). 임재를 거두시는 것은 죄와 사탄의 공격 때문이 아닙니다. 하나님은 때때로 순종하는 자들의 마음이 더욱 그분을 갈망하도록 그분의 얼굴을 감추시기도 합니다.

인생에 곤고함이 찾아올 때마다 사탄을 싸잡아 비난할 필요도 없습니다. 그렇다고 그것이 하나님이 노하셨다는 표시도 아닙니다. 험난한 풍상을 겪은 나무가 더 깊게 뿌리를 내리고 있는 것처럼 북풍의 모진 바람이 그녀에게 부는 것은 주님께 깊게 뿌리를 내릴 수 있도록 그냥 그렇게 내버려 두신 것입니다.

내 사랑하는 자를 위하여 문을 열었으나 그가 벌써 물러갔네 | 그녀

는 주님의 초대에 깊은 헌신으로 응답했지만, 그 결과는 나의 예상과 다를 수 있습니다. 내가 알았던 주님의 모습과는 너무나 다른 주님의 모습입니다. 나의 헌신에도 불구하고 주님께서 임재를 거두실 때, 나는 당황하고 혼돈될 수밖에 없습니다.

신부는 전심으로 찾고 찾았지만 그분을 찾지 못하였습니다. 아무리 불러보았지만 그분의 대답이 없습니다. 신앙생활을 하다 보면 이런 답답한 때가 가끔 있습니다. 주님께서는 우리가 불러도 침묵하시고 찾아도 찾을 수 없도록 숨어 계실 때가 있습니다. 그때는 우리가 보지 못하고 느끼지 못하지만 그분이 우리를 왼팔로 고이실 때입니다.

그가 말할 때에 내 혼이 나갔구나 내가 그를 찾아도 못 만났고 불러도 응답이 없었노라 | 즉시 그녀는 외로움과 거절의 잔을 마시기 시작합니다. 이것은 마귀의 공격이 아니고, 하나님의 주권적인 목적이 그녀의 삶 속에 이루어진 것입니다. 이 '영혼의 어두운 밤' 동안에 우리 마음속 깊은 곳에 무엇이 있는 지와 우리의 참 동기를 알 수 있습니다. 그분은 모습을 감춤으로써 우리를 단련시키실 것입니다. 주님의 임재의 느낌이 거두어질 때 예배가 힘든 싸움으로 변하면서 우리는 기쁨을 잃어버립니다. 이 순간들은 혹독한 시험이 되지만 영원히 남을 열매를 맺게 하십니다.

임재를 거두시는 것은 죄로 인한 주님의 징계(3장)가 아닌 더욱 성숙한 사랑을 위한 주님의 훈련입니다. 주님의 최고의 갈망은 성숙한 신부를 얻는 것입니다.

주님께서 사랑하는 자에게 순종하는 자에게 숨으시고, 침묵하신다는 것은 우리에게 고난과 역경을 통하여 더욱 정금과 같은 믿음을 가져야 한다는 사실을 가르쳐 줍니다. 이러한 믿음의 시험이 올 때 마음에 숨겨진 모든 것들이 드러납니다.

7절. "성 안을 순찰하는 자들이 나를 만나매 나를 쳐서 상하게 하였고 성벽을 파수하는 자들이 나의 겉옷을 벗겨 가졌도다"

두 번째 시험 : 신부는 상하고 거절당합니다.

그녀가 외치면서 거리를 달릴 때, 동네 사람들이 다 깹니다. 사람들은 노하여 그녀에게 언성을 높입니다. 그러자 성을 순찰하는 사람들이 조사하러 옵니다. 그러나 순찰원들은 넋을 잃은 그 여인을 핍박하고 거절합니다. 이 질투와 두려운 마음을 품은 사울과 같은 순찰원들은 그녀를 해칩니다. 반면 아가서 3장 3절의 다윗과 같은 선한 순찰원들도 있습니다.

성 안을 순찰하는 자들이 나를 만나매 | 그들은 그리스도 몸 안에서 다스리는 사역자들, 영적 권위의 지도자들입니다. 그들은 백성들을

보호하고 돌보는 책임이 있습니다. 그리고 신부와 이미 알고 있는 관계입니다.

나를 쳐서 상하게 하였고 | 심한 상처를 받습니다(영적, 심리적, 언어적인 학대). 보호받아야 할 영적 권위에 있는 자들에게, 신뢰하는 자들에게 상처와 해를 입을 때 영적으로 치명적인 손상을 입으며, 주님의 말씀에 순종했음에도 이러한 핍박을 당합니다.

질투하는 순찰원이 그녀를 찾아내 때리고 멍들게 합니다. 고소하고 비난함으로써 상처를 입힙니다. 그들이 그녀를 대적하여 일어나서 그녀의 외투(사역의 옷)를 빼앗고 그녀를 잔인하게 구타합니다. 예수님조차도 친구들의 집에서 상처를 받으셨습니다(시 55:12-21).

질투하는 순찰원들이 그녀를 거절하고 치기 전에는 그녀와 좋은 관계를 맺고 있었기 때문에 그녀가 상할 수 있습니다. 낯선 사람이 당신을 고소할 수는 있지만, 오직 친구만이 당신을 상하게 할 수 있습니다.

겉옷은 주님께서 우리에게 사역, 은사, 기름부음, 보호 등의 옷을 적절하게 입혀 주십니다. 하나님은 아담과 하와에게 처음 옷을 입혀 주셨습니다. **겉옷**은 정체성을 의미합니다.

벗겨 가졌도다 | 그리스도의 몸 안에서(일시적으로) 사역지를 빼앗기고 겉옷을 벗긴 채 쫓겨났습니다. 주님과의 친밀감을 잃어버린 상태에

서 상처받고 사역까지 빼앗긴 신부의 처절함(시 1:4)은 신부의 기도와 비전(친밀함, 사역)이 다 사라진 것 같게 느껴집니다.

주님께서는 사도로서 부르심을 받은 사람들에게 이런 연단을 허락하십니다(행 4:9–13). 새 시대에 주님은 사도들을 불러 일으켜서 새로운 사도적 교회를 세우고 이끌어 가십니다. 그녀가 북풍을 외쳐 불렀더니 온전한 믿음을 갖게 하려고 이제 북풍이 불어온 것입니다. 그분은 그녀가 파악하지 못한 취약한 영역들이 있음을 마음속에 알려주는 북풍이 불기를 바라는 그녀의 기도에 응답하신 것입니다.

8절. "예루살렘 딸들아 너희에게 내가 부탁한다 너희가 내 사랑하는 자를 만나거든 내가 사랑하므로 병이 났다고 하려무나"

그녀는 두 가지 시험을 허락하신 예수님께 화내는 대신에 오히려 그분을 향한 상사병에 걸립니다. 무슨 일이 있어도 그녀는 그분을 사랑합니다. 포기하지 않고 예루살렘 여자들을 찾아가는 신부의 집요함과 겸손함을 보십시오. 믿음이 연약하고 주님과의 친밀감이 없는 사람들(예루살렘 여자들)에게 까지 찾아 갑니다. 그녀는 당한 일로 인해 그분께 화를 품지 않습니다. 상사병에 걸렸다고 합니다.

예루살렘 여자들은 평소에 신부가 양육하고 사역했던 공동체입니다. 마지막 시대가 가까울수록 더욱더 몸 안으로 들어가야 합니다. 영적 공동체로 들어가지 않으면, 나 혼자서는 위기를 극복할 수 없습니다. 주님의 이름으로 모인 곳에서 서로 기도하고, 무이기를 힘쓰는 것이 바로 영적 공동체입니다.

우리는 도와줄 줄도 알고 도움을 받을 줄도 알아야 합니다. 대접할 줄도 알아야 하고 대접 받을 줄도 알아야 합니다. 가기도 하고 오기도 하여야 합니다. 부르기도 하고 부름을 받을 줄도 알아야 합니다. 같이 울 수도, 같이 웃을 수도 있어야 합니다.

우리들은 가끔 방송을 통해 〈동물의 왕국〉을 재미있게 봅니다. 사슴들이 한가하게 넓은 들판에서 풀을 뜯고 있습니다. 공격력이 전혀 없는 동물입니다. 당하기만 하지 공격할 줄 모르는 순진한 동물이 바로 사슴입니다. 그런데 사슴들이 떼를 지어 있을 때에는 아무리 사나운 맹수라도 공격하지 못합니다. 그러나 맹수가 공격 목표를 삼는 사슴이 있습니다. 혼자 떨어져 풀을 뜯는 사슴입니다. 영락없이 그 사슴은 공격의 대상이 되어 맹수의 먹이가 되어 버리고 맙니다.

우리들의 믿음의 공동체생활도 이와 같습니다. 술람미 여인은 그 믿음의 공동체 교회 속으로 들어가 겸손하게 도움을 요청합니다.

예수님이 이 땅에 오셔서 많은 사람들을 만나셨습니다. 그중 몇 사람은 예수님의 눈에 들어왔습니다. 그분의 시선을 끌게 한 인물들이 그 이름과 함께 성경에 기록되었습니다. 가버나움에 들어가셨을 때 자기 하인을 고쳐달라고 왔던 백부장을 보고 이런 큰 믿음을 본 적이 없다고 말씀하셨습니다.

예수님은 여리고에서 세리장이었던 삭개오가 뽕나무(돌감람나무)에 올라가는 마음을 특별히 보셨습니다. 마리아가 옥합을 깨뜨려 그분 발에 부었을 때 온 천하에 이 소식이 전달될 것이라 말씀하셨습니다. 벳새다 들녘에서 어린아이를 보신 예수님은 오병이어의 기적을 베푸셨습니다. 예수님이 여리고를 지나실 때 소리 질렀던 소경 바디메오도 주님이 보셨습니다.

내가 사랑하므로 병이 났다고 | 신부는 자기가 신랑께 상사병(love sick)에 걸렸다고 전해달라고 요청하고 있습니다. 이 고백은 신랑에게 큰 감동을 주게 됩니다.

신부는 주님의 임재가 거두어졌음에도 실망하지 않았습니다. 사랑으로 더욱 갈망하며 고통을 느끼는 상태입니다. 마지막 때에 상사병에 걸린 신부들이 일어나 신랑을 향한 사랑을 위하여 어떠한 일도 두려움 없이 감당할 것입니다.

9절. "여자들 가운데에 어여쁜 자야 너의 사랑하는 자가 남의 사랑하는 자보다 나은 것이 무엇인가 너의 사랑하는 자가 남의 사랑하는 자보다 나은 것이 무엇이기에 이같이 우리에게 부탁하는가"

술람미 여인은 최후의 시험을 통과했습니다. 예루살렘 여인들은 그녀가 어려운 환경 속에서도 불평하거나 좌절하지 않고 예수님께 상사병 걸려있는 것을 보고 있습니다. 예수님을 향한 그녀의 깊은 사랑은 그녀의 지혜나 은사보다도 더욱 그들을 궁금하게 만듭니다(벧전 3:3-4). 영적 성숙의 정의는 예수님이 우리 영혼의 최고의 사랑이 되시는 때입니다. 삶의 폭풍 가운데 지날 때에도 우리는 하늘의 평강과 안정감을 가집니다.

그 여인들은 술람미 여인을 "여자들 가운데 어여쁜 자"라고 부릅니다. 그리고 묻기를 **너의 사랑하는 자가 남의 사랑하는 자보다 나은 것이 무엇인가?**라고 질문 합니다. 주님을 깊이 경험하지 못한 사람들이 주님께서 하신 일(Doing)에 초점을 맞춥니다. 주님께서 아무것도 하시지 않을 때에도 당신은 주님을 사랑할 수 있습니까?

이제 교회 안과 밖에서 "예수님은 누구신가?"라는 질문이 가장 뜨거운 감자처럼 논쟁의 중심이 될 것입니다. 미성숙한 사람들이 시험의 불 가운데서도 여전히 신실한 모습을 보고 힘을 얻어 우리의 사랑하는 자에 대해 알고 싶어 합니다.

신부는 떨리는 입술로 자신의 신랑에 대해 말하기 시작합니다. 그분과 사랑에 빠져서 다른 사람들은 눈에 들어오지 않는다고 말입니다.

10절. "내 사랑하는 자는 희고도 붉어 많은 사람 가운데에 뛰어나구나"

아가서 5장 10-16절은 하나님의 10가지 인격의 특성을 나타내기 위해 사람의 몸을 상징으로 사용합니다. 예수님을 향한 열정은 모든 사역의 가장 강력한 요소들입니다(고후 2:14-17).

1) 그분의 머리 : 모든 것 위에 그분의 주권적 리더십

2) 그분의 머리털 : 하나님과 교회를 향한 그분의 헌신

3) 그분의 눈 : 그분의 무한하신 지식, 지혜, 이해, 분별력

4) 그분의 뺨 : 그분의 다양한 감정적 기초

5) 그분의 입술 : 그분의 말씀

6) 그분의 손 : 그분의 신적인 역사

7) 그분의 몸 : 그분의 부드러운 긍휼

8) 그분의 다리 : 그분의 목적을 위한 걸음과 조정

9) 그분의 입 : 그분과의 친밀함

10) 그분의 생김새 : 그분의 백성을 향한 전수

11) 그 전체가 사랑스럽구나 : 그분의 종합적인 아름다움

12) 이는 내 사랑하는 자요 나의 친구로다

이러한 특성을 통해 분명하게 주님을 깨닫게 됩니다(10-16절). 그녀를 피해 숨었던 예수님은 다시 분명하게 자신을 보여주셨습니다. 그분은 잠시 그녀를 떠났었지만, 주님의 모습에 마음을 고정시킵니다. 우리는 시험의 때에 예수님으로 마음을 채워야 합니다. 그녀는 인간이신 그리스도의 신체를 통해 그분을 분명히 체험하고 더욱 영광을 드러내는 존재가 될 것입니다. 이분이 옛적부터 항상 계신 하늘과 땅의 창조주 이십니다.

희고도의 원어 '짜흐'는 '밝다', '빛난다'로 '예수님의 성결'을 의미합니다. 빛나는 아름다운은 하늘에서 나신 분이십니다. **붉어**(붉은 색)는 '예수님의 보혈의 거룩한 보혈의 피'입니다. 성막의 색깔은 흰 색과 붉은 색입니다. 보혈 즉 '구속의 피'입니다. 예수님은 모든 사람 가운데 가장 뛰어나시며, 어느 누구도 주님 같은 분이 없습니다. 그분은 완전히 구별되시며 거룩하십니다.

11**절.** "머리는 순금 같고 머리털은 고불고불하고 까마귀 같이 검구나"

머리는 순금 같고 | 주님의 리더십, 권위이며, 그분은 긍휼과 지혜, 그리고 강건함과 자비로 양 떼를 인도하십니다. 주님의 리더십과 권위가 얼마나 완전한지를 의미합니다.

그분은 지성소에서 오셨기 때문에 그분의 지혜는 정금과 같고 그 머리 위에는 금 면류관을 쓰셨습니다. 정금(순금)은 예수님의 왕권을 상징하기도 합니다.

머리털은 고불고불… 검구나 | 생명력이 넘치는 젊고 활기차고 건강한 이스라엘 남자를 표현할 때 사용하는 말입니다. 예수님은 생명의 근원이십니다.

아버지에 대한 주님의 헌신은 결코 쇠하여지지 않고 우리를 향한 열정은 늘 새로울 것입니다. 끝없는 생명의 권능으로부터 그분의 제사장직이 흘러나옵니다(히 7:16).

12**절.** "눈은 시냇가의 비둘기 같은데 우유로 씻은 듯하고 아름답게도 박혔구나"

눈은 시야, 통찰력, 비전을 말합니다. 비둘기는 하나만 집중해서 바라보는 눈을 가진 비둘기를 의미합니다. 다른 것들에 방해 받지 않는 고정된 시각은 우리를 순결함으로 바라보신다는 것을 말해줍니다.

이스라엘은 물이 귀합니다. 비가 올 때만 흐르는 '와디'(wadi)라는 간헐천이 대부분이지만 비둘기는 항상 물이 흐르는 곳을 떠나지 않습니다. **시냇가의 비둘기**라는 표현은 물이 풍부하고 생명력이 넘치는 평화의 시절을 묘사합니다.

또한 **우유로 씻은 듯하고**라는 표현은 순수하고 청결한 이미지를 연상하게 합니다. 이처럼 비록 우리의 행실이 부족하고 미성숙해도 우리의 순수한 마음을 그분은 아실 것입니다. 주님의 눈은 정확한 판단력을 갖고 있습니다. 눈에 보이는 대로 심판치 아니하시고(사 11:3), 선과 악, 의와 불의에 대하여 의롭게 심판하십니다.

주님의 눈을 더욱 많이 의식할 때, 우리는 환난 가운데서 위로를 얻으며 죄의 유혹 가운데서 승리할 수 있습니다.

13절. "뺨은 향기로운 꽃밭 같고 향기로운 풀 언덕과도 같고 입술은 백합화 같고 몰약의 즙이 뚝뚝 떨어지는구나"

그분은 작은 것이라도 크게 보십니다. 뺨을 꽃이 아닌 향기로운 꽃밭이라고 하셨습니다. 풀 같지 않고 향기로운 풀 언덕이라고 했습니다. 이는 주님의 다정다감한 사랑을 잘 묘사하고 있습니다. 그분의 표정은 언제나 자비로우십니다. 주님의 감정은 우리를 향하여 기쁨, 즐거움, 사랑으로 넘쳐납니다.

입술에서는 몰약 향수가 뚝뚝 떨어지고 있습니다. 예수님의 입술은 백합화 같습니다. 백합화는 나팔같이 생겼습니다. 그 **입술에서 몰약의 즙이 뚝뚝 떨어집니다.** 예수님의 입에서 진리의 말씀이 쏟아져 나오는 것을 의미합니다. 몰약은 십자가 고난을 의미합니다. 그분은 우리가 예배로 나아올 때 긍휼로 입을 맞춰주십니다. 십자가를 지시고 죽기까지 우리를 사랑하십니다. 그분을 따르기 위해서는 우리도 자아를 죽이고 십자가를 져야 할 것입니다.

몰약에는 고난의 느낌이 수반되는 반면, 백합화는 달콤한 향기를 발합니다. 왕의 입술에는 비장함과 달콤함이 들어있습니다. 주님의 말씀은 정결하고 순수합니다. 입술에서 은혜의 말씀이 쏟아집니다(시 45:2). 주님은 자신의 말씀을 듣는 자들에게 자신을 부인하고 십자가를 지라고 하십니다.

14절. "손은 황옥을 물린 황금 노리개 같고 몸은 아로새긴 상아에 청옥을 입힌 듯하구나"

손은 황옥을 물린 황금 노리개 | 그분의 머리가 순금인데 팔은 황옥 박힌 황금입니다. 황옥은 다양한 색채를 가지고 있습니다. 제사장의 흉패에 달았습니다(출 28:17). 그리고 두로 왕의 치장품입니다(겔 28:13). 천국을 장식하는 데에도 사용되었습니다(계 21:20).

주님께서 하시는 일은 완전하고 세심하십니다. 주님의 손은 인간사에 나타난 그분의 능력입니다. 주님의 손이 이루신 모든 일은 순결하고 정금 같으며 강력하고 영화롭습니다. 왕의 권세, 하늘과 땅의 모든 권세를 가지고 계신 분(마 28:18)이십니다.

몸은 아로새긴 상아에 청옥 | 몸은 상아 같습니다. 상아는 엄청 비싸기도 하지만 어떤 뼈보다도 더 단단합니다. 튼튼한 몸을 의미하며, 건강하고 단단한 근육을 상징합니다.

예수님은 자상하고 아름다운 손길을 갖고 계십니다. 아무도 막지 못하고, 누구도 거역할 수 없는 권세를 가지신 만왕의 왕이시고, 만주의 주이십니다. 그러면서도 그런 강한 힘으로 우리들의 머리털까지 세시는 세밀함도 가지고 계시는 왕이십니다. 주님은 로마서를 통해 우리에게 약속하십니다.

> "우리가 알거니와 하나님을 사랑하는 자 곧 그 뜻대로 부르심을 입은 자들에게는 모든 것이 합력하여 선을 이루느니라." – 8:28

예수님은 가장 긍휼이 많으셔서 실패한 자들과 고군분투하는 신자들을 따뜻하게 돌보십니다. 그분의 내면 깊숙한 곳에서는 갈망하는 마음을 가진 자들을 위한 하나님의 사랑의 강이 흘러나옵니다. 하나님의 보좌는 '청옥 보좌'(남보석)입니다(겔 1:26).

그리고 몸은 부드러운 마음, 자비로움, 불쌍히 여기는 마음으로 아주 특별합니다. 연약하고, 불쌍한 자들(고아, 과부, 나그네, 잃어버린 자들)을 향한 주님의 마음을 보게 될 때 우리의 마음과 삶, 사역에 혁명이 일어날 것입니다.

주님의 성품을 보여주는 시편 말씀이 있습니다.

"여호와는 긍휼이 많으시고 은혜로우시며 노하기를 더디 하시고 인자하심이 풍부하시도다"(103:8).

15절. "다리는 순금 받침에 세운 화반석 기둥 같고 생김새는 레바논 같으며 백향목처럼 보기 좋고"

다리는 순금 받침에 세운 화반석 기둥의 뜻은 주님의 뜻과 목적을 자신의 삶 가운데 기둥처럼 세우는 것을 의미합니다. 기둥은 튼튼해야 합니다. 신부도 그녀를 떠받쳐 주는 주님의 기둥이 있기에 시험을 견딜 수 있습니다. 화반석은 대리석입니다. 단단하고 아름다운 돌입니다. 레바논 백향목은 아주 미끈하게 균형이 잘 잡힌 나무입니다. 순금은 왕권입니다. 예수님은 온 우주의 왕이십니다. 그분만이 우리의 소망의 기둥이십니다. 예수님의 다리는 하나님의 뜻을 행하는 원동력입니다. 예수님은 높은 레바논 산처럼 산 중의 산으로 항상 우뚝 솟아 계신 분이십니다.

초대교회는 말씀 위에 세워졌습니다. 초대교회를 닮아가려면 오늘

날의 교회도 기둥을 튼튼히 세워야 합니다. 기둥은 견고함과 영구성을 상징합니다. 생김새는 레바논의 백향목을 말합니다. 레바논의 백향목은 아주 빼어난 형상을 하고 있습니다. 주님의 얼굴빛은 무언가 좋은 것을 주시기 위하여 환하게 빛납니다. 우리도 그 빛을 발해야 합니다.

예수님 바라보기는 우리가 헌신하는 이유이자 목적이 됩니다. 그분의 표정이 우리의 영에 빛과 기쁨을 전해주며, 각양 좋은 선물이 빛의 아버지에게서 내려옵니다.

우리를 향하여 미소를 지으시는 주님의 얼굴빛을 묵상할 때 우리는 더욱 은혜의 보좌 앞에 담대하게 나아갈 수 있습니다. 신부는 지금 주님께 버림받은 것 같은 상황 속에서도 자기를 주님께서 기쁘게 사랑스럽게 바라보신다는 확신이 있습니다. 또한 레바논의 백향목은 '나무의 제왕'이라고 불리기도 합니다.

16**절.** "입은 심히 달콤하니 그 전체가 사랑스럽구나 예루살렘 딸들아 이는 내 사랑하는 자요 나의 친구로다"

입은 심히 달콤하니 그 전체가 사랑스럽구나 | 예수님의 입은 달콤합니다. 조금 달콤한 것이 아니라 심히 달콤합니다. 예수님은 마이크도 없던 시대에 5천명이 훨씬 넘는 인파가 모인 벳세다 언덕에서 저녁

이 될 때까지 그분의 곁을 떠나지 않는 무리들에게 말씀을 전하십니다. 말하기가 쉽지 않고 듣기도 어려운 상황이었을 것입니다. 어떤 학자들은 예수님이 갈릴리 바다에서 말씀하시면 바람결에 육지에 있는 사람들에게 전해졌다고 지역적 상황을 설명합니다. 주님의 입에서 주옥같은 말씀이 풀려 나옵니다. 우리는 예수님의 입에서 나오는 말씀처럼 은쟁반에 금사과 같은 말씀이 나오도록 기도하여야 하겠습니다. 예수님은 우리와 항상 함께하시며 우리에게 말씀을 주시는 분이십니다. 예수님의 입술은 보배입니다.

그녀는 이 모든 말을 그분이 가까이 계시지 않을 때 하고 있습니다. 그분은 그녀를 잠시 떠나가셨지만, 그녀의 찬양과 기쁨은 여전히 그분 안에 있습니다. 그분은 모든 기쁨과 즐거움의 진수이십니다. 그분은 우리와 비밀을 나누시며 모든 실패와 연약함 중에 있는 우리 마음을 체휼하시는 분이십니다. 우리의 슬픔을 공감하시고 우리의 짐을 대신 지시는 그분은 전체가 다 다정다감하시고, 우리의 모든 죄를 가져가신 사랑스러운 어린 양이십니다.

광채에 휩싸인 그분을 한 번 보기만 하면 절대로 눈을 돌릴 수 없을 것입니다.

놀라우신 주님!

신부는 주님이 친밀한 분임을 이미 경험했습니다. 그분의 애정은 우리의 마음을 깨어지게 합니다. 그분의 모든 완전함이 흘러나가 연합과 무오함을 이룹니다. 그분과의 지속적인 관계를 유지할 수 있도록 간구하는 신부에게 주님은 신실하게 다가가셔서 천국의 영원한 '입맞춤'을 해주십니다. 신부는 주님이 아름다움의 근원이 되시기에 주님께 모든 것(성품, 생각, 리더십, 목적, 감성, 하시는 일)을 사랑하며 순종합니다.

"이는 내 사랑하는 자요 나의 친구로다."

신부가 연단의 과정을 겪고 있을지라도 실족하지 않는 이유를 아시는지요? 성장 과정 속에서 그녀가 겪는 고통보다 신랑의 영광이 무한히 더 크기 때문입니다. 성숙한 신부가 큰 열정과 감정으로 그분에 대해 하는 말을 들어보세요.

"이는 내 사랑하는 자요 나의 친구로다."

예루살렘 여자들에게 주님의 아름다움을 마음껏 자랑한 신부는 그렇기 때문에 주님의 임재 여부에 상관없이 더욱 주님을 사랑할 수밖에 없다고 고백합니다.

이러한 분을 어찌 사랑하지 않을 수 있겠습니까? 친구는 모든 것을 이해하고 허물이 없습니다. 신부는 이제 주님과 함께하며 그분의 생각과 감정을 알고 있습니다. 그분이 나를 알고 나도 그분을 아는 , 더 깊은 친밀함으로 들어갑시다.

"내 누이, 내 신부야
내가 내 동산에 들어와서
나의 몰약과 향 재료를 거두고
나의 꿀송이와 꿀을 먹고
내 포도주와 내 우유를 마셨으니
나의 친구들아 먹으라
나의 사랑하는 사람들아 많이 마시라"

(아 5:1)

CHAPTER 06

시험을 이긴 성숙한 신부를 칭찬하시는 주님

신랑의 미덕을 극구 칭송하는 그 여인의 말을 예루살렘의 딸들이 듣습니다. 그들은 전체가 사랑스러운 이 분에 대해 듣고 매혹되었습니다. 이제 그들 역시 그분을 찾고 싶어합니다. 그들은 조만간 1장 2절에 묘사된 술람미 여인과 같이 될 것이고, 그 노래를 다시 부를 것입니다.

5장 9절에서 사람들이 **"그가 누구인가?"**라고 묻습니다. 신랑에 대해 영화롭게 묘사하는 신부의 말을 들은 후 그들은 이제 **"그분이 어디 계신가?"**라고 묻습니다. 그분의 아름다우심을 볼 때 그들도 역시 거룩한 열정에 사로잡힐 것입니다.

모든 사역의 목적은 그리스도 예수의 광휘를 표현하려는 것이라야 합니다. 술람미 여인은 예루살렘 딸들도 역시 그분의 뒤를 따라야 한다는 기름부으심이 있는 대답으로 그들을 확신 시킵니다. 그들은 어디서 그분을 찾을 수 있는지를 알아야만 합니다.

1절. "여자들 가운데에서 어여쁜 자야 네 사랑하는 자가 어디로 갔는가 네 사랑하는 자가 어디로 돌아갔는가 우리가 너와 함께 찾으리라"

예루살렘의 여인들이 왜 같은 여인이면서도 신부인 술람미 여인에게 "여자들 가운데 어여쁜 자야"라고 칭할까요? 그것은 신부가 신랑을 상사병이 날 정도로 사랑하였기 때문입니다. 신랑을 남다르게 사랑하고 있기 때문입니다. 예수님을 특별히 사랑하면 사람들이 부러워합니다. 특별하다고도 말합니다. 그리고 함께 있기를 기뻐합니다. 예루살렘 여자들의 눈에도 예수님의 광채를 입은 신부는 아름답게 보입니다.

그들은 예수님이 아가서 1장 8절에서 사용하신 문구와 똑같은 문구로 그녀를 묘사합니다. 그들은 예수님이 그녀를 보시는 것과 똑 같은 눈으로 그녀를 보고 있습니다. 모든 것에 우선하여 예수님을 바라는 갈망이 그녀의 삶을 매혹적이고 아름답게 만들었습니다. 신부는 빛을 발하며 더욱 드러나게 될 것입니다.

네 사랑하는 자가 어디로 갔는가 | 예루살렘 딸들은 주님을 만나고 싶은 굶주림을 갖게 됩니다. 주님을 알고 있는 신부의 대답은 연약한 자들에게 소망을 불러일으킬 것입니다. 그들은 그녀와 나란히 그분을 찾기를 원하듯이, 우리는 성도의 교제 중에 예수님을 찾게 됩

니다.

우리가 너와 함께 찾으리라 | "우리도 그런 주님을 함께 만나보자." 전도와 제자훈련의 원리입니다. 신부를 통해서 주님의 아름다움을 알게 되며 그분을 향한 갈망함을 갖고 찾습니다.

사랑의 향기는 누구나 맡을 수 있습니다. 말보다 강력한 전도는 신랑과 신부의 사랑의 향기를 맡고 "나도 이것을 원한다"라고 찾는 구도자들에게 영향력을 미치는 것입니다.

아가서 5장 10-16절의 신부의 대답은 "그분이 누구입니까"에서 "그분을 어디에서 찾을 수 있습니까?"로 예루살렘 딸들의 질문을 바뀌게 이끕니다. 이것은 아가서 1장 7절에서 신부가 했던 똑같은 질문을 이제 딸들이 하는 것입니다.

"예수님은 어디에서 양 떼를 치십니까?"

예루살렘 딸들은 신부와 함께 예수님을 찾기를 원합니다. 신부가 겪은 시험은 다른 이들의 삶을 극적으로 변하게 합니다.

2절. "내 사랑하는 자가 자기 동산으로 내려가 향기로운 꽃밭에 이르러서 동산 가운데에서 양 떼를 먹이며 백합화를 꺾는구나"

주님을 아는 지식.

"그분이 어디 가셨는지 나는 알아. 그분의 동산이 어디에 있는지 알아. 내가 바로 그분의 동산이야. 그분은 내 안에 계셔!"

예수님은 우리 안에 계십니다. 이것이 아가서에 전반적으로 반복되고 있는 가르침입니다.

자기 동산 | 주님의 몸 된 우리(공동체, 교회)를 말하며, 우리의 사랑하는 자는 우리로 하여금 풍성한 열매를 맺게 하고 아름다워지게 하는 일에 늘 간섭하시는 정원사이십니다. 울타리 밖에서 그분을 찾지 마십시오.

향기로운 꽃밭 | 주님의 은혜와 향기가 배어 나오는 장소, 바로 우리들이 그분께 특별히 풍부한 그리스도의 향기를 가진 향기로운 꽃밭입니다. 그분의 정원에는 아주 다양한 모습들이 있습니다. 우리 중 어느 누구도 똑 같지 않습니다. 그분은 다양한 향 내음을 발하는 향기로운 꽃밭과 같은 자신의 정원의 다채로움을 크게 기뻐하십니다.

주님이 계신 곳에는 아름다운 향기가 있습니다. 예수님은 교회 건물이 아닌 예수님께서 피 값 주고 사신 '예수님짜리' 된 신부들의 공동체 교회 안에 계시고 교회를 세우시고 계십니다. 신부는 성도들, 예루살렘 딸들에게 친밀하게 예수님을 알 수 있는 장소를 말합니다.

양 떼를 먹이며 | 주님께서는 말씀으로 당신의 백성들을 먹이기를 원하십니다. 주님의 발밑에 앉을 때 우리는 베다니 마리아처럼 말씀을 듣고 먹습니다. 말씀을 먹기 위해서 우리는 얼마나 주님 앞에 앉아 있습니까?

백합화는 순결함, 정결함으로 살겠다고 선포한 성도들, 신부들이며, 그분의 신부가 사랑에 참예함으로 인해 예수님이 가지신 심원한 즐거움을 말합니다. 이러한 순수함으로 주님을 따르는 사람들 가운데 주님은 분명히 함께 계십니다.

3절. "나는 내 사랑하는 자에게 속하였고 내 사랑하는 자는 내게 속하였으며 그가 백합화 가운데에서 그 양 떼를 먹이는도다"

♠ 신부의 정체성 고백의 대 전환 3단계

2:16 내 사랑하는 자는 내게 속하였고 나는 그에게 속하였도다 그가 백합화 가운데에서 양 떼를 먹이는구나.
6:3 나는 내 사랑하는 자에게 속하였고 내 사랑하는 자는 내게 속하였으며 그가 백합화 가운데에서 그 양 떼를 먹이는도다.
7:10 나는 내 사랑하는 자에게 속하였도다. 그가 나를 사모하는구나.

나는 내 사랑하는 자에게 속하였고 | 신부는 자신을 그분의 '동산'이라고 부르는 그분의 음성을 듣고 이제 그분께 자신을 온전히 내어 드립니다. 나의 사랑하는 자는 내게 속하였고(2:16)로부터 가장 멋진 고백의 대 전환이 있습니다. 이전에는 주님이 나의 것이었지만, 이제는 내가 주님의 것이라는 고백이 앞서 나갑니다. 이것은 새로운 계시로 내 중심, 내 즐거움에서 주님의 즐거움, 주님 중심적인 삶으로 성숙해감을 말하며, 자신의 사는 목적, 의미, 비전, 운명 등 모든 것이 주님을 위해 존재함을 선포합니다.

그녀가 갈망하는 한 가지는 그분의 유업이 되고자 하는 것뿐입니다. 그녀는 오로지 그분만의 것이고, 다른 누구와도 나누어 가질 수 없는 오직 그분의 백합화입니다.

4절. "내 사랑아 너는 디르사 같이 어여쁘고, 예루살렘 같이 곱고, 깃발을 세운 군대 같이 당당하구나"

그녀가 예루살렘 딸들과 애기할 때, 주 예수님이 갑자기 침묵을 깨시고 말씀하십니다. 주님이 쉐키나(임재)하셔서 시험과 환난을 통과하여 더욱 아름다워진 신부를 칭송합니다. 그녀를 향한 가장 깊은 감정을 드러내십니다.

내 사랑아, 너는 어여쁘고

예수님은 그녀의 아름다움을 3가지 상징으로, 즉 디르사, 예루살렘, 깃발 세운 군대를 사용하여 묘사하십니다.

디르사(Tirzah)는 여호수아 정복 전 가나안의 수도(수 12:24; 왕상 15:33; 16:23)였으며, 팔레스타인에서 가장 아름다운 성읍이었습니다. 가나안 정복 후 므낫세 지파의 영역이었고, 북 이스라엘 초대 왕 여로보암이 세운 수도(왕상 14:17; 15:21; 16:6)로써 오므리 왕이 수도를 사마리아로 옮길 때까지 수도였습니다(B.C. 930-885). 이것은 디르사 성읍 못지않게 아름다운 것을 비유한 것입니다.

예루살렘(Jerusalem)은 하나님이 계신 예배의 중심지입니다. 영적인 사람은 하나님이 거하시는 아름다운 이곳에서 예배해야 합니다. 예루살렘은 영적 수도이며, 하나님의 놀라운 임재로 가득 찬, 특별히 지성소는 쉐키나(Shekinah)의 영광으로 가득 찬 곳입니다. 신부는 이제 불신자들뿐 아니라 교회 안에서도 멘토가 되어 성도들을 예배의 승리자로 이끌어야 합니다.

깃발을 세운 군대같이라는 상징을 통해 그녀의 정체성을 잘 보여주고 있습니다. 고대에 패배한 군대는 깃발이 없었습니다. 그녀 마음 안에 있던 가장 큰 적을 이겼습니다. 그녀는 2장 17절과 4장 16절에서 보이던 타협과 두려움을 극복하였습니다. 이로써 시험을 이기고 승리한 신부의 모습은 정복자의 장엄한 아름다움을 드러냅니다. 신부가 보여주는 사랑의 승리는 마지막 때 세상을 놀라게 할 것입니다. 신부는 주님이 어떤 분인지 친밀하게 알기에 자신을 이기고, 세상과 마귀를 이길 수 있었습니다. 수려한 아름다움과 장엄한 능력이 이제 신부의 특징이 되었습니다. 그녀는 대적을 무너뜨릴 준비가 되어있습니다.

그녀는 전투화를 신은 신부인 것입니다(군화 신은 신부).

5절. "네 눈이 나를 놀라게 하니 돌이켜 나를 보지 말라 네 머리털은 길르앗 산기슭에 누운 염소 떼 같고"

네 눈이 나를 놀라게 하니 돌이켜 나를 보지 말라 | 무엇이 그분의 마음을 놀라게 하는 것일까요? 우리가 시험과 연단의 시간을 보낼 때 더욱 그분께 진실해야 합니다. 아가서 6장 5절에서 계속 바라보는 것은 4장 9절에서 한 번 바라보는 것보다 훨씬 더 강력합니다.

당신은 그분을 감동시키는 방법을 알고 있습니까? 그것은 시험의 한복판에서 그분을 향한 우리의 사랑입니다. 하나만 집중해서 바라보는 눈, 믿음으로 충만한 눈이 하나님의 아들의 마음을 빼앗습니다. 시험과 환난 가운데서도 주님께만 고정된 눈은 주님의 마음을 압도했습니다.

아가서에 들어있는 훌륭한 계시 중 하나는 아무리 연약하고 허물투성이 부족한 신자라 할지라도 하나님을 바라보기만 하면 하나님은 마음을 압도당하십니다. 우리가 아무런 감동과 느낌이 없을 때에도 주님의 마음은 열정적으로 움직이고 있습니다. 불타는 사랑으로 빛나는 우리의 눈이 위대하신 하나님의 아들, 영광의 왕자를 압도합니다.

이 최강의 용사가 자신의 신부의 헌신에는 너무나도 쉽게 정복당하는 것입니다. 열정과 사랑으로 충만한 모든 예배자에게는 왕의 마음을 움직이는 힘이 있습니다.

머리털은 길르앗... 누운 염소 떼와 같이 주님의 사랑으로 풍성하게 배부른 사람은 헌신이 한결같고 위풍당당합니다. 그녀는 왕이 자신을 위해 무엇을 예비해 놓으셨는지 전혀 알지 못하던 미성숙한 여인으로부터 굳게 헌신된 신부로 성장했습니다.

그분의 말씀 듣기와 그분을 바라보기와 그분의 임재가운데서 시간을 보내는 것이 그녀가 성숙함에 이르는 비결입니다. 그분의 임재 안에 있기만 해도 우리는 깊이, 영원히, 철저히 변화될 것입니다.

6절. "네 이는 목욕하고 나오는 암양 떼 같으니 쌍태를 가졌으며 새끼 없는 것은 하나도 없구나"

예수님은 그녀의 성숙을 세 가지 – 머리털(헌신), 이(삶), 뺨(거룩한 감정)로 성품으로 구분하여 묘사하십니다. 이것은 마치 4장 1–3절에서 움트는 싹을 예언하심과 같습니다.

그녀의 사역의 열매는 말씀 안에서 사는 삶에서 나옵니다. 말씀의 단단한 것을 먹고 하나님의 말씀을 즐거이 묵상함으로써 이를 깨끗하고 건강하게 유지합니다. 신부는 말씀을 깊이 묵상하므로 육적인 일들이 깨끗이 씻겨졌습니다.

"너희는 내가 너희에게 해 준 말 때문에 이미 깨끗하게 되었다" – 요 15:3

"그리스도께서는 교회를 물로 씻고, 말씀으로 깨끗하게 하셨다"– 엡 5:26

갑절의 열매를 맺습니다.

"너희가 열매를 많이 맺어 내 제자인 것을 나타내면 이것으로 내 아버지께서는 영광을 받으신다" – 요 15: 8

7절. "너울 속의 네 뺨은 석류 한 쪽 같구나"

주님 안에서 감추어진 삶의 비밀을 알면(아무도 알아주지 않아도) 기쁘고 감사한 마음으로 생활할 수 있습니다. 이 표현은 4장 3절의 설명과 동일합니다. 너울 속으로 보이는 뺨이 석류같이 빨갛고 아름답습니다. 뺨은 감정을 기록하는 종이 같습니다. 뺨을 보면 그 사람의 감정을 금방 알 수 있습니다. 그녀의 뺨은 기쁨과 행복과 평안이 흘러넘치는 뺨입니다.

예수님의 인정을 받은 신부인 우리는 신랑을 믿고, 하늘의 평강과 기쁨을 누리며, 전투화 신은 신부답게 당당하게 깃발을 들고 나아가야 합니다.

8절. "왕비가 육십 명이요 후궁이 팔십 명이요 시녀가 무수하되"

네 왕궁에는 네 종류의 여인이 있습니다.

1) '시녀'(궁녀)는 왕실에 사는 어린 처녀들입니다. 아직 그리스도를 체험하지 못한 교인이라 할 수 있습니다. 신부가 되기에는 아직 성숙하지 못한 여인입니다. 즉 '육에 속한 사람'입니다.
2) '후궁'(비빈)은 첩입니다. 비록 완전한 신분은 아니지만 왕의 사랑을 부분적으로 받으며 어느 정도 대접을 받습니다. 아직 '육신에 속한 사람'입니다(고전 3:1).
3) '왕비'(왕후)는 궁중 최고의 여자입니다. 왕과 가장 가까이 지내는 여인입니다.
4) '왕후 중의 왕후'는 최고의 신부입니다. 에스더는 아하수에로 왕이 거느린 왕후 중 최고의 신부였습니다. 곧 '영에 속한 사람'입니다. 그리스도의 마음을 알고 그리스도와 함께 사는 사람이 '영

에 속한 사람'입니다.

예수님의 신부는 그분의 왕궁의 모든 존재보다 가장 존귀합니다. 예수님은 서로 다른 등급의 영광스러운 존재들로 둘러싸여 계십니다. 신부는 그것들 모두를 능가합니다. 궁중의 많은 여자들은 왕비, 후궁, 궁녀 등의 계급이 있습니다. 하나님의 보좌 앞의 많은 아름다운 천사들과 영적 존재들을 상징합니다. 그곳에는 영광의 등급이 있습니다. 세라핌(Seraphims 스랍), 케루빔(Cherubims 그룹), 천사장, 네 생물, 24장로 등입니다.

9절. **"내 비둘기, 내 완전한 자는 하나뿐이로구나 그는 그의 어머니의 외딸이요 그 낳은 자가 귀중하게 여기는 자로구나 여자들이 그를 보고 복된 자라 하고 왕비와 후궁들도 그를 칭찬하는구나"**

내 완전한 자는 하나뿐이로구나 | 왕 앞에서 온전한 친밀함과 권위를 갖도록 예비된 자는 오직 한 사람, 술람미 여인입니다. 이 세상에 나와 같은 자는 단 한 명도 없습니다. 그러므로 남들과 비교하는 것을 피해야 합니다. 주님의 눈에 각자는 너무 특별하며 존귀합니다. 이 진리를 계속 묵상할 때 우리는 어떤 열등감, 비교의식, 시기, 질투로부터 자유할 수 있습니다. 그리스도의 보혈로 우리는 영원히 완벽한 자

가 되었습니다.

마지막 때 교회는 그리스도의 장성한 분량에 들어가게 될 것입니다 (엡 4:13).

술람미 여인의 완전함은 그녀의 순수한 사랑 안에 있습니다.

"그가 거룩하게 된 자들을 한 번의 제사로 영원히 온전하게 하셨느니라" — 히 10:14

어머니의 외딸 | 아가서에서 어머니는 주님의 공동체(교회)를 의미합니다. 주님의 공동체(교회)는 어머니와 신부 모두가 될 수 있습니다. 성숙한 신부가 또 신부들을 영적으로 출산하고 양육할 것입니다.

귀중하게 여기는 자로구나 | 은혜로 덮인 그녀는 매혹적이어서 많은 사람들이 찬사를 보냅니다. 주님의 신부는 흠 없고 점 없이 온전하게 성숙할 것입니다. 8절의 여자들과 하늘의 모든 생물들(천사들)도 나를 흠모하며 칭찬합니다.

10절. "아침 빛 같이 뚜렷하고 달 같이 아름답고 해 같이 맑고 깃발을 세운 군대 같이 당당한 여자가 누구인가"

아가서에서 성령님은 "누구인가?" 세 번 말씀하십니다. 3장 6절에서는 신랑 예수님을 말씀하시고, 6장 10절과 8장 5절에서는 신부를 지칭하십니다.

성령님께서는 신부의 네 가지 영광의 왕관을 나타내십니다(아침 빛, 달, 해, 깃발 세운 군대). 주님께서 나를 하늘에 있는 것들에 비하십니다. 이 신부의 네 가지 영광은 하나님의 영광 안에서 세 가지 단계로 보입니다.

첫째, 그녀는 문화에 빛과 소금을 가져오고자 하나님의 빛에 이끌려지는 경험을 하게 됩니다(마 5:13-16).

둘째, 그녀는 영적 전쟁 가운데서 아름다운 달처럼 빛을 비추어 이 세대에 열방 가운데 복음의 빛을 비춥니다.

셋째, 그녀는 다가오는 세대에 해처럼 빛을 비추게 됩니다.

이 모든 과정에서 그녀는 하나님의 영원한 다스림 가운데 하나님의 병기로 그의 나라를 통치하게 될 것입니다.

아침 빛 같이 뚜렷하고 | 신부의 모습과 아름다움은 점점 선명하게 드러날 것입니다.

달 같이 아름답고 | 밤에 어둠을 밝히는 빛으로 점점 세상이 어두

워져 갈 때 신부는 더욱 빛을 비추일 것입니다. 능력의 사역을 하게 됩니다.

"이같이 너희 빛이 사람 앞에 비취게 하여" – 마 5:16

"여러분은 어두운 세상에서 밝은 빛을 발하는 흠 없는 하나님의 자녀들이 되십시오" – 빌 2:15

달은 스스로 빛을 내는 것이 아니라 태양의 빛을 받아서 비추는 존재이듯이 신부의 빛은 주님의 빛을 반사하는 것입니다. 주님의 빛이 비추도록 투명하고 청결한 영혼을 소유합니다. 추수기의 보름달인 '신실한' 증인은 복음을 전파하는 우리의 능력을 말합니다(마 5:16).

해 같이 맑고 | 주님께서 다시 오시면 그때 주님께서 직접 빛을 비추일 것입니다.

"그 성은 하나님의 영광의 광채에 둘러싸여" – 계 21:11

"그 성에는 해와 달이 필요가 없습니다. 그것은 하나님의 영광의 광채가 빛이 되고... 어린 양이 그 성의 등불이 되시기 때문입니다"– 계 21:23-24

더 이상 해와 달이 필요치 않으며, 주님의 신부도 주님과 함께 빛을 비추일 것입니다.

"일어나라 빛을 발하라… 왕들이 떠오르는 밝은 해와 같은 너를 보고 찾아올 것이다" – 사 60:1-3

우리가 예수님의 형상을 지닐 때까지 하나님이 우리를 영광에서 영광으로 데려가실 것입니다. 밤과 낮의 여왕과 새 하늘과 새 땅의 여왕처럼, 신부는 영원토록 그분의 영광을 지닐 것입니다. 그녀는 이제 주님의 아름다움을 반영하는 거울이 되었습니다.

깃발을 세운 군대 같이 | 그 위엄 있는 군대는 모든 어둠의 세력에게 완전한 승리를 거둘 것입니다. 그리고 장엄한 모습은 하늘의 별처럼 압도적일 것입니다. 그녀가 모든 죄를 이겨내고 승리할 때 하나님의 '전투용 철퇴'가 됩니다.

"너는 나의 철퇴 곧 무기라" – 렘 51:20

그분의 사랑스러운 신부는 찬양의 깃발을 높이 들고 하늘나라에 진을 치고 준비태세를 갖춘 군대와 같습니다.

당당한 여자가 누구인가 | 종말에 열방이 그리스도의 신부를 바라보면서 바로 이렇게 인정할 것입니다. 이것은 성령님이 신부를 천상의 존재들과 비교하면서 그녀의 보기 드문 아름다움을 가리키는 말입니다. 그녀는 이제 더 이상 누더기를 걸치고 염소를 치는 자가 아니라, 빛나는 신부인 것입니다.

11절. **"골짜기의 푸른 초목을 보려고 포도나무가 순이 났는가 석류나무가 꽃이 피었는가 알려고 내가 호두 동산으로 내려갔을 때에"**

골짜기는 원어에 '건천', '시내'로 불리는 곳으로 비가 오면 생기가 되살아납니다. 물이 흐르기 때문입니다. 죽었던 땅이 살아납니다. 초목이 살아납니다. 순이 돋아납니다. 포도나무가 순을 냅니다, 석류가 꽃을 피우게 됩니다. 그것을 확인하러 골짜기로 내려갑니다.

하나님의 동산은 아가서에서 9번 언급됩니다. 첫 3번은 그녀의 동산(4:12, 15, 16)이며, 마지막 6번은 그분의 동산(4:16; 5:1; 6:2, 11; 7:12; 8:13)입니다.

신부는 이제 자신의 운명을 깨닫기 시작합니다. 역경의 북풍에 시달리면서도, 어떤 대가를 치르더라도 온전히 순종할 것에 "예"라고 대답했습니다. 이제 신부는 주님의 파트너로서 주님의 몸 된 공동체를 섬기기 위하여 달려가고 있습니다. 지난 날 핍박과 사람들의 미성숙함 때문에 상처를 입었지만 이제 그녀는 변화되었습니다.

> "아무 일에든지 다툼이나 허영으로 하지 말고 오직 겸손한 마음으로 각각 자기보다 남을 낫게 여기고 각각 자기 일을 돌볼뿐더러 또한 각각 다른 사람들의 일을 돌보아 나의 기쁨을 충만하게 하라" – 빌 2:3-4

이 말씀이 그녀에게 현실로 이루어지면서 다른 사람들을 위해 살 준비가 되었습니다. 새싹이 돋은 포도나무와 꽃피는 석류나무는 사역이 성숙한 단계에 이르렀음을 말합니다. 새 순이 먼저 나고 꽃 봉우리가 피어난 후에야 열매가 맺힙니다.

술람미 여인은 더 이상 다른 사역자들을 미성숙하다고 비난하지 않고, 오히려 재빨리 그들의 강건함과 성장과 결실의 가능성을 인정합니다. 우리는 자기 자신을 높이기를 얼마나 잘하는지요. 영이 겸손해진 자들은 옛 상처를 돌아보지 않고 언제나 새로운 성장을 바라볼 것입니다.

많은 이들이 다른 사역의 '싹트기 시작한 가지'들을 몹시 싫어하고, 깨어지지 않은 우리의 육신적 모습을 마음에 거슬려 하기까지 합니다. 그러나 모든 미성숙한 사역자(및 미성숙한 신자)에게는 이제 막 싹트기 시작한 미덕들이 있습니다. 우리가 사랑으로 충만해지면 요셉이 그랬

듯이 부지중에 우리에게 상처를 입힌 형제들을 위해 눈물을 흘립니다 (창 50:15-21).

골짜기의 푸른 초목 | 주님이 하시는 여러 가지 사역, 삶의 낮은 자리야말로 진정 우리의 골짜기에서부터 그리스도와 같은 형상의 열매를 맺는 굉장히 비옥한 곳입니다. 왕성한 열매, 생명력이 나타나는 사역입니다.

포도나무가 순이 났는가 | 아직 연약하고 미성숙한 성도들, 사역들, 교회들… 신부는 이들에게 깊은 관심을 보입니다. 끊임없는 감사가 빛을 발하는 신부의 마음을 채울 것입니다.

석류나무는 각각의 성도들, 한 영혼, 영혼에 대한 돌봄과 사랑을 나타내며, 자기가 연약하고 미성숙했을 때 주님의 예언적인 부르심과 격려를 받고 성장한 사실을 기억하므로 아직 연약한 자들을 향한 소망을 품습니다.

호도 동산의 호도 나무의 생명은 씨앗에 있습니다. 내적 생명은 감춰진 것이고 즉시 볼 수 있는 것이 아닙니다. 씨앗이 심겨지고 오랜 기간에 걸쳐 자라야 열매를 맺습니다. 이를 위해서 씨앗은 먼저 죽어야만 합니다.

주님이 계신 울창한 동산에 이제 함께하며 주님의 지상 대명령에 순종하는 모습입니다. 알다시피 믿음의 공동체 안에는 언제나 '골칫덩이들'(nuts)이 있잖습니까! 그녀는 자신을 겸손히 낮추고 다른 사역에 새 순이 났는지 보려고 내려갑니다. 보기만 할 뿐 아니라 다른 사람들을 위해 중보하려고 골짜기로 내려갑니다. 자기의 삶을 깨는 신부. 자기의 삶을 깰 때 다른 영혼을 먹이고, 치유하며 깨끗이 씻어줄 수 있습니다.

그녀는 포도나무에 순이 났는지 보고자, 즉 이제 막 시작한 다른 교회, 다른 선교단체, 다른 장소에서 역사하시는 하나님의 사역에 대한 통찰력을 가지고 살피며 돕습니다.

12절. "부지중에 내 마음이 나를 내 귀한 백성의 수레 가운데에 이르게 하였구나"

다시 번역하면 "나도 모르는 사이에 나의 열정이 나를 존귀한 자와 함께 마차 위에 두었습니다." 또 달리 번역하면, "나는 당황하였습니다. 당신은 나를 존귀한 자로 함께 수레에 두셨습니다." **부지중에**(unintentionally)라는 말은 자기도 모르게 존귀한 자와 함께 한 수레를 타게 되었다는 말입니다.

성령님의 임재 가운데, 그녀는 깊은 기도 중에 황홀한 기쁨 속으로 끌어 올라져서 영화롭고 귀한 수레 가운데 이르렀습니다. 바로 열방 가운데 천국복음을 전파하는 모습과 더불어 그녀는 뜨거운 기도와 임재기도를 통해 영적인 환희 속으로 몰입합니다.

갑자기 사람들을 향한 여인의 열심이 그녀의 영혼을 마차처럼 빨리 움직이게 합니다. 성숙한 사랑이 쏟아져 나오는 것입니다. 하나님을 위한 열렬함과 열심의 자리에 있으면서 사람들 사이에서 활약합니다.

우리가 그리스도와 함께 십자가에 못 박히면 그리스도와 함께 존귀한 자리에 앉게 됩니다. 그렇습니다. 성령님의 기름부으심이 바로 그 여인 위에 임한 것입니다.

그녀의 마음은 빠르게 움직이는 수레처럼 아무런 저항 없이 이러한 부담을 가지고 앞으로 움직여 나갑니다. 그녀는 자신의 마음이 움직임에 놀랍니다. 다른 사람을 돕고자 하는 강한 열정과 새로운 열망과 거룩한 부담감을 가지고 나아가는 성령님의 사역자가 되었습니다.

귀한 백성의 수레는 빠르게 움직이는 모습을 표현하며, 신부의 마음은 주님의 몸된 교회를 향한 열정과 사랑으로 재빠르게 달려갑니다. 당신의 백성을 향한 그리스도의 강권하시는 사랑을 알고(고후 5:11,14) 그 사랑이 부어진 상태의 모습입니다.

13절. "돌아오고 돌아오라 술람미 여자야 돌아오고 돌아오라 우리가 너를 보게 하라"

그 여인은 다른 사람들을 축복하려고 주님의 동산으로 떠났습니다. 신부에 대한 딸들의 첫 번째 반응은 존경과 감탄입니다. 신실한 딸들이 "돌아오라"고 네 번이나 외치는 것은 그녀 가까이 있고 싶어 하는 깊은 갈망을 나타냅니다. 성숙한 성도들은 그리스도의 몸 안에서 영화로운 자들이며 다른 사람들을 진실로 매혹시키는 자들입니다. 그녀는 그들 가운데 그리스도의 향기를 퍼트립니다.

그들은 그녀를 닮기를 간절히 바랍니다. 그들은 연약하고 미성숙하고 힘겹게 싸우고 있는 신자들에게 그녀가 부어주는 사랑을 보고, 그녀가 머무르면서 성숙한 사랑을 더 많이 전해 주기를 소망합니다. 이는 사도행전 20장 15-38절에서 사도 바울이 에베소 장로들을 떠나는 장면과 흡사합니다. 바울이 자신의 운명을 완수하려고 장로들을 떠날 때 장로들 역시 울었습니다. 이 얼마나 아름다운 신부입니까!

그녀는 교회의 어떤 이들로부터 좋은 반응을 얻기도 합니다. 그러나 또 다른 이들은 거절합니다. 신부는 통찰력 있는 성도들로부터 정당함이 입증됩니다. 또한 예수님께서도 그녀의 결백을 입증하십니다.

예루살렘 여자들의 반응은 신부를 찾으며 신부의 사역을 갈망합니다. 신부는 그동안 예루살렘 여자들과 함께 있다가 주님의 동산(약한 공동체, 교회)에서 사역하고 있습니다. 많은 사람들이 신부의 삶을 통해 많은 영향력과 변화를 받을 것입니다.

13절 하. "너희가 어찌하여 마하나임에서 춤추는 것을 보는 것처럼 술람미 여자를 보려느냐"

그분은, "그녀에게서 무엇을 보느냐? 천사의 춤을 보는 것 같지 않느냐?"라고 묻습니다.

예비 술람미 여인들이 이 질문에 대해 7장에서 대답할 것입니다. 진정 그녀는 그분 보시기에 아름답습니다. 천사의 무리와 함께 승리의 춤을 추고 있는 자처럼 말입니다.

신부에 대한 두 번째 반응은 그녀를 때리고 상처를 주었던 순찰원처럼(아 5:7) 신부를 영적으로 존귀한 사람으로 보려는 딸들의 판단을 무시하고 왜곡하는 것입니다.

마하나임에서 춤추는 것 | 순찰하는 사람들의 반응(5:7)은 무섭고 집

요합니다. 신부를 가혹하게 핍박하며 정죄합니다.

마하나임(Mahanaim - two camps)은 두 군대, 두 진영(신부를 찾는 예루살렘 여자들과 밀어내고 핍박하는 성 안의 순찰하는 자들의 대립)을 상징하며, 신부를 바라보는 시각의 충돌입니다. 춤은 그리스도 안에서 두 진영의 상호작용입니다. 이것은 영안에 있는 두 나라, 즉 천사적인 것과 마귀적인 것이 개입된 영적 전쟁의 춤입니다.

마하나임은 갈등과 영적 전쟁의 장소를 상징합니다. 야곱이 형 에서를 기다리면서 홀로 남았던 곳입니다(창 32:1-3). 우리가 신부의 영성으로 살아갈 때, 이를 질투하여 핍박하는 세력이나 일들이 생기게됩니다. 이것은 우리가 치러야 할 영적 전쟁입니다

"나는 내 사랑하는 자에게 속하였고
내 사랑하는 자는 내게 속하였으며
그가 백합화 가운데에서
그 양 떼를 먹이는도다"

(아 6:3)

CHAPTER 07

성숙한 신부가 가지 주님과의 파트너쉽

아가서 7장 1–5절은 "누가 술람미 여자냐?"라는 비아냥 조의 질문에 대한 답입니다.

신부는 먼저 신실한 신자들에 의해 정당성을 지지받게 됩니다. 그 후에 주님께서 그녀를 지지하시고 그녀에게 성령을 더 크게 부어주실 것을 약속하십니다(7:6–9). 성령님은 항상 신실한 신자들을 일으켜서 그분의 신부로서 주님을 열정적으로 쫓는 자들을 변호하십니다.

7장은 신부를 변호하는 예루살렘 여자들과 주님과의 성숙한 동반관계를 나누는 신부를 묘사하며, 아름다움을 즐거워하고 있습니다(1–10절). 결국 예수님을 향한 열정이 우리를 다른 사람들을 섬기는 자리에 데려다 놓을 것입니다. 부흥이 교회의 비전과 운명을 변화시킬 것입니다. 세상이 지금껏 보지 못한 가장 위대한 부흥을 볼 준비가 되었습니까?

예수님께서 이 마지막 때의 교회들에게 하신 예언을 들어보십시오.

예수님이 술람미 여인의 여정에 동반했던 시온의 딸들에게, "왜 술람미 여인을 보려느냐?"라고 물으셨습니다. 그들은 성숙해져 가는 신부가 놀랄 만큼 훌륭하게 묘사하는 말로 대답할 것입니다. 사실 그것은 예언입니다. 그것은 예수님의 신부를 통해 빛나는 왕의 영광을 드러내면서, 그들을 통해 하나님의 영이 하시는 말씀입니다.

그 여인은 신랑의 영광을 10번씩이나 묘사했는데(5:10-16), 이제 그 왕은 자신의 신부에 대해 10번의 예언적 선포를 하십니다. 그분의 마음이 그녀의 아름다움에 사로잡혔기 때문입니다. 자신의 생명과 아름다움을 점점 더 많이 그녀에게 흘려보내고 계십니다.

이 10개의 예언은 예수님이 재림하시기 전에 신부들에게 성취될 것입니다. 그 예언들은 그분이 신부 안에 초자연적으로 빛처럼 떠오를 미덕과 강건함에 대한 묘사입니다. 왕은 신부에 대하여 이미 4장 1-5절에서 그녀의 머리로부터 시작해서 8차례에 걸쳐 확증을 해 주셨고, 이제 여기에서는 그녀의 발로부터 시작해서 10번의 확증을 해 주십니다. 이 10가지 특징들은 거룩함과 결실함에 대한 실용적인 정의입니다.

말하자면, 하나님이 우리에게 마지막 때의 신부에게 임할 영적 성장에 도움이 될 예언적인 '도로 지도'를 주시는 것입니다.

아가서 4장은 그녀의 성품에 초점을 두었으나, 7장의 관점은 그녀의 사역과 관련됩니다. 7장 1-5절에서는 발에서부터 머리까지의 순서로 예루살렘 딸들이 신부를 묘사하는데 이것은 6장 14절의 빈정거리는 질문에 대한 대답입니다. 그리고 7장 6-9절에서는 예수님께서 신부의 아름다움을 묘사하십니다.

1절. "귀한 자의 딸아 신을 신은 네 발이 어찌 그리 아름다운가 네 넓적다리는 둥글어서 숙련공의 손이 만든 구슬꿰미 같구나"

딸들은 "그녀가 아름답다"라고 선언하고 그 미모를 칭송합니다. 그리고 왕의 성품을 지향하는 존귀한 자의 딸이라고 신부를 높입니다. 우리는 거듭남으로 말미암아 왕의 혈통을 갖게 되었습니다.

신을 신은 네 발이 어찌 그리 아름다운가 | 복음의 신을 신은 발이 아름답습니다. 이 아름다운 발은 복음주의를 말합니다.

"평안의 복음이 준비한 것으로 신을 신고" – 엡 6:15

"좋은 소식을 전하며 평화를 공포하며... 네 하나님이 통치하신다 하는 자의 산을 넘는 발이 어찌 그리 아름다운가" – 사 52:7

열방을 위해 발바닥으로 다니면서 복음을 전파하고 영적 영토를 선포하는 것이 우리들입니다.

"너희 발바닥으로 밟는 곳은 모두 내가 너희에게 주었노니" – 수 1:3

그녀는 5장 3절에서 신을 벗었고, 이제 잃어버린 영혼을 구원하려는 아름다운 신을 신고 있습니다.

오, 아름답고 춤추는 술람미 여인의 발이여!

그녀의 발은 거지의 발처럼 맨발이 아닙니다. 그녀는 사람들의 황폐한 마음 위를 복음으로 걸을 수 있는 '복음의 신'을 신고 있습니다. 이것이 전투복을 갖춰 입고 전투에서 승리하는 교회의 모습입니다. 복음전파는 불신의 요새와 사람들의 마음속에 있는 거짓된 종교를 무너뜨리는 것과 같은 영적 전쟁의 한 형태입니다. 복음은 잃어버린바 된 자들을 구원하고 자유롭게 하는 하나님의 능력입니다.

"이 복음은 모든 믿는 자에게 구원을 주시는 하나님의 능력이 됨이라" – 롬 1:16

솔로몬 당시의 귀한 사람들만 신을 신었으며, 신은 존귀, 부, 형통의 상징이었습니다.

“아버지는 종들에게 이르되 제일 좋은 옷을 내어다가 입히고 손에 가락지를 끼우고 발에 신을 신기라” – 눅 15:22

귀한 자의 딸 | 신부는 영광의 왕의 딸이며, 왕세자비입니다. 우리를 씻긴 예수님의 피가 우리를 왕 같은 제사장, 제사장 같은 왕으로 만들어 내셨습니다.

“너희는 택하신 족속이요 왕 같은 제사장들이요 거룩한 나라요 그의 소유가 된 백성이니 이는 너희를 어두운 데서 불러 내어 그의 기이한 빛에 들어가게 하신 이의 아름다운 덕을 선포하게 하려 하심이라” – 벧전 2:9

“너희에게 아버지가 되고 너희는 내게 자녀가 되리라 전능하신 주의 말씀이니라” – 고후 6:18

“일곱 대접을 가지고 마지막 일곱 재앙을 담은 일곱 천사 중 하나가 나아와서 내게 말하여 이르되 이리 오라 내가 신부 곧 어린 양의 아내를 네게 보이리라 하고” – 계 21:9

어찌 그리 아름다운가 | 신랑의 기름부음이 성숙한 신부 위에 부어

질 때 그녀의 수고에 열매가 맺힐 것입니다. 왕과의 사랑에 빠진 그녀를 열방 앞에서 아름답게 보이게 합니다.

넓적다리는 둥글어서 | 넓적다리는 힘의 상징입니다. 목적의식을 갖고, 고된 훈련을 통해 둥글게 다져진 모습입니다. 달음질하는 운동선수의 힘 있는 다리처럼 그녀 역시 넓적다리를 움직여 힘차게 달려갈 것입니다. 또한 그녀의 걸음도 우아합니다. 그녀는 능력과 지혜로 달리고 걷습니다. 그녀는 영적 단련을 통해 그녀의 다리를 강건하게 키워왔습니다.

열방을 향한 복음전하는 자, 선교사로서의 그녀의 강한 걸음은 숙련공이 만든 보석과 같이 값지고 진귀한 것으로 평가됩니다.

숙련공의 손이 만든 구슬꿰미 | 주님을 사랑함으로 훈련된 모습은 누가 봐도 아름답고, 공교하고 질서 있고 절제된 삶입니다. 주님이 우리를 빚으셨고, 만드셨고, 깨뜨리셨고, 고치셨고, 채우셨습니다. 우리가 '야곱의 저는 발'을 가졌다 해도 우리는 여전히 하나님의 '걸작품', '토기'입니다

"우리는 그가 만드신 바라 그리스도 예수 안에서 선한 일을 위하여 지으심을 받은 자니 이 일은 하나님이 전에 예비하사 우리로 그 가운데서 행하게 하려 하심이니라" – 엡 2:10

우리 왕의 사랑이 종말의 사역을 위해 우리를 강건하게 준비시키셨습니다.

2절. "배꼽은 섞은 포도주를 가득히 부은 둥근 잔 같고 허리는 백합화로 두른 밀단 같구나"

태아는 배꼽을 통해 양분을 얻습니다. 이는 속사람의 모습입니다. 이 내면은 주님의 생명과 영혼에(탯줄로) 잇대어있는 결과이며, 그녀의 내적 자아는 하늘 생명수, 즉 생수의 강, 불의 강으로 흘러넘치고 있습니다. 속사람은 강건하게 성장합니다.

"명절 끝날 곧 큰 날에 예수께서 서서 외쳐 이르시되 누구든지 목마르거든 내게로 와서 마시라 나를 믿는 자는 성경에 이름과 같이 그 배에서 생수의 강이 흘러나오리라 하시니 이는 그를 믿는 자들이 받을 성령을 가리켜 말씀하신 것이라 (예수께서 아직 영광을 받지 않으셨으므로 성령이 아직 그들에게 계시지 아니하시더라)" – 요 7: 37-39

영양요소가 잘 배합된 귀한 포도주처럼 성숙한 신부의 내면생활은 향이 좋은 포도주로 채운 둥근 잔과 같습니다. 성령 안에 거한 그녀의 생활은 부하고 풍요롭고 넘치며 향기가 나며 결코 부족함이 없습니다! 그녀 안에 샘이 터진 것입니다.

그녀의 내면생활의 성숙함은 그녀 주변의 목마른 심령들에게 섞인(균형 잡힌) 음료를 제공합니다. 우리는 다른 사람들에게 신선함의 강물을 흘러 보내는 자입니까? 아니면 가난한자들에게 생명을 주기는커녕, 오히려 생명을 고갈시켜버리지는 않는지요?

"주님, 우리가 다른 이들에게 기쁨을 선사하는 섞은 포도주 잔이 되게 해주세요!"

둥근 잔은 건강한 모습, 온전함을 상징하고, 내면, 속사람이 강건하고 온전함을 의미합니다.

"그의 영광의 풍성을 따라 그의 성령으로 말미암아 너희 속사람을 능력으로 강건하게 하시오며" – 엡 3:16

허리는 자손이 있는 곳입니다. "백합화로 두른 밀단 같구나." 임신한 것과 같은 상태, 추수의 풍성함을 생생히 보여주는 그림입니다. 여기서 '허리'는 자궁으로 번역될 수 있습니다. 임신부의 배처럼, 밀단이 보이기 시작합니다. 밀단에는 많은 알곡들이 달려 있습니다. 그러므로 허리가 밀단 같다는 말은 자손들을 많이 낳을 것이라는 의미입니다. 신부는 대 추수를 준비합니다. 추수가 그녀의 내적 생명으로부터 흘러나올 때 그녀는 열방을 위한 떡이 됩니다.

백합화는 정결함, 거룩함, 신부를 의미하며, 신부에게서 거두어지는 추수는 백합화 같은 순결함 속에서 이루어 질것입니다. 이 굉장한 추수는 거룩함과 신부의 사랑과 마음의 순결과 예수님을 향한 열정에서 시작됩니다.

3절. "두 유방은 암사슴의 쌍태 새끼 같고"

유방은 암사슴의 쌍태 새끼 같다는 표현에서, 아가서 유방은 양육을 상징합니다. 유방은 젖입니다. 젖은 자녀의 양식입니다. 자녀에게 양식을 풍부히 공급할 수 있는 여인입니다. 영적으로 젖은 신령한 말씀입니다. 신령한 말씀을 지니고 있는 여인입니다.

그녀의 유방은 아직 미성숙한 자들을 양육하고 세워줄 능력을 말합니다. 이는 다른 이들을 먹이고 양육할 준비가 되지 못한 작은 누이(8:8의 미성숙한 신부)와는 대조적입니다. 영혼의 대 추수 때 그들은 말씀으로 돌보고 먹이는 사역에 활력을 얻어 갑절의 열매가 있습니다. 새끼사슴은 부드럽고 젊음이 있고 활기가 넘쳐서 영광의 주님과 함께 뛸 수도 있고, 산을 넘어 다닐 수도 있습니다.

4절. "목은 상아 망대 같구나 눈은 헤스본 바드랍빔 문 곁에 있는 연못 같고 코는 다메섹을 향한 레바논 망대 같구나"

목은 상아 망대 | 망대는 적의 동태를 살피는 곳입니다. 망대를 지키는 자는 외롭고 힘들어도 자기 사명을 다해야 합니다. 주님 앞에서 순종하는 의지와 헌신이 요청됩니다. 단호한 각오로 자기 자리를 사수할 때 영적 전쟁에서 승리할 수 있습니다. 그분이 4장 4절에서 그녀의 목을 다윗의 망대 같다고 묘사했는데, 이번엔 상아 망대 같다고 하십니다. 상아는 썩지 않고 변하지 않습니다. 썩어질 것을 물리쳐야 합니다. 이처럼 신부의 목은 망대처럼 다른 이들을 위해 희생하며 다른 이들을 대적으로부터 숨겨주는 견고한 피난처가 되었습니다.

눈은 헤스본 바드랍빔 문 곁에 있는 연못 | 헤스본은 사해 동쪽으로 25km 떨어진 곳에 위치하고 있습니다. 그곳에는 연못이 있습니다. 연못의 물이 해에 비쳐서 반짝이는 모습이 신부 눈동자의 빛처럼 보인다는 의미이기도 합니다. '헤스본'에 있었던 그 연못이 '바드랍림'이었다고 전해집니다.

이 연못은 진흙이 많지 않고 속을 볼 수 있을 만큼 깨끗하고 투명합니다. 백문이 불여일견이라는 말이 있습니다. 믿음의 눈으로 볼 때 영적으로 쑥 성장할 것입니다. 때문에 분명하게 보는 것이 우선입니다. 우리가 확실하게 보지 못하면 믿음도 희미해지고 혼탁해질 것입니다.

이 연못은 깨끗한 물이 나오는 곳이며, 왕의 온천지역입니다. 깨끗하고 청결한 계시와 통찰력을 가진 그녀의 영적 비전은 계시의 저수지입니다. 믿음과 계시가 그녀 속에 자라났고 영적 통찰력이 그녀의 삶의 특징이 되었습니다.

그녀의 '비둘기 눈'은 이제 연못처럼 맑고 깨끗하며 빛이 납니다. 그녀는 믿음의 분별력으로 육신을 깨끗이 씻었습니다. 수많은 열방이 빛나는 신부의 눈과 마주치면서 순결한 계시와 평안을 발견할 것입니다. 많은 사람들이 그녀의 연못에서 생명을 얻게 될 것입니다.

코는 다메섹을 향한 레바논 망대 | 망대는 안전을 지키는 초소입니다. 코의 역할을 생각해봅시다. 코는 대적의 '낌새를 알아채고' 어디서 일을 꾸며 내는지 알아내는, 말씀에 근거한 분별력을 말합니다. 우리가 거짓 선지자들에게 속지 않기 위해서 있어야 할 은사, 이러한 은사가 원수의 공격으로부터 우리를 방어할 수 있도록 분별력 있게 준비하게 합니다. 적의 도발에 격퇴할 수 있도록 이끕니다. 다메섹은 시리아의 수도로 이스라엘의 가장 강력한 적이었습니다. 솔로몬 시절 '르손'이라는 사람이 B.C. 930년에 강력한 아람제국을 세우고 호시탐탐 이스라엘을 넘보고 있었습니다. 그래서 국경 북부인 레바논에 높은 망대를 세우고 아람을 지키고 있었습니다. 레바논의 망대는 대적의 활동을 탐지하기 위해 세운 전초기지였습니다.

신부는 영적 전쟁을 이겨내고 견디는 여인입니다. 사탄의 세력을 이

겨내는 여인입니다. 우리는 망대처럼 영 분별하는 은사를 가져야 하며, 절대 판단하거나 비판하지 말고, 골방으로 들어가서 기도해야 합니다. 예수님은 깨어 있어서 열방으로부터 보호벽이 되어주는 신부를 택하실 것입니다.

5절. "머리는 갈멜산 같고 드리운 머리털은 자주 빛이 있으니 왕이 그 머리카락에 매이었구나"

이스라엘의 지중해 연안 이스르엘 평야에 있는 갈멜산은 우뚝 솟은 것이 무척 고귀하게 돋보이는 해발 530m의 산입니다. 이스라엘에서 헬몬산 다음으로 높은 산으로 다른 지역보다 강수량이 풍부하여 울창한 산림이 우거져 있습니다. 갈멜산은 엘리야가 바알 선지자들과 영적 전쟁에서 승리한 산입니다. 산림이 무성한 갈멜산처럼 그녀에겐 하나님의 아름다운 생각으로 가득 차 있습니다(사 35:2). 하나님께 충성을 다하여 영광의 관을 쓰게 될 것입니다. 그녀의 사상은 이토록 건강하고 아름답습니다.

머리는 우리의 생각과 지혜를 말하며, 생각이 바뀌면 삶이 바뀝니다. 영적 전쟁에서도 생각이 치열한 전쟁터(battlefield)이기에 우리의 마음과 생각을 잘 지키는 자가 성을 빼앗는 자보다 낫습니다. 그녀는 견고한 진을 무너뜨리면서 자신의 생각을 그리스도께 빨리 복종시킵니다.

머리털은 자주 빛 | 왕께 헌신과 충성을 다하는 모습을 상징합니다. 마치 자줏빛 커튼처럼 그녀가 그분의 보좌 방에 아름다움을 더할 때, 그분 눈에 그녀는 너무나 탐나고 진귀해 보일 것입니다. 천사들마저도 해처럼 빛나는 이 여인을 경외합니다.

왕이 그 머리카락에 매이었구나 | 신부의 헌신은 하나님의 마음을 붙잡습니다. 주님을 사랑하고 헌신한 자에게 묶이기 원하시는 마음이며, 신부를 향한 거룩한 사랑에 사로잡히시는 것이 주님의 즐거움이십니다. 선지자 아모스의 기도로 인해 첫 번째, 두 번째 재앙을 주님께서 거두심(암 7:1–6)과 같이 기도하며 순종하는 자들에게 주님은 붙들리시기를 원하십니다. 다니엘, 노아, 욥, 모세, 사무엘 등은 주님의 마음을 사로잡은 자들입니다. 더 이상 포도원을 망칠 여우도 없고, 감추어진 타협도 없고, 그분이 부를 때 기꺼이 일어나며 주저 없이 신부는 왕을 향한 고귀한 사랑으로 충만합니다.

마치 거지 소경 바디메오가 길가에서 즉각적인 순종을 하였던 것처럼 믿음 충만합니다.

6절. "사랑아 네가 어찌 그리 아름다운지, 어찌 그리 화창한지 즐겁게 하는구나"

질투하며 빈정거리는 파수꾼이 묻기를 "술람미 여인에게 누가 과연

신경을 쓰겠는가?" 이에 주님께서 다시 신부를 부르시며 신부의 소명을 일깨워주십니다. 우아하고 춤추며 빛나는 신부! 왕이신 신랑을 품어 안으려고 일어서는 그녀를 보십시오! 아름답고 보암직하고 기쁨을 주고 즐겁게 해주는 그녀는 자신이 그처럼 뜨겁게 사랑하는 자의 형상대로 닮아가고 있습니다. 사랑이 그녀의 마음을 변화시켰습니다.

주님은 신부의 사랑과 순종의 열매를 너무나 기뻐하십니다. 그것이 그분께는 우리의 이해를 초월하는 즐거움이 됩니다. 우리 옆에 앉아 어깨를 톡톡 두드리시면서 눈을 바라보고 이렇게 말씀하시는 예수님을 상상해 보십시오.

"너무나 사랑스럽구나. 네게 실망하지 않았단다. 내가 너를 기뻐한단다."

사랑아… 즐겁게 하는구나 | 신부의 사랑과 아름다움은 주님께 기쁨을 드립니다. 그분은 우리의 기도생활을 기뻐하시고, 우리가 악에서 돌이키는 것을 보실 때마다 감격하십니다. 주님께서 원하시고 갈망하시는 것을 사랑하시는 자들이 드리는 것입니다. 주님이 나로 인해 기뻐하시는 분임을 알 때 우리는 그분에 대한 열정을 보일 수 있습니다. 이것은 하나님의 로맨스입니다. 예수님은 매혹 당했고 황홀감에 빠졌고 신부를 향해 열정적입니다. 우리의 믿음의 빛, 그분 안에서 찾는 만족, 이 모든 것이 하나님의 아들을 도취시킵니다. 우리가 마음을 깨어

열어드리고 예배의 보물을 드릴 때, 얼마나 예수 그리스도의 마음에 기쁨이 차고 넘칠까요!

7절. "네 키는 종려나무 같고 네 유방은 그 열매송이 같구나"

종려나무는 대추 야자로 알려져 있습니다. 늘씬하게 30m까지 자라서 꼭대기에 열매를 맺습니다. 너무 높아서 열매를 따기가 그리 쉽지 않습니다. 사다리를 놓고 올라가서 따야 합니다. 손으로 따지 못하고 오늘날은 고가 사다리로만 접근할 수 있는 나무입니다.

종려나무는 번영(시 92:12)을 의미합니다. 아름다움의 상징입니다(아 7:7-8). 종려나무는 승리입니다(요 12:13). 장성한 분량에 이른 믿음을 의미합니다. 온전한 믿음의 완성을 종려나무로 비유하고 있습니다.

> "믿음의 주요 또 온전하게 하시는 이인 예수를 바라보자 그는 그 앞에 있는 기쁨을 위하여..." - 히 12:2

우리는 예수님으로 말미암아 모든 것이 온전케 됩니다. 그래서 예수님을 믿음의 주요 또 온전하게 하시는 분이라고 말합니다. "네 키는 종려나무 같고"라는 말씀은 주님과 더 높고 더 깊은 친밀함과 그분의 임재가운데 거하는 영적 돌파로, 믿음이 장성한 자의 분량까지 올라간 신부를 신랑이 기뻐하신다는 말씀입니다

네 키는 종려나무처럼 성장하고 성숙한 모습을 칭찬하시는 주님은 승리자, 정복자를 상징합니다. 가뭄을 이기고 메마른 땅 속으로 더 깊이 뿌리를 내리는 강인한 생명력은 시험과 환란을 이기고 나오는 자들의 모습입니다.

"이기는 자는 내 하나님 성전에 기둥이 되게 하리니 그가 결코 다시 나가지 아니하리라 내가 하나님의 이름과 하나님의 성 곧 하늘에서 내 하나님께로부터 내려오는 새 예루살렘의 이름과 나의 새 이름을 그이 위에 기록하리라" – 계 3:12

유방은 그 열매송이처럼 수많은 사람을 양육하고 세워줄 수 있는 능력이며, 풍성한 양분과 열매를 공급합니다.

8절. "내가 말하기를 종려나무에 올라가서 그 가지를 잡으리라 하였나니 네 유방은 포도송이 같고 네 콧김은 사과 냄새 같고"

종려나무에 올라가서 그 가지를 잡으리라 | 예수님은 최고의 가지를 잡으시고 사용하시기를 기뻐하십니다. 여리고를 지나가실 때 뽕나무 즉 돌감람나무 위로 올라가 예수님을 보려고 애쓴 삭개오를 만나 주셨습니다. 주님을 본 사람은 많이 있었지만 만나주신 사람은 삭개오 뿐이었습니다. 위험을 무릎 쓰고 종려나무에 올라가 가지를 따서 사용하는 것처럼, 주님은 그렇게 우리를 붙잡고 사용하시기를 기뻐하십니다. 예수님은 그러한 신부를 찾으십니다.

이제 그분의 분명한 임재를 신부를 통해 풀어놓으실 것입니다. 예수님이 포도나무이시며 우리가 그분의 능력을 풀어놓을 것이라고 말씀하셨습니다(요 14:12). 주님께서 나의 삶에 오셔서 놀라운 일들을 행하실 것입니다. 종려나무는 승리를 상징하고 내가 장성한 분량까지 성장하는 것이 주님의 뜻입니다.

내가 성숙한 만큼 주님이 그 수준에 맞게 주님의 영광, 능력과 성령의 나타나심을 풀어 놓으십니다. 주님 손에 잡힌바 되어 주님 마음껏 사용하시는 종려나무 가지가 되기를 원합니다.

그리스도의 충만함에 자라도록 이끌어 줄 은사와 성령님의 은혜를 우리가 받았습니다. 하나님은 이 나무의 가지들을 통해 부흥의 능력을 풀어내기로 결심하였습니다. 우리가 바로 그 가지입니다. 예수님이 열방에 임재를 나타내시기 위해 다시 한 번 우리를 붙드실 것입니다. 우리를 붙잡고 계신 분으로부터 온 징조와 기사가 우리를 그분의 능력과 기사의 막대기로 만드실 것입니다.

유방은 포도송이 | 유방은 양육을 의미하며, 생명을 맺는 열매 송이이기도 합니다. 분별하여 골고루 다른 이들을 먹이며 돌봅니다. 그들이 영적 성숙에 이르도록 이끕니다. 신부를 통하여 성령님의 기름부으심이 흘러갑니다(Impartation).

예수님은 열방의 대추수기에 거둘 영혼들을 양육하라고 그녀를 보내십니다. 성령님의 포도주가 그녀에게서 흘러나올 것입니다!

콧김은 사과 냄새 | 성령님의 바람은 마른 뼈들과 죽은 것들을 살려내는 생기이십니다(겔 37:4-9). 성령님께서 신부를 통해 영적 분위기와 대기를 바꾸십니다. 그녀의 숨결의 향기가 다른 사람들을 신선케 합니다.

"그들을 향하사 숨을 내쉬며 이르시되 성령을 받으라" – 요 20:22

그분은 그녀가 성령님의 신선함을 풀어놓을 것이라고 예언하십니다. 마지막 때의 교회가 열방 속에 부흥을 일으킬 성령님의 권능(생기)을 풀어놓으시며, 죽은 영혼들을 살리실 것입니다. 전파될 내용은 사과내음처럼 향긋하면서 달콤하고 맛있을 것입니다.

9절. "네 입은 좋은 포도주 같을 것이니라. 이 포도주는 내 사랑하는 자를 위하여 미끄럽게 흘러 내려서 자는 자의 입을 움직이게 하느니라"

본 절을 통해 신부의 영적 정체성을 생각해봅니다. 그녀는 순종하는 영적 모습을 보여주고 있습니다. 그녀는 자신을 예수님께서 온몸으로 사랑하고 있다는 것을 잘 알고 있었습니다. 또한 자신이 예수님께 온전히 속하였다는 것을 깨닫고, 역시 온몸으로 반응하고 있습니다.

그녀가 자신이 사랑하는 자의 전부인 이유는 바로 그분의 사모함이 그녀에게 있기 때문입니다. 그분의 사모하심을 이해하는 것이 먼저입니다. 우리는 그분을 사랑합니다. 왜냐하면 그분이 우리를 먼저 사랑하시기 때문입니다.

친밀함은 전수될 수 없지만, 친밀함을 통해서 다른 사람들을 깨울 수 있습니다. 부흥하는 교회는 그녀의 유방과 콧김과 입으로 다른 사람들을 양육하고, 성령님의 능력을 베풀고, 신성한 친밀함을 전파할 것입니다.

입은 좋은 포도주는 성령님의 좋은 영향력입니다. 친밀감은 최고의 포도주처럼 하나님께 기쁨을 드릴 것입니다. 친밀함이 몸과 마음을 담아 입을 통해서 고백으로 나옵니다. 예수님은 우리와의 친밀함을 다른 어느 것에 비교할 수 없을 정도로 뛰어난 최상급 포도주라고 하십니다. 이 예언적 선포는 우리가 하나님의 아들의 친밀한 연인으로 끝까지 남을 수 있는 능력을 부여해 주십니다. 또한 우리 입술에 파수꾼을 세워 주님을 기쁘시게 입맞춤을 해드려야 합니다.

야고보서의 말에 대한 가르침과 요한계시록의 주님의 입에서 나오는 검을 기억하십시오.

유대교 랍비가 이런 말을 하였습니다.

"사는 것과 죽는 것이 혀의 수중에 있다. 혀가 손을 가졌을까? 아니다. 그러나 혀는 손처럼 사람을 죽인다. 혀는 화살과 같다. 그것은 멀리 있는 것까지도 죽일 수가 있기 때문이다. 화살은 40보, 50보 거리의 사람을 죽인다. 그러나 혀는 온 땅을 뒤덮고 하늘에까지 이른다. 이것이야말로 혀가 얼마나 위험한 것인가를 보여준다. 화살은 손으로 막을 수 있다. 자기를 쏘려는 자가 앞에 있기 때문이다. 그러나 사람의 혀는 악의 있는 말을 퍼뜨려서 자기가 알지 못하는 사람이나 수천 킬로미터 이상 떨어져 있는 사람에게까지 중상모략 하거나 근거 없는 말을 퍼뜨려 엄청난 손해와 상처를 입힌다. 혀가 도달할 수 있는 광대한 영역 그것이 혀에 있어서의 최대의 위험성이다."

말이 아름다워야 합니다. 지혜로운 사람은 입술로 우둔함을 말하지 않습니다. 예수님은 언제나 생명의 말씀만 하셨습니다. 사람들은 나사로가 죽었다고, 그것도 썩어서 냄새가 나는 나흘째라고 말하였지만 예수님은 "죽은 것이 아니라 잔다"고 하셨습니다.

"이 말씀을 하신 후에 또 이르시되 우리 친구 나사로가 잠들었도다 그러나 내가 깨우러 가노라" – 요 11:11

이 포도주는 … 미끄럽게 흘러 내려서 | '잔'은 하나님의 뜻입니다. '사랑하는 자'를 위한 잔은 미끄럽게 흘러내려서 모두를 기쁘게 할 것입니다. 그리고 성령이 임하셔서 예수님의 사랑을 풍성하고 충만하게 계속 채울 것입니다. 성령님의 권면에 따라 그분의 속성과 성품(특별히 예민하시며 부드러우시며 겸손하신 분)을 닮아가며, 우리는 그분을 근심하게 하지 말아야 합니다.

"하나님의 성령을 근심하게 하지 말라 그 안에서 너희가 구원의 날까지 인치심을 받았느니라 너희는 모든 악독과 노함과 분냄과 떠드는 것과 비방하는 것을 모든 악의와 함께 버리고 서로 친절하게 하며 불쌍히 여기며 서로 용서하기를 하나님이 그리스도 안에서 너희를 용서하심과 같이 하라" – 엡 4:30-32

자는 자의 입으로 움직이게 하느니라 | 예수님은 급히 밀려드는 강물과 같지만 성령님은 포도주와 같이 입술과 이 사이로 매끄럽게 흘러

내립니다. 이 구절은 또한 "잠든 자의 입술로 말하게 하는 도다"로 번역되기도 합니다. 그분의 사랑의 포도주는 영적으로 잠든 자들, 즉 그분이 가까이 계시다는 것을 알지 못하는 자들로 하여금 정신이 번쩍 들게 할 것입니다. 그분을 찬양하고 간절히 바라는 마음으로 입술을 움직이기까지 그 포도주가 우리의 영을 일깨웁니다.

성령님이 잠자는 성도들의 마음에 열망을 일깨울 예수님의 동역자로 성숙한 신부를 들어 쓰실 것입니다. 성령님에 의해 감화된 말은 사람들의 마음을 세워주고 도전을 주고 권고하고 열정을 일으킬 것입니다.

10절. "나는 내 사랑하는 자에게 속하였도다 그가 나를 사모하는구나"

행복한 사랑의 고백입니다. 성숙한 사랑입니다. 나는 예수님께 속하였습니다. 나의 모든 보배는 예수님의 것입니다. 그리고 주님은 나를 사모하고 계십니다. 우리가 예수님의 사랑을 알기까지 그분이 나를 사모하고 있다는 것을 알지 못합니다.

탕자 이야기가 그것입니다. 탕자는 아버지 사랑을 몰랐습니다. 아버지를 떠나고 싶었습니다. 세상이 좋았습니다. 평생 먹여주는 아버지는 모르면서 한 끼 밥 사주는 친구가 고마웠습니다. 그래서 세상으로 나갔습니다. 돈이 떨어지니까 아무도 친구가 되어주지 않았습니다. 누구나의 친구는 누구의 친구도 아닙니다. 돼지 기르는 농장에 취직하였습니다. 이스라엘에서는 돼지를 키우지 않습니다. 탕자가 돼지를 키웠다는 것은 멀리 이방인 속에 들어가 살았다는 말입니다. 그는 너무나 굶주려 돼지들이 먹는 쥐엄 열매를 먹었습니다. 쓰레기 같은 음식으로 연명했습니다. 그러다 오랫동안 잊고 지내던 아버지가 생각났습니다. 아버지가 자기를 사랑하신다는 사실이 생각났습니다. 그래서 그는 집으로 돌아가기 위해 나섰습니다. 집에 돌아올 때, 자기가 아버지를 먼저 본 것이 아니라 아버지가 먼저 보고 달려와 끌어안았습니다. 새 옷을 주었습니다. 살찐 송아지를 잡고 잔치를 베풀며, 손가락에 금가락지를 끼워주었습니다. 아버지에게 돌아오니 아버지의 사랑을 다시금 느낄 수 있었습니다. 예수님께로 돌아가면 예수님의 사랑을 알 수 있습니다. 신부의 고백처럼 우리도 고백합시다.

"나는 내 사랑하는 자에게 속하였도다 그가 나를 사모하는구나."

그녀는 그분의 소망이 되었고 그분의 기업이 되었습니다(엡 1:18). 그녀의 연인이 그녀의 마음을 차지하였습니다. 그분은 그녀가 관심을 갖는 모든 것이 되십니다.

이전에는 두려움과 걱정이 그녀를 조정했지만, 이제는 삶의 모든 것이 오직 그분께만 드려집니다. 예수님은 신부를 생각하느라 밤에도 깨어 계십니다. 우리를 향한 그분의 생각은 셀 수 없을 정도로 많으십니다(시 139:17-18). 그분은 손바닥에 우리를 새겨 놓으셨습니다(사 49:16). 손바닥에 우리를 새겨 놓았으니 어찌 잊으실 수 있겠습니까?

만일 우리가 정말로 이것을 받아들이면 우울증이 사라질 것입니다. 우리가 무고하게 비난 받고 오해를 살 때 오히려 "그분이 나를 사모하는구나"라고 말할 수 있습니다. 주님의 사랑의 고백을 들을 때 우리의 영은 마음 깊은 곳에서 기뻐 팔짝팔짝 뜁니다.

"그분이 정말 나를 좋아하십니다!" "그분이 정말 나를 사랑하십니다!" "나는 예수님이 사랑하시는 사람입니다"라고 말할 수 있는지요?

우리를 향한 예수님의 사랑은, 우리가 그분을 저버릴지라도 가라앉지 않을 열정의 급류입니다. 비록 시글락 성에서 비틀거리면서 두려움과 불신 속에 지내고 있는 동안에도 다윗은 하나님이 자신을 기뻐하신다는 것을 알고 있었습니다(시 18:19).

주님이 나의 것에서 나는 주님의 것으로 고백이 발전합니다.

"그가 나를 사모하는구나! 그가 나를 사랑하는구나!"

우리의 간증과 신앙의 고백은 원수의 송사와 정죄함의 불화살을 막습니다. "주님께서 나를 사모하심"의 계시가 우리 신앙의 기반입니다.

신학자 칼 바르트(Karl Barth)는 자신의 신학적 핵심을 이렇게 고백했습니다.

"Jesus loves me this I know, For the Bible tells me so."("예수님이 나를 사랑하신다" 나는 이걸 알아. 성경에 그렇게 말씀하고 있기 때문이야, 찬송가 〈예수사랑하심은 1절 가사〉)

말씀 그대로, 나의 상태와는 상관없이 주님께서 변함없이 사랑하십니다. 이 진리가 우리를 죄의 노예에서 자유롭게 합니다.

11절. "내 사랑하는 자야 우리가 함께 들로 가서 동네에서 유숙하자"

들은 원어에 보면 거친 들입니다. 광야입니다. 험준한 산입니다. 힘들고 편리하지 못한 선교지를 상징합니다. 동네는 성벽이 없는 마을입니다. 서민들이 사는 곳입니다. 우리들이 섬기는 지역 교회와 믿음의 공동체입니다.

6장 11절 "내가 내려갔을 때에"에서 7장 11절 "함께 들로 가서"의 하나님의 동역자로 바뀝니다. 사역의 열매는 주님과의 사랑의 결과입니다. 우리는 혹시 필요 때문에, 약속 때문에, 의무감 때문에 사역하지는 않습니까? 사람들이 나의 사역을 인정해줄 때, 그것이 나의 우상이 되지는 않습니까? 내가 사역을 왜 하는지요? 사랑하는 자(주님) 때문에 하십니까?

우리가 함께 | 이제 신부는 주님과 함께 친밀함을 통한 하나님의 동역자(고전 3:9)가 되었습니다(주님과의 파트너십). 자신이 주님의 동산입니다. 나의 사역, 나의 교회 등을 떠나 주님의 몸을 보고 있는 모습, 주님과 자신이 이제는 하나 되었음을 고백합니다.

'들'은 부흥과 추수의 장소이며, 이 세상의 선교지, 도시, 나라입니다.

> "너희는 넉 달이 지나야 추수할 때가 이르겠다 하지 아니하느냐 그러나 나는 너희에게 이르노니 너희 눈을 들어 밭을 보라 희어져 추수하게 되었도다" – 요 4:35

> "천국은 마치 밭에 감추인 보화와 같으니 사람이 이를 발견한 후 숨겨 두고 기뻐하며 돌아가서 자기의 소유를 다 팔아 그 밭을 사느니라" – 마 13:44

이제 곳곳에 부흥의 불길이 일어나며 추수의 때가 임할 때 신부는 그곳에 가서 수고하고 섬기기를 원합니다. 추수의 들은 어디든지 될 수 있습니다. 먼저는 가정, 이웃, 직장, 교회 등 공동체, 그리고 인도와 중국, 이스라엘, 세계 열방입니다. 우리 각자에게 맡기시고 거두기 원하시는 추수가 무엇인지 분별해야 합니다.

들은 이 세상의 선교지이며(시 96:12-13, 잠 b 31:16), 열방의 모든 선교지를 의미합니다.

동네는 지역 교회들을 대표하며, 예루살렘과 유다와 온 땅에 흩어진 유대인들을 의미하기도 합니다.

복음의 변방지역 땅 끝에서 별로 사람이 없고, 아무런 일이 일어나지 않는 곳에서도 기꺼이 삶을 드리며 섬기기를 원합니다. 성숙한 신부는 사랑의 말씀을 한 번도 들어보지 못한 사람들에게 전하기 위해서라면 세상 끝까지라도 기꺼이 달려갑니다.

마지막 때의 신부는 구속사역이 풀어질 준비가 된 곳에 빈들이든 동네이든 예수님과 함께 달려갈 것입니다.

무려 2,800년 전에 이사야 선지자는 세계에 흩어진 유대인들이 구름 떼처럼 비행기를 타고 귀국하는 알리야 장면의 환상을 너무나 놀랍게 표현하였습니다.

> "저 구름 같이, 비둘기들이 그 보금자리로 날아가는 것 같이 날아오는 자들이 누구냐 ... 그들은 내가 심은 가지요 내가 손으로 만든 것으로서 나의 영광을 나타낼 것인즉" – 사 60:8, 21

그리고 북쪽 러시아를 비롯한 구소련과 서쪽 유럽에서 그리고 더 먼 다른 쪽에서, 특히 중국 땅에서도 알리야(이스라엘 고토로 이민)할 것입니다. 이는 마지막 남은, 그간 드러나지 않았던 중국 카이펑 유대인들의 알리야를(지금 막 시작 중) 이사야 선지자는 분명히 예언하였고, 그간 카이펑 유대인사역을 감당하던 우리 '성령의바람선교단'(WHM)이 주님이 사용하시는 작은 도구가 되고 있음이 너무 놀랍고 감사할 뿐입니다.

"어떤 사람은 먼 곳에서, 어떤 사람은 북쪽과 서쪽에서, 어떤 사람은 시님 땅에서 오리라" – 사 49:12

"내가 이제 내 거룩한 이름을 위하여 ... 내가 그들을 모아 고국 땅으로 돌아오게 하고 그 한 사람도 이방에 남기지 아니하리니 그들이 내가 여호와 자기들의 하나님인 줄을 알리라" – 겔 39:25-28

예수님께서 마지막 때 강력한 징조 중 하나로 직접 말씀하신(마 24:32–35) 이스라엘의 회복을 약 2,600년 전에 에스겔 36–39장에서 3단계의 과정으로 분명하게 나타나 있습니다.

첫 번째는 마른 뼈들이 돌아오는 단계입니다.

"그들에게 이르기를 주 여호와께서 이같이 말씀하시기를 내가 이스라엘 자손을 잡혀 간 여러 나라에서 인도하며 그 사방에서 모아서 그 고국 땅

으로 돌아가게 하고" – 겔 37:21

마른 뼈들은 이스라엘 백성들입니다. 그러나 오늘날 돌아오고 있는 유대인들은 거의 다 영적으로 장님이고 죽은 자들입니다. 메시아를 배척하고 열방으로 흩어지게 되었던 당시의 모습과 똑같이 믿지 않는 자들이 99% 이상입니다. 때가 되어 이들은 돌아왔고 또 계속해서 돌아오고 있습니다.

두 번째는 이 뼈, 저 뼈가 들어맞는 단계입니다.

"이에 내가 명령을 따라 대언하니 대언할 때에 소리가 나고 움직이며 이 뼈, 저 뼈가 들어 맞아 뼈들이 서로 연결되더라" – 겔 37:7

이스라엘 백성들이 조상들의 땅으로 돌아와서 국가를 형성하고 성장시킵니다.

세 번째는 생기가 사방에서 오는 단계입니다.

"인자야 너는 생기를 향하여 대언하라 생기에게 대언하여 이르기를 주 여호와께서 이같이 말씀하시기를 생기야 사방에서부터 와서 이 죽음을 당한 자에게 불어서 살아나게 하라 하셨다 하라 이에 내가 그 명령대로 대언하였더니 생기가 그들에게 들어가매 그들이 곧 살아나서 일어나 서는데 극

히 큰 군대더라" – 겔 37:9-10

기적적으로 뼈들이 모여서 사람의 형태를 이루긴 하였지만 그 몸 안에는 아직도 생기가 없었습니다(겔 37:8). 그러므로 세 번째 단계는 몸 안에 생기가 들어가는 단계, 즉 이스라엘의 영적 소생, 온 이스라엘의 구원의 단계인 것입니다. 고토에 돌아온 후에 맑은 물로 씻기시고 하나님의 영을 부어 주셔서 새롭게 태어나게 하신다는 약속입니다.

그러므로 우리 기독교인들은 에스겔의 예언처럼 사방에서 믿는 성도들이 생기(복음)를 가지고 가서 이스라엘 백성에게 부어 주어야 합니다. 성령 충만한 그리스도인들이 이스라엘로 들어가야 합니다. 이스라엘을 향해 복음을 증거하고 선교해야 합니다.

모든 것이 **이스라엘의 넘어짐** 때문입니다. **신비스러운 복음의 비밀의 열쇠**가 여기에 있습니다. 그리고 이것은 계속해서 중국, 인도, 중앙아시아, 중동으로 들어가 아랍권의 문을 열고 결국 이스라엘을 구원시킨다는 비밀입니다(Back to Jerusalem). 우리가 알아야 할 것은 바로 **선교의 끝은 이스라엘이라는 것입니다. 끝을 알면 과정이 단축될 수 있습니다.**

이스라엘이 아직도 영적 회복이 되지 않고 있으며 유대인들이 복음을 받아들이지 않고 있는 것도 결국 하나님의 구속사 계획 속에 들어

있는 섭리라고 볼 수 있습니다. 왜냐하면 모든 이방인들 즉 **세계 열방의 미전도 종족에게 복음이 전파**되어 그들이 예수 그리스도를 구주로 영접할 때까지, **이방인들의 충만한 수가 돌아올 때까지**, 하나님께서는 오래 참고 기다리시기 때문입니다.

> "이 천국 복음이 모든 민족에게 증언되기 위하여 온 세상에 전파되리니 그제야 끝이 오리라" – 마 24:14

이 말씀은 하나님의 구속사가 완성되는 시점이 이스라엘의 회복, 유대인의 복음화와 맞물려있음을 깨닫게 됩니다. 유대인의 영적 회복은 하나님의 구속사의 완성이며, 예수님의 재림을 앞당기는 영광스런 일입니다. 세계 열방의 미전도 종족을 찾아 선교하는 일도 귀중한 사명입니다. 하지만 성경말씀으로 돌아가 깊이 묵상할수록 유대교, 유대인에 대한 선교적 사명을 더욱 깊이 깨닫게 됩니다.

12절. "우리가 일찍이 일어나서 포도원으로 가서 포도 움이 돋았는지, 꽃술이 퍼졌는지, 석류꽃이 피었는지 보자 거기에서 내가 내 사랑을 네게 주리라"

그분이 그녀에게 말씀하신 모든 것이 이제 열매를 맺고 있습니다. 십자가에서 그녀를 향해 몸을 내밀던 그분이 이제는 그녀 안에서 자신을 충만히 드러내십니다. 이때, 그분이 그녀를 초청하면 그녀는 안락함을 뒤로 하고 떠날 것입니다.

이제 그녀는 산꼭대기와 모든 계곡을 가로질러 그분과 함께 달려갈 준비가 되었습니다.

그녀는 아가서 7장 5–9절에서 받은 계시로 깊이 변화되었습니다. 그분의 능력 안에서 열방의 마음을 움직일 위대한 사명을 성취하려는 신선한 헌신의 마음이 솟아납니다. 그녀가 "가자"라며 외칩니다! 그분은, "내가 올라가리라"고 약속하셨습니다(7:8). 그래서 깨달음을 얻은 신부로서 그녀는"내 사랑하는 자야, 가요!"라고 말합니다.

그분이 하신 약속의 말씀이 중보의 불을 일으키는 연료였던 것입니다. 처음에는 왕이 그녀를 이끌었는데, 이제는 그녀가 왕을 이끌고 있습니다. 그녀는 주위와 이 세상에서 구원이 필요한 곳에 이 왕을 알리려고 중보기도하고 있습니다!

전에는 동참하라는 그분의 초청을 받았지만, 이제는 오히려 그녀가 동참하라고 그분을 초청합니다. "우리가"라는 말이 7장 11–12절에서 두 번 사용됩니다(NIV는 3번). 그들은 성숙한 동역자 관계로 세워집니다(막 16:20; 고전 3:9; 15:10).

여정 초기에 그녀는 소파에 앉은 채 벽 뒤에 숨어 있거나 그분을 즐기면서 잔칫상에 앉아 있었습니다. 그분이 와서 따라오라고 청하실 때마다 치러야 할 대가를 두려워하며 매번 그녀는 거절했었습니다. 여정의 끝에 다다른 지금, 그녀에게는 두려울 것이 없습니다. 머나먼 곳에서도 기꺼이 밤을 보냅니다. 그분이 계시면, 자신의 안락지대를 떠나기를 두려워하지 않습니다. 그녀의 믿음과 복종이 자라났습니다. 순례자의 본성이 술람미 여인 안에서부터 흘러나오고 있습니다.

그녀는 다른 이들의 마음속에 하나님의 동산을 가꾸어 주려는 마음을 품습니다. 처음에, 그녀는 다른 이들이 자신을 포도원 지기로 삼아 힘든 일을 시켰기 때문에 지쳐버렸다며 슬퍼했습니다. 그러나 이제 그녀는 들 밖에 있는 포도원에서 다른 이들을 기쁨으로 섬깁니다. 그분에 대한 사랑 때문에 그분의 어린 양을 먹이고 있는 것입니다(요 21:15-17).

다른 이들을 섬김이 그분과의 사랑에 방해되지 않으며, 그분의 임재에서 그녀를 떼어내지 못합니다. 그녀는 그분의 불의 전차인 것입니다.

일찍 일어나서 포도원으로 가서 | 부지런하며 열정을 갖고 다른 사역들에게 관심을 갖는 모습이며, 자기에게만 몰두하는 것이 아니고 이제는 사역의 지경을 넓혀갑니다.

열성과 열의가 신부에게 힘을 북돋아 줍니다. 그녀는 '일찍이' 가서 다른 이들을 기꺼이 섬깁니다. 그녀는 다급함과 불편함과 사역의 바쁨을 즐거이 감당할 것입니다. 섬기는 일에 함께 수고할 때 그녀는 예수님처럼 보일 것입니다. 그분의 나라를 세우는 일에 최우선 순위를 둡니다.

포도 움, 꽃술, 석류꽃 - 서로 다른 사람들과 다른 사역들을 뜻합니다. 아직 어리고 연약한 성도, 교회의 상태이지만, 그들을 귀하게 여기는 마음이 나타납니다. 미성숙하고 연약한 자들과 함께 사역하는 것은 힘들고 도전이 될 수 있습니다. 수확이 기다려지는 곳이 아닌, 초라한 곳이라도 주님께서 보내시면, 사랑으로 응답하고 가는 진정한 사역자의 태도를 보여줍니다. 더 이상 이기적이지 않은 그녀는 한때 자신이 싫어했던 사람들을 축복하기를 갈망합니다. 또한 하나님의 목적 안에서 다른 사람들이 성공하고 꽃 피우는 것을 보기를 열망합니다. 성숙한 자만이 마음에 다정함을 품고 그분과 함께 그리스도의 몸인 동네들을 향해 달려갈 수 있습니다.

한때는 그분이 그녀의 포도나무에 움이 돋았는지 보려고 오셨는데(아 6:11), 이제 그녀는 그분과 함께 도움이 필요한 자들과 미성숙한 자들이 새로 꽃피운 미덕을 보려고 갈 것입니다. 그분의 기름부으심이 포도나무로 하여금 꽃 피우게 합니다. 우리가 예수님과 함께 갈 때, 그분의 임재가 생명을 샘솟게 합니다. 거기에서 내 사랑을 주리라!

신부는 홀로 조용한 가운데서 주님께 사랑을 드릴뿐 아니라 힘든 사역의 현장에서도 사랑을 드릴 수 있습니다(일편단심의 사랑!). 수고하며,

불편함과 어려움 가운데서도 신부는 친밀함을 유지하며 모든 것이 사랑을 위해서 임을 알고 있습니다. 교회의 참 모습은 친밀함, 그분의 사역, 그분의 고난에 기쁨으로 동참하는 것입니다.

"내가 그리스도와 그 부활의 권능과 그 고난에 참여함을 알고자 하여 그의 죽으심을 본받아" – 빌 3:10

"누가 우리를 그리스도의 사랑에서 끊으리요 환난이나 곤고나 박해나 기근이나 적신이나 위험이나 칼이랴 기록된 바 우리가 종일 주를 위하여 죽임을 당하게 되며 도살 당할 양 같이 여김을 받았나이다 함과 같으니라 그러나 이 모든 일에 우리를 사랑하시는 이로 말미암아 우리가 넉넉히 이기느니라 내가 확신하노니 사망이나 생명이나 천사들이나 권세자들이나 현재 일이나 장래 일이나 능력이나 높음이나 깊음이나 다른 어떤 피조물이라도 우리를 우리 주 그리스도 예수 안에 있는 하나님의 사랑에서 끊을 수 없으리라" – 롬 8:35-39

아무것도(환난, 곤고, 핍박, 기근, 적신, 위험, 칼) 이 사랑을 막을 수 없습니다. 영적 전쟁과 갈등과 마음 속의 두려움과 주위의 압박에 둘러싸여 있을지라도 우리는, "거기에서 내가 내 사랑을 네게 주리라!"라고 말할 수 있습니다. 가장 힘겨운 시간과 가장 힘든 장소에서도 그분을 사랑할 신부를 예수님의 신부로 예비하실 것입니다. 그녀는 신부라는 동반자로서 그분과 함께 달려갈 것입니다. 우리들 신부의 여정에서 어려움, 핍박, 실망 가운데서도 여전히 예수 그리스도를 향해 큰 사랑 안에 걸어가려면 성숙함이 필요합니다.

13절. **"합환채가 향기를 뿜어내고 우리의 문 앞에는 여러 가지 귀한 열매가 새것, 묵은 것으로 마련되었구나 내가 내 사랑하는 자 너를 위하여 쌓아 둔 것이로다"**

합환채는 사랑 열매(love fruit)로서 불임 여성들이 임신하기 위해 사용하는 열매입니다.

> "밀 거둘 때 르우벤이 나가서 들에서 합환채를 얻어 그의 어머니 레아에게 드렸더니 라헬이 레아에게 이르되 언니의 아들의 합환채를 청구하노라 레아가 그에게 이르되 네가 내 남편을 빼앗은 것이 작은 일이냐 그런데 네가 내 아들의 합환채도 빼앗고자 하느냐 라헬이 이르되 그러면 언니의 아들의 합환채 대신에 오늘 밤에 내 남편이 언니와 동침하리라 하니라 저물 때에 야곱이 들에서 돌아오매 레아가 나와서 그를 영접하며 이르되 내게로 들어오라 내가 내 아들의 합환채로 당신을 샀노라 그 밤에 야곱이 그와 동침하였더라" – 창 30:14-16

합환채는 얼갈이 배추처럼 생긴 식물에서 나오는 아주 작은 열매로 동그스름하지만 향이 아주 좋습니다. 열매는 자줏빛이 돌며 향이 진동하기 때문에 사랑의 열매로 불릴 정도로 이 합환채는 황실의 사랑을 말합니다. 우리의 삶과 사역 속에 주님과의 깊은 친밀함을 통하여 향기와 열매가 얻어집니다. 합환채는 밀 수확기 동안에 꽃을 피웁니다.

신부는 영혼의 대추수를 거두기 위해 왕과 함께 일하고 있습니다. 신부는 왕의 자녀의 어머니가 되기를 원합니다. 자신에 대해서는 죽고 하나님에 대해서는 살아있는 사람들의 삶 속에서 많은 지체들로 구성된 이 그리스도의 몸을 보게 될 것입니다(롬 6:11).

우리의 문 앞 | 이 표현은 신부의 권위, 지금까지 경험한 삶을 말합니다. 바로 자신의 눈 앞 가까운 곳에 상상할 수 있는 모든 진미가 차려져 있습니다. 영혼의 진미는 그분의 내적 생명이 맺은 열매로서 추수의 수고와 기쁨을 함께 나눕니다.

여러 가지 귀한 열매가 새것, 묵은 것 | 신부는 사역의 귀한 열매들을 보며 주님께서 기뻐받으심을 확신합니다. 나의 지나온 삶과 경험(귀한 영적 체험, 실패, 회복, 환난, 시험)을 통해서 성령님 안에서 맺게 된 열매들과 성품을 기뻐합니다.

새롭고, 신선한 아직 경험 못해본 성령의 열매들을 기대합니다. 이러한 열매들은 천국에 영원히 상급으로 쌓여있을 것입니다.

"오직 성령의 열매는 사랑과 희락과 화평과 오래 참음과 자비와 양선과 충성과 온유와 절제니 이같은 것을 금지할 법이 없느니라" – 갈 5:22-23

"오직 너희를 위하여 보물을 하늘에 쌓아 두라 거기는 좀이나 동록이 해하지 못하며 도둑이 구멍을 뚫지도 못하고 도둑질도 못하느니라" – 마 6:20

신부는 모든 열매가 사랑하는 자인 예수님을 위한 것이라고 고백합니다. 그녀의 깊은 경험들과 오늘 받은 아주 신선한 계시로부터 가르침을 얻습니다. 계속되는 추수가 계속되는 행복을 거두어들입니다.

"너희는 오래 두었던 묵은 곡식을 먹다가 새 곡식으로 말미암아 묵은 곡식을 치우게 될 것이며" – 레 26:10

그녀는 영원한 사랑의 제사로 그분 발 앞에 드리려고 보물을 하늘나라에 쌓아 놓습니다.

"우리가 일찍 일어나서

포도원으로 가서

포도 움이 돋았는지,

꽃술이 퍼졌는지,

석류 꽃이 피었는지 보자

거기에서 내가

내 사랑을 네게 주리라"

(아 7:12)

CHAPTER 08

신부의 거룩한 사랑과 소망, 마라나타

1절. “네가 내 어머니의 젖을 먹은 오라비 같았더라면 내가 밖에 서 너를 만날 때에 입을 맞추어도 나를 업신여길 자가 없었을 것이라”

그분의 눈을 들여다보면서 그녀는 마음을 열고 그분과 비밀을 나눕니다. 그녀는 그처럼 훌륭한 왕께 충성과 사랑을 대담하게 표출하기를 간절히 원합니다. 처음에는 그분의 입맞춤을 받으려고 외쳤지만, 이제는 그분을 직접 찾아내서라도 입맞춤할 정도입니다. 다른 사람들은 예수님을 향한 불타는 열정을 이해하지 못합니다.

스스로 의롭다고 여기는 사람들에게는 대중예배 때 예수님께 아낌없는 사랑을 쏟아 붓는 사람들이 역겨워 보일 뿐입니다. 다른 사람들이 어떻게 생각할까 두려워하는 마음을 극복할 수 있는 담대함을 달라고 기도합니다.

솔로몬 왕 당시 사회적으로 약혼한 자들은 공공의 장소에서 서로 사랑을 표현하는 것이 터부시 됐습니다. 일부다처의 환경에서 한 어머니의 젖을 먹은 친형제들은 오히려 자유롭게 친밀함을 표현할 수 있었습니다. 신부의 안타까운 마음을 봅니다. 실제로 야곱은 그의 누이동생 라헬을 만나 거리에서 입을 맞추었습니다.

> "그가 라헬에게 입맞추고 소리 내어 울며 그에게 자기가 그의 아버지의 생질이요 리브가의 아들 됨을 말하였더니" – 창 29:11-12

한편 우리는 자유자들이지만 다른 사람들을 사랑하기 위해서 절제가 필요합니다(롬 15:2; 고전 8:9; 10:23–24). 심지어 주님에 대한 사랑 표현, 예배, 기도, 사역, 남을 돕는 것, 말 등에도 때로 절제가 필요할 때가 있습니다. 모든 것은 그리스도 안에서 교회에 덕을 위해서 입니다.

2절. "내가 너를 이끌어 내 어머니 집에 들이고 네게서 교훈을 받았으리라 나는 향기로운 술 곧 석류즙으로 네게 마시게 하겠고"

내 어머니 집에 들이고 네게서 교훈을 받았으리라 | 얼마나 대담한 생각입니까!

"제가 당신을 이끌기를 원합니다." 그녀는 처음 자신을 훈련시켜 주었던 이들을 섬김으로써 그들을 존중합니다. 신부는 다른 사람들을 비판, 판단, 비난하지 않습니다.

능력 있는 기도와 거룩한 사랑을 통해 우리는 정말로 다른 사람들에게로 그분을 이끌어 갈 수 있습니다. 그녀는 자신의 어머니 집인 교회에 그분의 임재를 이끌어가기를 열망합니다(갈 4:26).

그분의 기름부으심이 바로 그들에게 필요한 것인데, 그녀는 그것을 알고 있습니다. 실상은 예수님께서 우리로 하여금 그분을 이끌어가게 하실 것입니다.

우리에게 왕국의 권세를 주시며 우리가 결정할 일을 도와주십니다. 성숙한 자들만이 이 은혜의 동반자 관계를 온전히 발견할 것입니다.

신부의 영성은 신랑 예수님과 동역의 파트너십입니다. 신부가 말씀을 배웠고 오랜 기간 익숙한 곳(교회)으로 주님을 인도해서 가겠다는 열망은 나를 너무 잘 아는 사람들(가족들, 오랜 친구)에게 주님과의 친밀함을 보이며 사역을 하는 것은 도전이 될 수 있습니다. 선지자가 자기의 고향에서 존경 받기가 쉽지 않음과 같습니다(마 13:57).

신부는 자기의 지금까지 여정가운데 만났던 형제, 자매, 지도자들에게 감사함을 갖습니다. 주님께만 인도함을 받는 것이 아닌 신부는 주님을 인도하는 위엄을 부여 받습니다.

향기로운 술 곧 석류즙으로 | 그녀가 가진 최고의 것인 값비싼 흠모를 그분께 드리겠다고 합니다. 그녀가 기쁨의 잔이 된 것입니다. 우리에게는 예수 그리스도를 예배하는 굉장한 특권이 있습니다. 찬양 중에 우리 마음이 열릴 때마다 그분께 드릴 달콤한 무엇인가가 있습니다. 우리 마음이 향기로운 찬양으로 깨어집니다.

그분의 발아래 앉아서, 우리는 하나님의 아들과 한 영으로 연합되는 것을 깨닫습니다. 석류즙은 아주 값비싼 향기로운 음료로써 귀한 손님께 대접할 때 사용합니다. 주님 앞에 나의 최고의 것들을 드려서 주님을 시원하게 해드리려는 마음(아 5:1)이며, 석류즙은 내면의 삶에서 경험한 은혜의 단맛을 표현합니다.

최고를 기대하려면 최고를 드려야 합니다. 마리아는 자기가 가지고 있는 최고의 것 옥합을 깨뜨려 예수님께 부었습니다. 예수님도 최고의 선물을 주었습니다. "온 천하에 어디서든지 복음이 전파되는 곳에는 이 여자가 행한 일도 말하여 그를 기억하리라"(막 14:9). 최고의 축복입니다. 최고의 것을 예수님께 올려드리는 이것이 아름다운 믿음입니다.

신부의 사역의 토대는 비밀스러운 곳에서 하나님과의 만남을 지속적으로 경험하므로 세워진 것입니다.

3절. "너는 왼팔로는 내 머리를 고이고 오른손으로는 나를 안았으리라"

그분의 충만한 사랑이 그녀를 감싸 안았습니다. 권능을 나타내는 오른팔(손)과 보이지 않는 보살핌을 나타내는 왼팔(손)로 그녀를 꼭 잡아주십니다. 어두움의 날들이 신부를 에워쌀 때 그분이 신부를 마음 가까이 꼭 붙들어 주십니다.

오늘 주님과 포옹하셨습니까? 눈에 보이지 않는 주님의 손길인 왼팔이 언제나 우리를 지키십니다. 오른팔은 우리가 분명하게 볼 수 있고 느낄 수 있는 주님의 축복과 은총의 손입니다.

4절. "예루살렘 딸들아 내가 너희에게 부탁한다 내 사랑하는 자가 원하기 전에는 흔들지 말며 깨우지 말지니라"

이제 2장 7절과 3장 5절의 예민한 동물인 '노루와 들사슴'이 필요 없어지고 성숙한 신부는 더 이상 세상의 주위에 대해 예민하지 않습니다. 전에는 성숙하지 못하였고 안정감이 부족하며 때로 요동치기 때문이었습니다. 이제는 오직 신랑 예수님께만 민감하며 그분의 영향만을 받습니다. 주님은 신부를 혼란으로부터 보호하십니다.

신랑과의 사랑의 포옹을 이해하지 못할 사람들에게 예수님이 권위

있게 말씀하실 것입니다. 우리는 이 '책임'을 그분께 맡겨드려야 합니다.

왕과 함께 신성한 영광의 시간을 누리고 있는 그녀를 방해하지 말라고 그 여인들에게 충고하십니다. 그분은 이 노래 속에서 이 말을 세 번 하셨는데 이번에는 '노루나 들의 암사슴으로'라는 구절을 생략하셨습니다. 그녀에게 있었던 두려움과 소심한 날들은 끝이 났습니다. 그녀는 다른 사람들 눈에 어떻게 보일까에 개의치 않고 그분께 매혹 당했습니다. 그녀가 '원하기 전에는' 자신을 향한 예수님의 목적을 발견할 때까지 예수님이 은혜로 지켜주실 것입니다.

깨우지 말지니라 | 특별한 시즌이 있을 때마다 성령님께서 예루살렘 여자들에게 신부를 깨우지 말 것을 당부하십니다. 주님께서는 우리의 영적인 시즌을 이해하고 그 시즌 동안에 주님의 마음에 대한 계시가 더욱 깊어지기를 원하십니다.

5절. "그의 사랑하는 자를 의지하고 거친 들에서 올라오는 여자가 누구인가. 너로 말미암아 네 어머니가 고생한 곳 너를 낳은 자가 애쓴 그 곳 사과나무 아래에서 내가 너를 깨웠노라"

그녀는 거친 들을 통과하여 여기까지 왔습니다. 오직 사랑하는 자 예수님과 함께 정말 거친 들의 여정을 통과하여 이곳까지 왔습니다. 거친 들이지만 단숨에 달려올 수 있었던 것은 오직 하나, 사랑하는 자가 옆에 있기 때문입니다. 신부의 여정은 거친 들을 올라가는 힘든 길입니다. 승리의 비결이 있습니다. 단 한 가지 사랑하는 자를 의지하고 가는 것입니다. 그녀는 타락한 광야, 이 세상에 있는 시험과 유혹, 어려움 앞에서 승리가운데 올라옵니다.

신부는 사랑과 감사로 강해져서 그녀가 사랑하는 분이신 예수님께 기대고 있습니다. 이것이 광야를 지날 때 멈추지 않고 쓰러지지 않는 유일한 방법입니다

사랑하는 자를 의지하고 거친 들에서 올라오는 여자 | 광야의 시험과 삶의 고독한 난관들을 견뎌낸 이 사람은 누구입니까? 그녀는, 존재의 단 한 가지 목적을 품은 열정적인 사람들의 동반자입니다. 하나님의 아들과 하나가 되려는 목적입니다. 그녀는 인생의 시험을 통과했습니다. 그녀는 어두운 밤과 힘겨운 시절을 겪으면서 여정을 계속해왔습니다. '누구인가'는 이제 성숙한 신부를 보시며 감탄하시는 성령님의 말씀입니다.

바야흐로 그녀는 그분의 승리한 신부가 된 것입니다. 그분을 사랑하기 때문에 그녀는 무슨 일이 있어도 광야를 빠져나올 수 있을 것입니다. 죄의식과 수치심 그리고 두려움 등 종교성을 띤 동기들은 우리를 충분히 채워주지 못하지만, 사랑으로는 충분합니다. 그녀의 발걸음은

숨겨진 계단을 오릅니다. 야곱이 벧엘에서 본 환상처럼, 예수님이라는 계단이 바로 그녀 앞에 있습니다.

술람미 여인은 황량한 들판에서 나와서 그분의 마지막 때의 영광 속으로 걸어 올라갔습니다. 불로 정화된 그녀는 이제 영원한 도성을 위해 스스로 준비하는 신부입니다. 충성스러운 사랑을 품은 그녀의 마음은 그분의 가슴에서 안심하고 쉽니다(요 13:23).

아가서 8장 5절이 우리의 운명입니다! 우리의 삶 전체에 걸쳐 그분께 전적으로 의지하는 태도를 우리 안에 심어 놓는 것이 주님의 전략이었습니다(렘 9:23). 그분께 의지할 때 그분의 생명을 흡수하게 됩니다.

"사랑하는 자를 의지하고… 오는 자가 누구인가"라는 물음에 반응해야 합니다. 그럴 때, 우리가 사랑하는 분을 의지하면서 거친 들에서 빠져 나올 수 있습니다! **주님이 우리를 깨어나게 하려고 그 거친 들을 사용하셨던 것입니다.**

환난의 때, 마지막 때에 많은 사람이 신앙을 저버릴 때, 굳게 설 수 있는 비결은 오직 주님을 사랑하는 것입니다. 사랑하는 자들은 포기하지 않습니다.

신부는 오직 사랑하는 자를 의지합니다. 주님이 사는 이유이며, 목적이고 근원임을 인정하고(렘 9:23; 고전 1:31), 연약하더라도 포기하지 않고 그 사랑을 의지할 때만 어려움을 견딜 수 있습니다. 은사도, 기름 부음도, 능력도, 사역의 성공도 중요하지만 형통함 가운데서도 주님만을 의지하고 사랑할 수 있어야 합니다.

오직 주님의 마음을 알고 이해할 때, 그분의 하시는 모든 일(시험, 핍박, 심판조차도)이 사랑 때문임을 아는 자들은 모든 환난을 이길 수 있습니다. 거친 들에서 사랑의 승리로 올라오는 신부의 모습과 죽음을 이기고 올라오신 신랑의 모습은 영광스럽습니다(아 3:6).

사과나무 아래에서 내가 너를 깨웠노라 | 주님이 불쌍한 죄인인 술람미 여인을 찾다가 사과나무 아래에서 발견하고 있는 모습 그대로의 그녀를 사랑하셨습니다. 사과나무는 충만한 사랑이신 그리스도의 모습을 나타냅니다. 그분의 영원한 사랑의 그늘 아래 그녀의 사랑하는 자가 그녀를 깨워 십자가를 바라보게 합니다.

우리 마음 문을 두드려서 예수님을 위한 거룩한 열정으로 일깨우기 위해 그분이 오십니다.

'너로 말미암아 네 어머니가 고생한 곳'인 교회는 중보기도와 복음전파를 겪으면서 산고 끝에 회심자들을 낳는 것입니다(계 12:2). 이 회심자들이 거룩한 애정에 사로잡혀 예루살렘의 딸들이 되고, 이어서 저마다 나름대로 술람미 여인의 여정을 시작하게 됩니다. 주님께서 신부가 이렇게 성장한 여정을 다시 상기시키십니다. 십자가 밑에서 놀라운 사랑의 계시를 받던 때(2:3)를 우리는 자주 기억해야 합니다.

하나님은 이스라엘 백성에게 절기를 계속 기억하여 지키라고 명령하셨습니다. 성만찬도 계속 주님이 완성하신 일을 기념(기억)하는 것입니다. 주님이 우리를 먼저 깨우셔야만 믿음의 돌파가 나타납니다.

6절. "너는 나를 도장 같이 마음에 품고 도장 같이 팔에 두라 사랑은 죽음 같이 강하고 질투는 스올 같이 잔인하며 불길 같이 일어나니 그 기세가 여호와의 불과 같으니라"

예수님께서 신부에게 당신을 인과 같이 두라고 요청하십니다. 신부가 그분에게 인처럼 이미 새겨져 있기 때문입니다. 그녀의 여정은 입맞춤을 바라는 것으로 시작했다가 그녀의 마음을 굳게 봉해두는 신성한 사랑의 불길 같은 도장으로 끝이 납니다.

그것은 인정과 은총의 도장입니다. 그것은 그녀가 왕께 속한 것이라는 주인 되심을 알리는 도장입니다! 그것은 깨질 수 없는 왕의 봉인입니다(솔로몬 시대에 누구든 왕의 봉인을 깨면 죽임을 당했습니다).

주 예수님이 우리 마음에 불길 같은 도장이 될 때, 우리는 예수 그리스도의 주인 되심 속으로 점차 이끌려 들어갑니다. '도장'이라는 히브리말은 '감옥'이라고 번역될 수 있습니다. 주 예수님이 우리를 그분의 사랑 안에 가두어 놓기를 원하십니다. 사도 바울의 "주 안에서 갇힌 내가"(엡 4:1)라고 말했습니다.

그분의 사랑의 감옥 안에서 우리는 그분의 뜻과 즐거움만이 우리의 기쁨이 된다는 것을 발견합니다. 이제 우리는 그분을 사랑의 도장처럼 마음에 품어야 합니다. 그분의 사랑을 보려고 우리의 영을 열 때(요일 3:1), 우리 안에 성령님의 놀라운 역사하심이 나타납니다. 그분이 사랑으로 우리를 단단히 봉하십니다! 우리는 그분이 거하실 영원한 장소인 사랑의 궁전입니다!

마음에 품고 | 주님의 첫째 계명(마 22:37)은 온 마음으로 주님을 사랑하기 원하십니다. 왕의 인장은 번복할 수 없는 것이며 권위와 소유권과 보호를 의미합니다.

팔에 두라 | 마음은 사랑이 있는 곳이고, 팔은 힘이 내재된 곳입니다. 예수님 자신이 성스러운 기름부음과 힘으로 우리 팔에 도장을 찍으실 것입니다. **기름부음이 우리의 비밀스런 힘입니다.** 인이 찍힌 팔로 우리는 축복과 거룩한 열정을 사람들에게 전수할 수 있습니다. 우리 팔이 전능하신 사랑으로 인 쳐질 때, 영적 회복력이 우리의 섬김의 특징이 됩니다. 초자연적인 은혜가 우리 팔에 찍힌 도장에서부터 흘러나옵니다! 예수님이 우리 힘의 비밀스런 원천이 될 때, 우리의 섬김이 성화됩니다.

천사의 날개를 달고 곤비치 아니하고 달려갑니다. 그분이 주신 강건함 속에서 불길 같은 사랑으로 인 쳐진 팔로 일할 때, 모든 섬김의 행위가 더 맑은 샘에서 흘러나옵니다.

죽음 같이 강하고 | 죽음은 공포의 왕입니다. 모든 눈물과 슬픔도, 사랑하는 사람들의 한숨도, 그 무엇도 죽음의 손아귀에 붙들린 자를 놓아줄 수 없습니다. 죽음은 훨씬 힘이 세고 한 번 움켜쥐면 절대 놓지 않습니다. 이것이 바로 하나님의 사랑입니다. 하나님의 사랑이 우리를 단단히 붙들고 절대로 놓지 않습니다.

죽음은 모든 것을 요구하며, 인간은 죽음을 벗어날 수 없습니다. 질투는 스올 같이 잔인함 같이 무덤 보다 더 잔인한 것이 있을까요? 우리가 사랑하는 사랑하던 자들을 죽음의 어두운 묘지 속으로 내리울 때 무덤은 눈물의 호소에도 끄떡 안 합니다. 무덤은 동정심도 없고 연민도 없습니다. 무덤이 자기의 희생자를 놓아주지 않는 것과 마찬가지로 예수님의 사랑은 우리를 포기하지도 내어주지도 않을 것입니다.

우리의 여정은 불같이 질투하는 그분의 사랑의 마음으로 들어가는 과정입니다. 너무나 광범위하고 너무나 질투가 심해서 죽음과 무덤에만 비교될 수 있는 예수님의 사랑을 신부에게 내어주려 하십니다.

우리 주 예수님이 하나님께 자신을 내어드릴 때 하신 마지막 말씀은 “다 이루었다”이었습니다. 실제로 예수님이 하신 말씀은 아람어로 “칼라"(Kalah)입니다. 이 말은 두 가지 의미가 있습니다. 하나는 '이루었다 또는 성취했다'는 뜻이고, 다른 하나는 '신부'입니다.

우리의 왕이 돌아가실 때 제일 마지막에 하신 말씀이 자신의 신부를 향한 그리움이 사무친 탄식이었습니다. 그분은 신부를 위해 돌아가신 것입니다!

감리교를 창설한 존 웨슬레(John Wesley) 목사는 성결의 불을 영국에 타오르게 했던 사람입니다. 당시 영국은 한 집 건너 술집, 한 집 건너 도박장이었습니다. 복음이 들어가는 곳에는 성결의 영이 흘러 들어가게 되어 있습니다. 복음 가운데 역사하시는 성령님은 성결의 영이십니다. 회개의 역사가 일어납니다. "세계는 나의 교구다!"(The world is my parish). 존 웨슬레는 불길 같은 믿음을 가지고, 뜨거운 열정을 가지고 복음전도자의 위대한 삶을 보여주었습니다.

주님의 나를 향한 사랑의 질투는 무덤같이 잔혹합니다. 사랑에 방해되는 모든 것을 제거하실 것입니다.

불길 같이 일어나니... 여호와의 불 | 예수님의 마음에서 나오는 사랑의 섬광은 태양의 이글거림과도 같습니다. 사랑의 감옥에서는 불이 우리를 둘러싸고 있습니다. 그 번개는 불의 번개이며 맹렬한 불꽃입니다! 그분이 신부의 도장이 될 때 하나님의 번갯불이 친히 우리의 혼을 감쌀 것입니다. 성경에 나오는 첫 번째 계시 중 하나는 신명기 4장 24

절의 말씀 “네 하나님 여호와는 소멸하는 불이시요”입니다. 하나님의 불은 제일 먼저 그분의 백성을 향한 열정의 불을 말합니다. 예수님은 불꽃같은 눈으로 신부를 바라보십니다(계 19:12).

이 같은 사랑에 붙잡혀 있다는 것은 우리 안에서 거룩한 화산이 폭발하는 것과 같습니다! 그분의 사랑의 용암이 우리의 세속적인 야망과 자만의 문을 태워버리고 육신적인 삶을 태워버릴 것입니다. 그것은 우리가 온전히 그분 소유가 될 때까지 쉬지 않을, 꺼지지 않을 불입니다. 이 불을 끌 수 있는 것은 아무것도 없습니다.

오직 성령님께서만 이 불을 일으키시고, 불은 모든 불순물을 정화시킵니다.

7절. “많은 물도 이 사랑을 끄지 못하겠고 홍수라도 삼키지 못하나니 사람이 그의 온 가산을 다 주고 사랑과 바꾸려 할지라도 오히려 멸시를 받으리라”

세상에 돈으로 살 수 없는 것들이 있습니다. 공기나 천국이나 믿음이나 사랑은 돈으로 살 수 없는 가치입니다. 이제 그 무엇도 신부 안에서 타오르는 영원하고 신성한 사랑의 불꽃을 끌 수 없습니다. 어떤 것도 사랑의 질투라는 불꽃을 꺼뜨릴 수 없습니다.

이 초자연적인 불길이 신부의 동행이라는 산제사를 태우려고 하늘에서부터 내려옵니다. 그 불은 꺼지지 않을 것입니다. 질병과 실패와 수치와 죄의식 어느 것도 하나님의 사랑의 불을 끌 수 없습니다. 심지어 핍박의 강조차도 끌 수 없으며, 직장에서 해고될 수도 있고 교회에서 쫓겨날 수 도 있고 사랑하는 자들에게 거절당할 수 있다 해도, 가장 혹심한 어려움의 강조차 이 이글거리며 타오르는 불길을 꺼뜨릴 수 없습니다(계 12:16-17).

그분의 사랑은 우리의 행위나 헌신에 찍히지 않고 우리 마음에 찍힌 도장입니다. 아무도 모르는 우리의 실패와 수치스러운 과거가 아니라 그분의 사랑의 도장입니다. 우리는 실패할지라도 사랑은 실패하지 않습니다.

많은 물도 ... 홍수라도 | 환난, 핍박(막 4:17), 세상의 염려, 재물, 기타 욕심(막 4:19), 원수의 송사와 정죄 등의 유혹을 상징합니다.

원수는 항상 초자연적인 하나님의 역사를 끄려고 합니다. 원수는 불을 끄고자 핍박, 유혹. 무감각, 실망, 고통의 물을 쏟아 붓습니다. 그러나 위로부터 부어지는 하나님의 사랑의 불은 유혹과 핍박의 어두운 홍수보다 강력합니다.

그의 온 가산을 다 주고 사랑과 바꾸려 할지라도 | 사랑이 우리로 하여금 비용에 개의치 않고 모든 것을 버릴 마음을 불러일으킵니다. 이것이 혼인하는 날, 예수님께 선보일 신부 안에 거하고 있을 사랑입니다!

이 사랑에 감동된 바울은 빌립보서 3장 8절에서 "또한 모든 것을 해로 여김은 내 주 그리스도 예수를 아는 지식이 가장 고상하기 때문이라"고 했습니다. 우리 마음에 불길 같은 도장으로 임해달라고 주님께 구합시다. 그분을 위한 모든 애씀이 힘의 비밀한 원천이 되어 기운을 내서 일할 수 있게 해달라고 구합시다.

우리를 불사르기까지 그 모든 강렬함으로 타오를 신성한 불꽃을 달라고 기도합시다. 내가 주님을 위해서 무엇을 한 것이 주님 앞에서 자랑이 될 수 없습니다. 내가 주님을 사랑했기 때문에 내가 한 일을 자랑할 수 없는 것입니다.

8절. "우리에게 있는 작은 누이는 아직도 유방이 없구나 그가 청혼을 받는 날에는 우리가 그를 위하여 무엇을 할까"

8장 8-9절에서 교회를 향한 그녀의 열정과 기도의 사역을 봅니다. 신부는 더욱 깊이 나아가면서 자신을 잊어버리고 작은 누이들을 기억하고 있습니다. 성숙하지 못한 어린 신부를 위한 거룩한 부담감이 가득합니다. 그 작은 누이, 어린 신부는 전에 예루살렘의 딸들이었고, 좀 더 성숙하여 시온의 여인, 그리고 작은 누이입니다.

술람미 여인은 몸을 돌이켜 다른 여인들을 둘러보면서 그리스도의 몸 안에 있는 다른 사람들을 위해 섬기기 시작합니다. 그리스도 안에는 여전히 그분의 사랑의 깊이를 알지 못하는 아기들이 있습니다.

"그를 위하여 우리가 무엇을 할까?"라고 그녀가 묻습니다. 그녀에게는 자기만의 일, 자기만의 관계, 자기만의 이해관계란 없습니다.

모든 것을 신랑과 함께 나눕니다. 모든 것에 대해 그분이 어떻게 생각하시는지를 알고 싶어 합니다. 이제 신부는 그리스도 안에서 어리고 미성숙한 자들을 축복할 책임이 있음을 압니다. 그녀가 그들을 위해 기도해 주고, 기도하는 방법을 가르쳐줄 것입니다.

미성숙한 교인들은 자기 자신의 문제에 치여 아직 발육되거나 성숙하지 못했기에 그리스도의 몸 안에 있는 다른 이들을 충만하게 축복해 줄 여력이 없는 것입니다.

청혼을 받는 날에는 | 눈이 열린 신부는 주님께서 많은 신부들을 찾고 계신다는 것을 알았습니다. 미성숙하고 연약한 자들을 사랑하시고 그들을 기다리시는 주님의 열정을 이해합니다.

9절. "그가 성벽이라면 우리는 은 망대를 그 위에 세울 것이요 그가 문이라면 우리는 백향목 판자로 두르리라"

작은 누이는 자신에게 연결된 자들과 교제를 나누기는 하지만 자신의 문제와 필요에 빠져서 다른 이들에 대한 책임을 무시하고 있습니다. 작은 누이, 즉 어린 신부는 자아에만 초점을 두는 영적 아이로 남아 있습니다. 신부는 작은 누이에게 화내지 않고 도와줍니다.

신부와 신랑이 함께 그 '작은 누이'가 성숙해지는 것을 보는 간절한 마음으로 중보기도에 힘쓸 것입니다. 왕과 왕비는 한마음이 되었으며 다른 이들을 위한 동반자이자 동역자로 일합니다. 술람미 여인은 어린 동생이 적의 공격을 받아도 계속 꿋꿋하게 서있을 만큼 충분히 자랐음을 식별해낸 후에야 그녀의 성벽 위에 은 망대(파수대)나 망루를 세울 것이라고 말합니다. 이것이 그녀를 영적 전투로 데리고 들어가서 믿음의 싸움을 하도록 도우면서 잘 보호해 줄 것을 보여주는 그림입니다. 신부는 그분의 왕비이며 만물을 다스리는 공동 통치자입니다. 그녀는 그분과 함께 보좌에 앉을 준비를 마쳤습니다. 어린 양의 부인이 그분과 영원히 함께 할 때, 그녀는 독사의 머리를 짓밟을 영적 씨앗에 싹을 틔울 것입니다!

성벽은 중보기도자의 사명이며, 돌봄, 양육, 예언적인 사역입니다. 성벽 사역은 원수로부터 사람들을 보호하는 목회적 방식입니다. 그들은 나아갈 땅의 거룩함에 대한 하나님의 경계선을 세웁니다. 그리고 성벽은 어린 자들을 행하는 화살을 막습니다.

은 망대는 구속과 보호의 사역이며, 사역자에게는 더 많은 보호 기도자가 필요합니다.

문은 진입 지점입니다. 그녀를 백향목 판자로 두른다는 것은 위에서부터 내려온 권능으로 옷 입히며, 예수 그리스도로 옷 입힌다는 뜻입니다. 복음으로 열방에 이르려는 주님이 부어주시는 기름부음을 말합니다. 만일 그녀가 복음 전파의 문이 되기로 동의한다면 우리는 그녀가 지니고 떠날 수 있도록 권능과 기름부음으로 입혀달라고 기도할 것입니다! 그것은 복음전도, 선교의 사역입니다.

백향목은 나무의 왕이라 불립니다.

1) 백향목은 악조건 속에서도 잘 자라는 나무입니다.

백향목은 물이 적어도 개의치 않고 잘 자라는 나무 입니다. 어떤 해충도 백향목 나무에 해를 입히지 못한다고 합니다. 어떤 마귀도 감히 덤비지 못하는 신부에 비교됩니다.

2) 백향목은 천천히 느리게 자라는 나무입니다.

백향목은 2천 년이 지나도 계속 자란다고 합니다. 그 키가 무려 36m까지 자랍니다. 약 15층 건물 높이의 위용입니다.

3) 백향목은 끊임없이 활동하는 나무입니다.

백향목 속에는 수액이 끊임없이 흐르고 있습니다. 뿌리에서 잎에 이르기까지 끊임없이 수액은 움직입니다. 움직이지 않는 사람은 죽은 사람입니다. 행함이 없는 믿음도 죽은 믿음입니다.

4) 백향목은 엄청나게 크고 장대하게 자라는 나무입니다.

조그마한 씨앗이 자라서 이처럼 36m나 되는 나무가 된다는 것은 경이로운 일입니다. 그래서 솔로몬은 짐꾼 7만 명과 벌목꾼 8만 명, 감독하는 사람을 무려 3,600명을 산으로 보내 백향목을 베어 성전건축에 사용했습니다. 백향목은 건축에 가장 좋은 목재입니다. 둘레는 9m에서 12m가 넘는 것까지 있습니다. 세계에서 최고의 나무입니다. 바로 예수님의 신부 의인된 당신과 같습니다.

5) 백향목은 향기가 있는 나무입니다.

백향목이라는 말만 들어도 향기가 맴도는 것 같습니다. 그 향긋한 냄새가 하나님께 영광을 돌립니다. 언제나 남을 즐겁게 하는 나무입니다.

6) 백향목은 줄기에 옹이가 없습니다.

백향목은 옹이 없이 매끈하게 자라는 나무입니다. 의인은 매끄러운 사람입니다. 매듭이 없는 사람입니다. 화목하게 하는 사람입니다.

백향목 판자는 그녀의 수고를 둘러싸고 있는 예수님의 생명의 향기를 말합니다. 예수님의 몸 안에 있는 어떤 사역자들은 사람들을 보호하고 축복하는 벽의 기능을 합니다. 주님의 인성, 주님의 임재를 상징하며, 앞으로의 사역은 오직 주님을 나타내야 할 것입니다. 우리의 사역에 주님이 직접 오셔서 우리를 덮으시고 앞뒤로 입혀 주시는 것에 비합니다.

10절. "나는 성벽이요 내 유방은 망대 같으니 그러므로 나는 그가 보기에 화평을 얻은 자 같구나"

이 노래 속에서 술람미 여인은 그분의 눈에 비친 자신의 모습에 대한 계시를 받아 마지막 선포를 합니다. 한 번 자문을 해보십시오. "나는 그가 보기에 화평을 얻은 자 같구나"라고 대답할 수 있는지요.

불길 같은 사랑의 도장이 우리를 하찮은 사람에서 아름다운 동반자이자, 왕비이자, 왕의 보좌를 함께 나누기에 합당한 자로 바꾸어 놓으셨습니다.

이제 그리스도의 신부는 예수님이 보시는 그대로 자신을 볼 때입니다. 사랑하는 자의 마음을 상쾌하게 하는 어여쁘고 사랑스러운 신부로 말입니다. 그녀는 자신이 사람들을 보호하고 축복하기 위해 존재하는 성숙한 사역자들 중 하나임을 인정합니다. 그녀는 자신의 성장은 전적으로 마음에 찍힌 사랑의 도장이 풀어 놓은 은혜의 역사하심 덕분이라고 공을 돌립니다.

돌과 화살이 사람들을 해치기 전에 성벽이 되어 막아선 그녀에게 먼저 날아들 것입니다. 그녀는 전투의 날에 성숙함과 믿음으로 굳건히 서 있습니다. 그녀는 지역 교회들(도시들)을 둘러싸서 보호하기로 헌신했습니다. 망대 같은 그녀의 유방은 많은 사람들을 양육하고 자양물을 공급할 큰 능력을 말합니다. 아주 먼 거리에서도 보이는 망대처럼 그녀의 사역 영역은 장소를 넘나듭니다. 그분은 마음으로 자신의 양 떼가 보살핌을 받고 보호 받기를 간절히 원하셨습니다. 술람미 여인은 바로 그 마음을 좇아 목자가 된 것입니다.

나는 성벽이요 | 이는 성숙의 선포입니다. 거룩한 자신감, 담대함으로 성벽처럼 역할을 감당합니다.

> "나는 주님의 신부입니다. 나는 주님의 사역자입니다. 나는 주님의 사랑하는 자입니다." 이러한 고백, 선포들을 주님께서 기뻐하십니다. "원합니다"라는 소극적 고백보다 자신감 있게 "나는 주님의 ○○○입니다"라는 고백하십시오. 주님께서 더욱 기뻐하십니다.

화평을 얻은 자 | 주님 안에서 이제 치유되었고, 모든 문제가 해결되었음을 확신하는 고백입니다. 내 안에서 더 이상 영적 전쟁에서, 성령님과 육과의 싸움(갈 5:16–17)이 나를 방해하지 못합니다. 평강의 하나님이 우리 발 아래서 사탄을 상하게 하실 것을 믿는 믿음입니다(롬 16:20).

11절. "솔로몬이 바알하몬에 포도원이 있어 지키는 자들에게 맡겨 두고 그들로 각기 그 열매로 말미암아 은 천을 바치게 하였구나"

심판의 자리를 보여줍니다. 그분은 포도원 지키는 일을 우리에게 맡기고 그에 상응하는 보상을 해주실 것입니다. 어느 날 하나님을 사랑하는 자들은 모두 상급을 받거나 해를 받을 그리스도의 심판대 앞에 서게 될 것입니다(고전 3:11-15; 고후 5:10).

'바알 하몬'이라는 이름은 '군중의 주'라는 뜻입니다. 주님의 포도원을 돌보는 자들은 직접 목양한 사람들의 성숙해져 가는 삶에서 얻은 열매의 풍성함을 그분께 가져다 드리는 특권을 가질 것이고 그에 따른 상급을 받을 것입니다.

1천이라는 수는 하나님이 투자하신 만큼 요구하시는 온전한 양을 말하며, 그들이 수고한 결과로 솟구칠 성숙함을 대변합니다. 술람미 여인이 이제 왕께 말합니다.

"보세요, 우리의 왕국에 열매를 맺은 포도나무인 성숙한 자들이에요. 여기 우리의 은 천 세겔(구속)을 받으세요. 우리의 신성한 생명이 내 안에 흐르듯 이제 그들 안에 흐르고 있어요. 우리는 사랑 안에서 하늘나라의 포도나무이신 당신과 하나가 된 가지들이랍니다."

그분의 사역은 다 이루어졌고 그녀는 그분의 형상을 입고 있습니다. 1장 6절에서 그녀는 자신의 포도원은 돌보지 못하면서 다른 사람의 포도원을 지켜야만 했습니다. 이제 그녀 자신의 포도원은 아주 좋은 열매를 맺을 만큼 알차고 성숙해졌습니다.

포도원 | 이 모두 '평화'를 의미합니다. 포도원은 가정, 자녀, 사역을 말합니다.

은 천을 바치게 하였구나 | 주님께서 내게 맡긴 것들로부터 요구하시는 것들이 분명히 있습니다. 많이 맡긴 사람에게는 많이 구하실 것이고, 적게 맡긴 사람에게는 적게 구하실 것입니다.

12절. "솔로몬 너는 천을 얻겠고 열매를 지키는 자도 이백을 얻으려니와 내게 속한 내 포도원은 내 앞에 있구나"

이 갑절의 몫은 상급을 받을만한 가치가 있는 성실한 믿음의 리더들에게 돌아갑니다(딤전 5:17). 그들 중 많은 수는 그녀 앞서 떠난 사람들로서 그녀가 걸어가는 여정에 도움을 주었습니다. 그들이 2백의 몫(세겔이 아니라 열매!)을 받을 것이며, 주님의 이름으로 수고한 자들을 주님은 잊지 않으십니다(히 6:10).

얼마나 멋진 여정입니까! 그녀를 이끌어온 그분의 사랑이 얼마나 대단한지요.

열매를 지키는 자는 주님께서 우리에게 붙여주신 동역자들입니다. 앞으로의 사역은 철저히 여러 사람들이 동역하는 사역이 될 것입니다. 주 안에서 하나 되어서 사역할 수 있는 사람을 주님께서 찾으십니다.

내 영광을 찾지 말고, 함께 서야 합니다. 사역팀 안에서 일하는 자 각각은 영원 속에서 그녀의 상급을 함께 나누게 될 것입니다.

13절. "너 동산에 거주하는 자야 친구들이 네 소리에 귀를 기울이니 내가 듣게 하려무나"

주님은 이제 그녀에게 4가지 방식으로 목소리를 듣기 원하십니다.

1) 예배 가운데, 주님은 영원히 우리의 사랑을 그분께 올리는 목소리를 듣기 원하십니다.
2) 중보기도 가운데, 우리는 영원히 중보하시는 예수님과 함께 합니다(히 7:25).
3) 가르침 가운데, 우리들은 다른 이들에게 말씀을 선포합니다(마 28:19-20; 골 1:28).
4) 복음전도 가운데, 우리는 열방에 천국복음을 전합니다.

이제 그 여인과 왕이 나누는 끝마침의 사랑 교환과 함께 우리의 여정을 마칠 시간이 되었습니다. 영원한 만족과 함께 왕과 그분의 신부는 영원한 사랑의 성이 되어 한 마음이 되어 함께 거할 것입니다. 마치기 전에, 마지막으로 왕이 신부를 위해 불러주는 사랑의 노래를 함께 들어 보세요. 그러면 그 노래에 화답하는 그녀의 말, "내게로 오세요"가 우리의 기도가 될 것입니다.

왕의 마음을 가득 채울 마지막 바람은, "나로 듣게 하려무나"입니다.

그분은 그녀의 목소리를, 그분께 와 달라고 청하는 중보기도를 몹시 듣고 싶어 하십니다. 주님께는 우리의 음성이 너무나 달콤하게 들립니다.

우리의 목소리가 왕께 기쁨의 근원이 됩니다. 찬양과 경배, 그리고 기도 중에 그분께 목소리를 올려드리는 것이 그분의 마음을 흡족하게 합니다. 우리 목소리가 그분 귀에 언제까지나 달콤하게 들리기를 바랍니다. 우리의 가르침과 먹임이 그분 귀에 달콤한 소리로 들리기를 바랍니다.

그녀는 '동산에 거하는 자'로 부름 받았습니다. 왕은 그녀에게 존경과 영광을 받는 자라는 칭호를 주십니다. 그녀는 그분이 마음 쓰시는 것에 마음을 씁니다. 그분은 그녀의 동산입니다.

동산 | 더 이상 침궁에 거하지 않고 그리스도의 몸 된 교회에 머무는 신부입니다. 주님이 계신 곳에 이제 함께 있는 신부는 그분과 동역, 파트너십을 나눕니다.

친구들이 네 소리에 귀를 기울이니 | 이들 중 다수는 그녀가 섬기면서 얻은 자들이며 언젠가 술람미 여인이 될 '친구들'입니다. 그들도 역시 신부의 목소리를 귀 기울여 듣다가 거룩한 열정을 배우게 될 것입니다. 그분이 그녀에게 주시는 마지막 격려의 말씀입니다.

> "내 소중한 사랑아, 네가 사람들을 위해서 하는 모든 수고와 섬김 가운데 나로 네 목소리를 듣게 해주렴. 중보와 친밀의 기도의 자리를 소홀히 하지 말아다오. 나의 간절한 바람은 네 목소리를 듣는 것이란다!"

우리가 "주님, 사랑해요"라고 속삭일 때마다 그분 귀에 사랑스러운 소리를 들려드리고 있는 것입니다. 이러한 소리를 주님은 듣길 원하시고 계십니다.

찬양의 소리! 기도와 중보의 소리! 진리를 선포하는 소리!

14절. "내 사랑하는 자야 너는 빨리 달리라 향기로운 산 위에 있는

노루와도 같고 어린 사슴과도 같아라"

신부는 신랑이 어서 오시기를 간절히 바라면서 세 가지 기도를 드립니다.

1) 예수님께서 친밀함 가운데 개인적으로 그녀 가까이 오시기를
   – 친밀함 가운데 우리 가까이 오시옵소서. 하나님 안에서 믿음의 돌파를 허락하소서!
2) 부흥 가운데 도시로 오시기를, 들로 오시기를
   – 부흥 가운데 우리에게 오소서!
   성령님의 나타나심으로 열방이 주께 돌아오게 하소서!
3) 마지막으로 재림의 날입니다. 그녀를 위해 어서 오시기를 구합니다(계 3:20).
   – 하늘 위로 우리를 위하여 어서 오시옵소서!

이 노래는 신부에 대한 예수님의 확증으로 끝을 맺습니다. 그녀는 왕을 사모합니다. 그분의 마음을 사로잡을 뿐 아니라, 지금은 그분을 이해하기까지 합니다. 그녀의 영이 깊은 내면에서 울려 퍼집니다.

"제게로 오세요."

다급함과 간절함이 그녀의 목소리에 담겨 있습니다. 그분과 함께 있음이 그녀가 거둔 승리이며 성취된 꿈입니다. 그녀의 뜨거운 사랑으로

말미암아 사랑하는 신랑 되신 왕과 함께 있는 자가 되었습니다.

아가는 시작할 때와 똑 같이 끝납니다. 이번에는 그녀가 그분과 함께 뛰어오르며 달리고 있습니다. 그녀의 기도가 응답되었습니다. 그녀는 언젠가 그분이 자기를 산 위로 이끄실 때 들려주셨던 바로 그 말을 되풀이 하고 있습니다.

이제 그녀의 열망은, 가서 그분과 함께 달리며 산 위에서 함께 춤을 추는 것입니다. 그녀가 왕께 "예"라고 혼인서약을 하였습니다. 거룩한 동반자들인 그들은 함께 빙빙 돌기도 하며 훨훨 회전하기도 합니다. 이는 천국에서 이루어질 결혼입니다.

> "몰약산에서 그들이 함께 찾은 기쁨이 얼마나 큰지요! 위대한 왕이시여, 내게 와서 다시 뛰어 넘으세요. 마음속 기쁨의 춤을 추세요! 내 마음을 빼앗아갔을 때 하신 것처럼 산을 뛰어 넘어 오세요!"

주님의 다시 오심을 간구하는 신부의 2가지 표현은 영적 돌파를 사모합니다.

1) 예배 : "우리는 당신을 사랑합니다. 당신을 경배합니다."
  – 우리는 사랑으로 말미암아 속히 오실 것을 요청합니다.

2) 중보와 선교 : "우리는 당신이 필요합니다."
  – 우리는 당신이 오셔서 부흥의 능력을 나타내시기를 기도합니다.

신부의 외침, 신부의 중보기도, 신부의 자리, 신부가 부를 때에 주님께서 오십니다. 신부가 준비될 때 주님은 사랑하는 신부를 위하여 속히 오십니다. 아멘.

신부에게 주시는 긴급한 명령은 바로 예수님의 다시 오심을 예비하는 신부사역, 즉 복음을 위한 중보기도와 세계 열방 선교입니다.

> "이것들을 증언하신 이가 이르시되 내가 진실로 속히 오리라 하시거늘 아멘 주 예수여 오시옵소서" – 계 22:20 마라나타[Mranatha]

"너는 나를 도장 같이 마음에 품고

도장 같이 팔에 두라

사랑은 죽음 같이 강하고

질투는 스올 같이 잔인하며

불길 같이 일어나니

그 기세가 여호와의 불과 같으니라"

(아 8:6)

아가서 요약

1. 하나님의 입맞춤과 신부의 삶의 비전(1:2-4)

1) 아가서의 주제는, 그리스도와의 친밀한 관계 속으로 가까이 이끌려 가는 신부의 영적 여정입니다. 신부는 예수님과의 더 깊은 동역의 관계로 발전된 친밀함 속에서 그분과 함께 사역하게 될 것입니다.

신부는 자신의 마음을 감동시키는 하나님 말씀이 자신에게 입맞추고 계심을 경험함으로 그분의 신부요 동역자라는 자신의 두 실재 안에서 성숙해 갑니다.

> "내게 입(말씀) 맞추기를 원하니 네 사랑이 포도주보다 나음이로구나… 왕이 나를 그의 방으로 이끌어 들이시니 너는 나를 인도하라(친밀함) 우리가 너를 따라 달려가리라(사역)" – 2-4절

2) 아가서는 두 부분으로 구성되어 있습니다.

(1) 1-4장은 하나님 안에서 우리가 받게 될 유업에 초점을 맞추고 있습니다.

(2) 5–8장은 우리 안에서 하나님께서 받으시게 될 유업에 초점을 맞춥니다.

2. 역설적인 은혜와 함께 시작되는 신부의 여정(5–11)

"내가 비록 검으나 아름다우니… 나의 포도원을 내가 지키지 못하였구나" – 5-6절

1) 신부의 마음은 비록 검더라도 하나님의 눈에는 사랑스럽게 보입니다. 예수님은 우리가 하나님 앞에서 사랑스러운 모습으로 설 수 있도록, '의'라는 선물을 주십니다.

"우리로 하여금 그 안에서 하나님의 의가 되게 하려 하심이라" – 고후 5:21

"죄에 대하여 죽은 자요… 하나님께 대하여는 살아 있는 자로 여길지어다" – 롬 6:11

"내 마음으로 사랑하는 자야 네가 양 치는 곳과… 내가 네 친구의 양 떼 곁에서 어찌 얼굴을 가린 자 같이 되랴" – 아 1:7

2) 예수님께서는 신부를 위하여 자신의 마음을 부드럽게 계시하시며, 그리고 그녀를 향한 자신의 마음이 진실된 것임을 재차 확인시켜

주십니다(1:8–11).

"여인 중에 어여쁜(가장 아름다운) 자야! 네가 알지 못하겠거든" – 8절

3. 하나님의 아름다움 안에서 자신의 정체성을 깨닫는 신부(1:12–2:7)

1) 신부는 먼저, 왕의 아름다움에 대해 깨닫게 됩니다.

"나의 사랑하는 자야! 너는 어여쁘고 화창하다" – 1:16

2) 그리고 나서 신부는, 그리스도 안에서 자신의 정체성을 깨닫게 되며. 그녀는 하나님의 눈에 비취는 '아름다운 수선화'입니다.

"나는 사론의 수선화요 골짜기의 백합화로다" – 2:1

3) 주님은 상사병이 날 정도로 신부를 사랑하신다고 구애하시면서, 그녀를 최상의 즐거움으로 이끄십니다. 신부의 삶의 목적은 하나님의 임재를 더욱 가까이 맞이함으로 가장 깊은 행복을 경험하는 것입니다.

"내가 그 그늘에 앉아서 심히 기뻐하였고 그 열매는 내 입에 달았도다 그가 나를 인도하여 잔칫집에 들어갔으니 그 사랑은 내 위에 깃발이로구나 … 내

힘을 돕고… 나를 시원하게 하라 내가 사랑하므로 병이 생겼음이라" – 3–5절

4. 안일한 지대에 대한 도전(2:8–17)

"내 사랑하는 자의 목소리로구나 보라 그가 산에서 달리고 작은 산을 빨리 넘어오는구나 내 사랑하는 자는 노루와도 같고 어린 사슴과도 같아서 우리 벽 뒤에 서서 창으로 들여다보며 창살 틈으로 엿보는구나 나의 사랑하는 자가 내게 말하여 이르기를 나의 사랑, 내 어여쁜 자야 일어나서 함께 가자… 내가 네 얼굴을 보게 하라 네 소리를 듣게 하라 네 소리는 부드럽고 네 얼굴은 아름답구나… 내 사랑하는 자야 날이 저물고 그림자가 사라지기 전에 돌아와서 베데르 산의 노루와 어린 사슴 같을지라" – 아 2:8–17

1) 예수님은 힘들이지 아니하고 산을 뛰어넘어 오는 분으로 묘사되어 있습니다. 산들은 사람이나 마귀로 인한 장애물들을 말하며, 예수님은 모든 장애물을 그의 능력으로 뛰어넘어 오십니다. 신부는 그늘진 나무 아래에 있는 신랑의 식탁에서 포도와 건포도를 받아먹는데 익숙해져 있습니다(3–4절).

2) 신부는 두려움 속에서 주님께 "저는 여기가 좋고 안락합니다. 새로운 몰약의 산에서의 사역은 위험이 도사리고 있고 두렵습니다. 주님 혼자 가세요"라고 말합니다(17절). 신부의 고통스러운 타협은 미성숙과

나약함 그리고 두려움에서 온 것이지, 반역이 아닙니다. 그녀는 두려워합니다. 신부는 그분께 순종하지 못했다는 실패감을 느낍니다. 그녀는 주님을 사랑하지만, 온전히 순종하지 못했음을 절절이 깨달으며, 신부는 이 일로 인해 안전함과 평안함을 잃게 될까 두려워합니다.

5. 하나님의 징계(3:1-5)

"내가 밤에 침상에서 마음으로 사랑하는 자를 찾았노라 찾아도 찾아내지 못하였노라 이에 내가 일어나서... 사랑하는 자를... 찾으리라... 사랑하는 자를 만나서 그를 붙잡고... 놓지 아니하였노라" – 1-4절

1) 신부는 하나님께서 그의 얼굴을 숨기심으로 그녀를 징계하는 것을 경험합니다. 아가서 2장의 달콤한 사랑은 가고 없습니다. 하나님은 그의 사랑으로 우리를 징계하십니다(히 12:5-12). 하나님의 징계는 하나님의 거절과는 다른 것입니다. 아버지 하나님께서는, 우리를 얽매이게 하는 것을 붙잡고 있는 모든 손가락을 펴게 하셔서, 그 모든 것을 놓아 버리게 하시겠다고 약속하십니다. 아버지께서는 우리를 사랑하시므로 우리가 너무 많이 소유하여 예수님의 신부로서 그의 파트너가 되지 못하게 하는 것을 허락하지 않으십니다. 하나님께서는 우리를 너무나 사랑하셔서, 우리가 예수님의 신부로서 그의 동반자가 되기에 부족함이 없도록 준비시키십니다.

2) 신부는 침상의 이불을 박차고, 순종하기 위해 일어납니다(아 3:2). 그녀의 순종에 대한 응답으로 다시 그녀의 삶에 예수님의 확실한 임재가 회복됩니다(4절).

6. '안전한 구원자' 예수님에 대한 새로운 계시(3:6-11)

예수님은 순종하기에 합당한 '안전한 구원자'로 자신을 계시하시며, 신부는 예수님께 순종하는 것이 자신의 삶에 가장 안전한 장소라는 것을 믿게 됩니다.

7. 천국 신랑의 예언적인 마음(4:1-8)

주님께서는 신부에게, 그녀가 주님께 얼마나 아름다운 존재인지를 깨닫게 해주십니다.

"내 사랑, 너는 어여쁘고도(아름답다) 어여쁘다" – 1절

1) 주님께서는, 앞으로 신부의 모습에서 드러나는 아름다움을 8가지로 묘사합니다(1-5절. 예수님은 신부의 균형 잡힌 미모에 최고의 칭찬을 아끼지 않습니다. 신부의 덕에 대해 예언적으로 선포하십니다. 주님께 붙들려 아름다운 신부가 되었습니다. 주님은 신부에게 내재된 아름다움을 가꾸어주셨습

니다(롬 4:17 없는 것을 있는 것 같이 부르시는 이). 주님께서는 신부의 마음을 들여다보시며, 그녀의 심령의 부르짖음을 듣고 계십니다. 하나님은 우리 마음의 부르짖음에 따라 우리의 이름을 부르십니다(우리의 실패를 보시는 것이 아닙니다).

2) 전적인 헌신의 삶은 모든 성숙한 사역의 기초입니다(아 4:6). 신부는 산으로 오라고 부르는 신랑의 음성을 처음에는 거절했었지만(9-10절). 그러나 이제 그녀는 헌신하여 산으로 갑니다. 신부로서 해야 할 일의 첫째는 순종이며 그 다음은 성숙입니다.

"내가 몰약 산과 유향의 작은 산으로 가리라" - 6절

8. 빼앗긴 천국 신랑의 마음(4:9-5:1)

"내 누이, 내 신부야 네가 내 마음을 빼앗았구나 네 눈으로 한 번 보는 것과 네 목의 구슬 한 꿰미로 내 마음을 빼앗았구나 내 누이, 내 신부야 네 사랑이 어찌 그리 아름다운지 네 사랑은 포도주보다 진하고 네 기름의 향기는 각양 향품보다 향기롭구나" - 4:9-10

1) 예수님은 천국의 신랑으로 계시됩니다.

예수님의 마음은 신부를 사모함으로 신부에게 빼앗겼습니다. 예수

님은 신부에 대한 열정적인 사랑을 가지고 있습니다. 신부는 예수님의 감미로운 사랑의 열정으로 말미암아 십자가의 고난을 감수할 만큼 충분히 준비되었습니다. 예수님은 신부에 대하여 7가지로 설명하시면서(12-15절) 신부의 성품에 대한 자신의 즐거움을 묘사하십니다(10-11절).

2) 신부는, 예수님께서 그녀 안에 있는 그분의 유업을 취하시기 원합니다. 신부의 동산은 그녀의 마음과 삶을 나타냅니다. 신부는 그 안에 더 많은 기름부음이 일어나기를 간구합니다(16절). 북풍은 겨울의 차갑고 시린 바람을 말하며, 남풍은 여름의 따뜻하고 신선한 바람을 말합니다. 하나님께서는 우리의 성숙을 위해 북풍과 남풍의 필요함을 아십니다. 이제 신부는 하나님의 시험을 두려워하지 않습니다.

> "북풍아 일어나라 남풍아 오라 나의 동산에 불어서 향기를 날리라 나의 사랑하는 자가 그 동산에 들어가서 그 아름다운 열매 먹기를 원하노라" - 16절

3) 아가서의 처음 4개의 장에서, 신부는 자기의 상속(그녀의 동산)에 대한 관심으로 가득했으나 그 뒤에 이어지는 4개의 장에서는, 그녀 안에 있는 예수님의 유업에 대해 신부의 관심이 집중되어 있습니다.

"나의 사랑하는 자로 그의 동산에 오게 하라"라는 그녀의 말은, "이제부터 나의 마음은 당신의 동산입니다"라는 고백입니다. 그녀는 지금, 그녀의 삶을 전과는 철저하게 다른 것으로 정의하고 있습니다. 예

수님께서는 그녀에 대한 소유권을 '나의' 혹은 '내'라는 표현을 9번이나 주장하십니다.

"내 누이, 내 신부야 내가 내 동산에 들어와서 나의 몰약과 향 재료를 거두고 나의 꿀송이와 꿀을 먹고 내 포도주와 내 우유를 마셨으니 나의 친구들아 먹으라 나의 사랑하는 사람들아 많이 마시라" – 5:1

9. 성숙함을 위한 마지막 두 가지 시험(5:2–8)

"내가 잘지라도 마음은 깨었는데 나의 사랑하는 자의 소리가 들리는구나 문을 두드려 이르기를 나의 누이, 나의 사랑, 나의 비둘기, 나의 완전한 자야 문을 열어 다오 내 머리에는 이슬이, 내 머리털에는 밤이슬이 가득하였다 하는구나" – 2절

1) 예수님은 겟세마네 동산에서 그 힘들게 긴 밤을 지내시며 십자가의 잔을 받으셨습니다. 예수님은 외로움 가운데 겟세마네 동산에서 신부에게 다가오시며(2절), 그녀를 초청하여 자신의 고난을 나누자고 하십니다.

"내가 그리스도와 그 부활의 권능과 그 고난에 참여함을 알고자 하여 그의 죽으심을 본받아" – 빌 3:10

2) 예수님은 신부에게 "겟세마네 동산의 사람이 다가갈 수 있도록 문을 열라"라고 요청하십니다. 예수님께서는 그녀 삶의 목적이 되시기를 원하십니다. 그녀의 인간적인 성공과 행복을 위해 사용되는 발판이 되기를 원하지 않으십니다.

3) 신부는 순종으로 응답하여, 그녀의 더러운 옷을 벗고 그녀의 발을 씻었습니다(아 5:3). 그녀는 예수님께 순종하기를 두려워하지 않습니다. 그래서 고난의 괴로운 북풍을 요청하였습니다. 그녀는 주님을 사랑하며, 그 사랑으로 인한 열정 어린 마음으로 즉시 일어납니다. 그녀의 마음의 문빗장에 몰약의 즙이 흐르는데, 이는 그녀가 전심으로 예수님을 따르며 죽음까지 받아들이게 될 것을 의미합니다.

> "내 사랑하는 자가 문틈으로 손을 들이밀매 내 마음이 움직여서 일어나 내 사랑하는 자를 위하여 문을 열 때 몰약이 내 손에서, 몰약의 즙이 내 손가락에서 문빗장에 떨어지는구나" – 4-5절

4) 신부는 그녀의 첫 번째 고난의 시험을 치르게 됩니다: 친밀함 속에서 주님의 임재를 거두어 가십니다(6절). 하나님의 임재가 거두어지는 장면이 아가서에 2번 나타납니다(3:1). 그러나 이것은 그녀의 불순종에 대한 징계가 아니라(3장 1–2절에서는 징계로서 임재 떠남), 오히려 그녀의 성숙함에 관한 시험입니다.

"내가 내 사랑하는 자를 위하여 문을 열었으나 그는 벌써 물러갔네 그가 말할 때에 내 혼이 나갔구나 내가 그를 찾아도 못 만났고 불러도 응답이 없었노라" – 6절

5) 신부는 그녀의 두 번째 고난의 시험을 치르게 되며, 핍박과 거절을 경험하고(7절) 파수하는 자들이 그녀를 때리고 그녀의 옷을 벗겨(사역의 옷, 영적인 옷), 더 이상 자신이 속한 단체 안에서 사역을 할 수 없게 됩니다.

"성 안을 순찰하는 자들이 나를 만나매 나를 쳐서 상하게 하였고 성벽을 파수하는 자들이 나의 겉옷을 벗겨 가졌도다" – 7절

6) 주님은 겟세마네 동산 안에 함께 거하기 위해 그녀를 부르셨습니다. 그녀는 즉시 순종으로 응답하였습니다. 그러나 아가서 5장 6–7절에서, 주님은 더욱 신부를 성숙하게 하시기 위해 두 가지 시험을 그녀에게 허락하십니다.

7) 주님은 신부에게 질문합니다.

"내가 너의 깊은 요구를 들어주지 아니할지라도 너는 나의 것이 되겠느냐? 네가 나의 임재를 느끼지 못한다 할지라도 여전히 너는 나의 것이냐? 네가 나쁜 환경에 처하여 실망할 때에도 여전히 나를 사

랑하며 신뢰하겠느냐?"

8) 신부는 대답합니다. "네! 그럼에도 불구하고 저는 당신의 것입니다." 그녀는 가장 깊은 수준의 사랑으로 "네!"라고 대답합니다. 그리고서 그녀는 예루살렘의 딸들(자기보다 낮은 영적 수준의 사람들)에게 도움을 요청하는 겸손한 모습을 보입니다.

"예루살렘 딸들아 너희에게 내가 부탁한다 너희가 내 사랑하는 자를 만나거든 내가 사랑하므로 병이 났다고 하려무나" – 8절

10. 두 가지 시험에 대한 신부의 반응(5:9-6:5)

1) 예루살렘의 딸들은 신부에게 묻습니다. "왜 당신은 그분을 찾아달라고 우리에게 부탁까지 할 만큼 그분을 사랑합니까? 그분은 당신을 버렸습니다. 그분은 그의 임재를 당신에게서 거두었으며(6절), 사역지도자들이 당신의 사역(겉옷)을 빼앗고 네게 상처를 주도록 허락하였습니다(7절)."

"여자들 가운데에 어여쁜 자야 너의 사랑하는 자가 남의 사랑하는 자보다 나은 것이 무엇인가" – 5:9

2) 그녀의 대답은 그 사랑의 원천이 예수님이라는 것을 나타내면서 오히려 신부는 예수님의 위엄 있는 아름다움에 대해 10가지로 묘사합니다(10-16절). 이것은 성경에서 예수님의 아름다움을 가장 위대하게 선포한 구절들 중의 하나입니다.

"내 사랑하는 자는 희고도 붉어 많은 사람 가운데에 뛰어나구나 머리는 순금 같고 머리털은 고불고불하고 까마귀 같이 검구나 눈은 시냇가의 비둘기 같은데... 뺨은 향기로운 꽃밭 같고... 입술은 백합화 같고 몰약의 즙이 뚝뚝 떨어지는구나 손은 황옥을 물린 황금 노리개 같고 몸은 아로새긴 상아에 청옥을 입힌 듯하구나 다리는 순금 받침에 세운 화반석 기둥 같고 생김새는 레바논 같으며 백향목처럼 보기 좋고 입은 심히 달콤하니 그 전체가 사랑스럽구나... 이는 내 사랑하는 자요 나의 친구로다" – 10-16절

11. 시험의 기간이 끝난 후, 신부를 칭찬하시는 예수님(6:4-10)

1) 예수님께서는 결국 침묵을 깨뜨리시고 그의 사랑을 쏟으십니다. 그리고 성숙을 위한 모든 시험의 기간이 지나갔으므로 이제 그녀를 칭찬하십니다.

예수님은 신부의 아름다움을 묘사하십니다(4절). 그녀의 아름다움이 디르사(북 이스라엘의 수도였음) 같고, 사랑스러움이 영적인 그리고 정치적인 이스라엘의 수도인 예루살렘과 같다고 하셨습니다. 예수님은 덧

붙이시기를, 그녀는 깃발을 높이 든 승리한 군대같이 위엄 있다고 표현하셨습니다. 예수님은 그녀가 아가서 5장 6–7절에 있는 "두 가지 시험을 통과 하였다"고 말하십니다. 그녀가 가장 큰 원수들, 즉 그녀 자신의 영혼 속에서 발견된 원수들을 패배시켰습니다. 가장 큰 능력은, 우리 주위에 있는 마귀들이 아닌, 우리 자신의 마음에 있는 군대를 정복하는 것입니다. 그녀는 주님 앞에서 깃발을 높이 든 승리한 군대같이 영화롭게 되었습니다.

"내 사랑아 너는 디르사 같이 어여쁘고, 예루살렘 같이 곱고. 깃발을 세운 군대 같이 당당하구나" – 6:4

2) 예수님 자신의 신부의 엄청난 사랑에 의하여 정복을 당하십니다(5절). 헌신된 신부의 눈은 하나님의 마음을 압도하며 정복합니다. 지옥에 있는 모든 군대가 예수님을 정복할 수는 없어도, 구속함을 받은 자들이 시험의 기간에 주님을 향한 그들의 진실함을 보여드릴 때, 그들의 눈은 예수님을 정복해 버립니다.

"네 눈이 나를 놀라게 하니 돌이켜 나를 보지 말라" – 5절

3) 예수님은 신부의 성숙함(5–7절)과 탁월함(8–9절)을 묘사하십니다.

“왕비가 육십 명이요 후궁이 팔십 명이요 시녀가 무수하되 내 비둘기, 내 완전한 자는 하나뿐이로구나 그는 그의 어머니의 외딸이요 그 낳은 자가 귀중하게 여기는 자로구나” – 8-9절

4) 성령님은 신부가 쓸 영광의 면류관을 묘사하십니다(10절).

“아침 빛 같이 뚜렷하고 달 같이 아름답고 해 같이 맑고 깃발을 세운 군대 같이 당당한 여자가 누구인가” – 10절

12. 핍박 받는 신부에 대한 옹호(6:11-7:9)

1) 신부는 주님 앞에서 자신이 누구인지 정체성 속에서 살아가기에, 핍박을 받게 됩니다.

2) 온 교회를 섬기기 위한 성숙한 사랑과 헌신(11절)이 신부를 압도합니다(12절).

3) 신부는 교회 안의 몇몇의 사람들로부터 진심 어린 반응을 얻는 반면(13절), 그 외의 다른 사람들의 적대적인 반응과 마주치기도 합니다(13절). 신부는 영적 분별력을 가진 성도들에 의해 지지를 받게 되며(7:1–5), 예수님께서 그녀를 옹호하십니다(6–9절).

13. 예수님의 사역에 동참하는 신부의 성숙함(7:9-8:4)

그녀는 매일의 삶 속에서 성숙하게 예수님의 사역에 동참해 나가며, 신부의 동참은 예수님을 향한 성숙한 순종을 표현하게 됩니다(7:9-10). 그녀의 동역은 열방을 향한 기도와 선교를 통해 더욱 능력을 나타내며(11-13절), 그녀는 공적인 사역에서 예수님의 동역자로 신부의 역할을 담대하게 수행합니다(8:1-2). 신부의 동참은 주님과 그녀와의 온전한 연합 속에서 이루어집니다(3-4절).

14. 성숙한 신부에게 주어지는 사랑의 인(8:5-7)

예수님은 신부의 마음 위에 불의 인을 받도록 그녀를 초청하십니다. 하나님은 소멸하는 불이시며, 그의 불을 우리 마음에 전해주기를 원하십니다. 우리의 마음에 찍힌 인은 우리를 향한 하나님의 초자연적인 사랑을 의미하며, 이것은 우리의 삶 속에서 영원히 그 사랑의 불이 꺼지지 않게 하는 강력이 됩니다.

15. 신부의 마지막 중보기도와 계시(8:8-14)

1) 신부는 교회(8-9절)와 예수님의 다시 오심(14절)을 위해 기도하며 선교합니다. 아가서 8장 8-9절에는 교회를 향한 신부의 불타는 열정

이 묘사되어 있습니다.

2) 아가서 8장 10절에는, 신부의 세 가지 자신감이 성벽(거룩한 동기), 망대(초자연적인 양육의 능력), 화평(감정적 장애를 떨쳐버림)으로 묘사되어 있습니다.

3) 아가서 8장 11-12절에서, 신부는 사람의 눈앞이 아닌 주님의 눈앞에서 사는 것에 따른 능력과 즐거움을 경험하고 있습니다. 신부가 중요하게 여기는 것은 하나님 앞에 올려드리는 상급의 영원한 열매에 기초한 것들입니다(11절). 신부는 모든 열매와 상급을 예수님께 올려드리고, 함께 사역한 동역자(열매를 지키는 자)에게도 갑절의 상급이 있음을 깨닫게 됩니다(9:12).

4) 예수님이 신부에게 주신 마지막 사명이 있습니다(8:13-14). 신부에게 주시는 긴급한 명령은 바로 예수님의 다시 오심을 예비하는 신부사역 즉, 복음을 위한 중보기도와 세계 열방 선교입니다('Back to Jerusalem' Mission & Maranatha!!!).

"너 동산에 거주하는 자야 친구들이 네 소리에 귀를 기울이니 내가 듣게 하려무나. 내 사랑하는 자야 너는 빨리 달리라 향기로운 산 위에 있는 노

루와도 같고 어린 사슴과도 같아라" – 13-14절

요단 사역정신

"그러므로 너희는 가서 모든 민족을 제자로 삼아 아버지와 아들과 성령의 이름으로
침(세)례를 베풀고 내가 너희에게 분부한 모든 것을 가르쳐 지키게 하라
볼지어다 내가 세상 끝날까지 너희와 항상 함께 있으리라 하시니라"

1. **For God and Church**
   하나님의 영광과 그의 몸 된 교회의 영적 성장과 성숙을 위한 도서를 엄선하여 출판한다.

2. **Prayer-focused Ministry**
   기획 · 편집 · 제작 · 보급의 전 과정을 기도 가운데 진행한다.

3. **Path to Church Growth**
   건강한 교회를 세우는 축복의 통로로 섬긴다.

4. **Good Stewardship and Professionalism**
   선한 청지기와 프로정신으로 문서 사역에 임한다.

5. **Creating a Culture of Christianity by Developing Contents**
   각종 문화 컨텐츠를 개발함으로 기독교 문화 창달에 기여한다.